陳書

四部備要

史部

上海中華書局據武英殿本校刊

桐鄉陸費逵總勘

杭縣高時顯 吳汝霖輯校

杭縣丁輔之監造

陳書序

陳書六本紀三十列傳凡三十六篇唐散騎常侍姚思廉撰始思廉父察梁陳之史官也錄二代之事未就而陳亡隋文帝見察甚重之每就察訪梁陳故事察因以所論載每一篇成輒奏之而文帝亦遣虞世基就察求其書又未就而察死察之將死屬思廉以繼其業唐興武德五年高祖以自魏以來二百餘歲世統數更史事放逸乃詔撰次而思廉遂受詔爲陳書久之猶不就貞觀三年遂詔論撰於秘書內省十年正月壬子始上之觀察等之爲此書歷三世傳父子更數十歲而後乃成蓋其難如此然及其既成與宋魏梁齊等書世亦傳之者少故學者於其行事之迹亦罕得而詳也而其書亦以罕傳則自秘府所藏往往脫誤嘉祐六年八月始詔校讎使可鏤板行之天下而臣等言梁陳等書缺獨館閣所藏恐不足以定著願詔京師及州縣藏書之家使悉上之先皇帝爲下其事至七年冬稍稍始集臣等以相校至八年七月陳書三十六篇者始校定可傳之學者其疑者亦不敢損益特各疏于篇末其書舊無目列傳名氏

多闕謬因別爲目錄一篇使覽者得詳焉夫陳之爲陳蓋偷爲一切之計非有先王經紀禮義風化之美制治之法可章示後世然而兼權尚計明於任使恭儉愛人則其始之所以興惑於邪臣溺於嬖妾忘患縱欲則其終之所以亡興亡之端莫非自己致者至於有所因造以爲號令威刑職官州郡之制雖其事已淺然亦各施於一時皆學者之所不可不考也而當時之士自爭奪詐僞苟得偷合之徒尚不得不列以爲世戒而況於壞亂之中蒼皇之際士之安貧樂義取舍去就不爲患禍勢利動其心者亦不絕於其間若此人者可謂篤於善矣蓋古人之所思見而不可得風雨之詩所爲作者也安可使之泯泯不少槪見於天下哉則陳之史其可廢乎蓋此書成之既難其後又久不顯及宋興已百年古文遺事靡不畢講而始得盛行於天下列於學者其傳之之難又如此豈非遭遇固自有時也哉臣恂臣穆臣藻臣覺臣彥若臣洙臣鞏謹敘目錄昧死上

陳書序

陳書目錄

唐散騎常侍姚思廉撰

本紀

高宗二十九王

豫章王叔英　長沙王叔堅

建安王叔卿　宜都王叔明

河東王叔獻　新蔡王叔齊

晉熙王叔文　淮南王叔彪

始興王叔重　尋陽王叔儼

岳陽王叔慎　義陽王叔達

巴山王叔雄　武昌王叔虞

湘東王叔平　臨賀王叔敖

陽山王叔宣　西陽王叔穆

南安王叔儉　南郡王叔澄

沅陵王叔興　岳山王叔韶

新興王叔純　巴東王叔謨

陳書目錄

珍倣宋版印

陳書卷一

唐 散騎常侍姚思廉撰

本紀第一

高祖上

高祖武皇帝諱霸先字興國小字法生吳興長城下若里人漢太丘長陳寔之後也世居潁川寔玄孫準晉太尉準生匡匡生達永嘉南遷爲丞相掾歷太子洗馬出爲長城令悅其山水遂家焉嘗謂所親曰此地山川秀麗當有王者興二百年後我子孫必鍾斯運達生康復爲丞相掾咸和中土斷故爲長城人康生盱眙太守英英生尚書郎公弼公弼生步兵校尉鼎鼎生散騎侍郎高高生懷安令詠詠生安成太守猛猛生太常卿道巨道巨生皇考文讚高祖以梁天監二年癸未歲生少俶儻有大志不治生產既長讀兵書多武藝明達果斷爲當時所推服身長七尺五寸日角龍顏垂手過膝嘗遊義興館於許氏夜夢天開數丈有四人朱衣捧日而至令高祖開口納焉及覺腹中猶熱高祖心獨負

之大同初新喻侯蕭暎爲吳興太守甚重高祖嘗目高祖謂僚佐曰此人方將遠大及暎爲廣州刺史高祖爲中直兵參軍隨府之鎮暎令高祖招集士馬衆至千人仍命高祖監宋隆郡所部安化二縣元不賓高祖討平之尋監西江督護高要郡守先是武林侯蕭諮爲交州刺史以裒刻失衆心土人李賁連結數州豪傑同時反臺遣高州刺史孫冏新州刺史盧子雄將兵擊之冏等不時進皆於廣州伏誅子雄弟子略與冏子姪及其主帥杜天合杜僧明共舉兵執南江督護沈顗進寇廣州晝夜苦攻州中震恐高祖率精兵三千卷甲兼行以救之頻戰屢捷天合中流矢死賊衆大潰僧明遂降梁武帝深歎異焉授直閤將軍封新安子邑三百戶仍遣畫工圖高祖容貌而觀之其年冬蕭暎卒明年高祖送喪還都至大庾嶺會有詔高祖爲交州司馬領武平太守與刺史楊瞟南討高祖益招勇敢器械精利瞟喜曰能剋賊者必陳司武也委以經略高祖與衆軍發自番禺是時蕭勃爲定州刺史於西江相會勃知軍士憚遠役陰購誘之因詭說瞟瞟集諸將問計高祖對曰交阯叛渙罪由宗室遂使僭亂數州彌

歷年稔定州復欲昧利目前不顧大計節下奉辭伐罪故當生死以之豈可畏憚宗室輕於國憲今若奪人沮衆何必交州討賊問罪之師卽回有所指矣於是勒兵鼓行而進十一年六月軍至交州賁衆數萬於蘇歷江口立城柵以拒官軍驃推高祖爲前鋒所向摧陷賁走典徹湖於屈獠界立砦大造船艦充塞湖中衆軍憚之頓湖口不敢進高祖謂諸將曰我師已老將士疲勞歷歲相持恐非良計且孤軍無援入人心腹若一戰不捷豈望生全今藉其屢奔人情未固夷獠烏合易爲摧殄正當共出百死決力取之無故停留時事去矣諸將皆默然莫有應者是夜江水暴起七丈注湖中奔流迅激高祖勒所部兵乘流先進衆軍鼓譟俱前賊衆大潰賁竄入屈獠洞中屈獠斬賁傳首京師是歲太清元年也賁兄天寶遁入九真與劫帥李紹隆收餘兵二萬殺德州刺史陳文戒進圍愛州高祖仍率衆討平之除振遠將軍西江督護高要太守督七郡諸軍事二年冬侯景寇京師高祖將率兵赴援廣州刺史元景仲陰有異志將圖高祖高祖知其計與成州刺史王懷明行臺選郎殷外臣等密議戒嚴三年七月

集義兵於南海馳檄以討景仲景仲窮蹙縊于閣下高祖迎蕭勃鎮廣州是時臨賀內史歐陽頠監衡州蘭裕蘭京禮扇誘始興等十郡共舉兵攻頠頠請援於勃勃令高祖率衆救之悉擒裕等仍監始興郡十一月高祖遣杜僧明胡穎將二千人頓于嶺上并厚結始興豪傑同謀義舉侯安都張偲等率千餘人來附蕭勃聞之遣鍾休悅說高祖曰侯景驍雄天下無敵前者援軍十萬士馬精彊然而莫敢當鋒遂令羯賊得志君以區區之衆將何所之如聞嶺北王侯又皆鼎沸河東桂陽相次屠戮邵陵開建親尋干戈李遷仕許身當陽便奪馬仗以君疎外詎可暗投未若且住始興遙張聲勢保此太山自求多福高祖泣謂休悅曰僕本庸虛蒙國成造往聞侯景渡江卽欲赴援遭值元蘭梗我中道今京都覆沒主上蒙塵君辱臣死誰敢愛命君侯體則皇枝任重方岳不能摧鋒萬里雪此冤痛見遣一軍猶賢乎已乃降後旨使人慨然僕行計決矣憑爲披述乃遣使閒道往江陵稟承軍期節度時蔡路養起兵據南康勃遣腹心譚世遠爲曲江令與路養相結同遏義軍大寶元年正月高祖發自始興次大庾嶺

路養出軍頓南野依山水立四城以拒高祖高祖與戰大破之路養脫身竄走高祖進頓南康湘東王承制授高祖員外散騎常侍持節明威將軍交州刺史改封南野縣伯六月高祖修崎頭古城徙居焉高州刺史李遷仕據大皐遣主帥杜平虜率千人入灨石魚梁高祖命周文育將兵擊走之遷仕奔寧都承制授高祖通直散騎常侍使持節信威將軍豫州刺史領豫章內史改封長城縣侯尋授散騎常侍使持節都督六郡諸軍事軍師將軍南江州刺史餘如故時寧都人劉藹等資遷仕舟艦兵仗將襲南康高祖遣杜僧明等率二萬人據白口築城以禦之遷仕亦立城以相對二年三月僧明等攻拔其城生擒遷仕送南康高祖斬之承制命高祖進兵定江州仍授江州刺史餘如故六月高祖發自南康南康灨石舊有二十四灘灘多巨石行旅者以爲難高祖之發也水暴起數丈三百里閒巨石皆沒進軍頓西昌有龍見于水濱高五丈許五采鮮耀軍民觀者數萬人是時承制遣征東將軍王僧辯督衆軍討侯景八月僧辯軍次湓城高祖率杜僧明等衆軍及南川豪帥合三萬人將會焉時西軍乏食高

祖先貯軍糧五十萬石至是分三十萬以資之仍頓巴丘會侯景廢簡文帝立豫章嗣王棟高祖遣兼長史沈袞奉表於江陵勸進十一月承制授高祖使持節都督會稽東陽新安臨海永嘉五郡諸軍事平東將軍東揚州刺史領會稽太守豫章內史餘並如故三年正月高祖率甲士三萬人彊弩五千張舟艦二千乘發自豫章二月次桑落洲遣中記室參軍江元禮以事表江陵承制加高祖鼓吹一部是時僧辯已發湓城會高祖於白茅灣乃登岸結壇刑牲盟約進軍次蕪湖侯景城主張黑棄城走三月高祖與諸軍進剋姑孰仍次蔡洲侯景登石頭城觀望形勢意甚不悅謂左右曰此軍上有紫氣不易可當乃以舣艓貯石沉塞淮口緣淮作城自石頭迄青溪十餘里中樓雉相接諸將未有所決僧辯遣杜崱問計於高祖高祖曰前柳仲禮數十萬兵隔水而坐韋粲之在青溪竟不渡岸賊乃登高望之表裏俱盡肆其凶虐覆我王師今圍石頭須渡北岸諸將若不能當鋒請先往立柵高祖卽於石頭城西橫隴築柵衆軍次連八城直出東北賊恐西州路斷亦於東北果林作五城以遏大路景率衆萬餘人

鐵騎八百餘匹結陣而進高祖曰軍志有之善用兵者如常山之蛇首尾相應今我師既衆賊徒甚寡應分賊兵勢以弱制彊何故聚其鋒銳令必死於我乃命諸將分處置兵賊直衝王僧志僧志小縮高祖遣徐度領弩手二千橫截其後賊乃却高祖與王琳杜龕等以鐵騎悉力乘之賊退據其柵景儀同盧輝略開石頭北門來降盪主戴冕曹宣等攻拔果林一城衆軍又剋其四城賊復還殊死戰又盡奪所得城柵高祖大怒親率攻之士卒騰柵而入賊復散走景與百餘騎棄矟執刀左右衝陣陣不動景衆大潰逐北至西明門景至闕下不敢入臺遣腹心取其二子而遁高祖率衆出廣陵應接會景將郭元建奔齊高祖納其部曲三千人而還僧辯啓高祖鎮京口五月齊遣辛術圍嚴超達於秦郡高祖命徐度領兵助其固守齊衆七萬填壍起土山穿地道攻之甚急高祖乃自率萬人解其圍縱兵四面擊齊軍弓弩亂發齊平秦王中流矢死斬首數百級齊人收兵而退高祖振旅南歸遣記室參軍劉本仁獻捷於江陵七月廣陵僑民朱盛張象潛結兵襲齊刺史溫仲邕遣使來告高祖率衆濟江以應之會

齊人來聘求割廣陵之地王僧辯許焉仍報高祖高祖於是引軍還南徐州江
北人隨軍而南者萬餘口承制授高祖使持節散騎常侍都督南徐州諸軍事
征北大將軍開府儀同三司南徐州刺史餘並如故及王僧辯率衆征陸納於
湘州承制命高祖代鎮揚州十一月湘東王卽位於江陵改大寶三年爲承聖
元年湘州平高祖旋鎮京口三年三月進高祖位司空餘如故十一月西魏攻
陷江陵高祖與王僧辯等進啓江州請晉安王以太宰承制又遣長史謝哲奉
牋勸進十二月晉安王至自尋陽入居朝堂給高祖班劒二十人四年五月齊
送貞陽侯淵明還主社稷王僧辯納之卽位改元曰天成以晉安王爲皇太子
初齊之請納貞陽也高祖以爲不可遣使詣僧辯苦爭之往返數四僧辯竟不
從高祖居常憤歎密謂所親曰武皇雖磐石之宗遠布四海至於剋雪讎恥寧
濟艱難唯孝元而已功業茂盛前代未聞我與王公俱受重寄語未絕音聲猶
在耳豈期一旦便有異圖嗣主高祖之孫元皇之子海內屬目天下宅心竟有
何辜坐致廢黜遠求夷狄假立非次觀其此情亦可知矣乃密具袍數千領及

錦綵金銀以爲賞賜之具九月壬寅高祖召徐度侯安都周文育等謀之仍部列將士分賞金帛水陸俱進是夜發南徐州討王僧辯甲辰高祖步軍至石頭前遣勇士自城北踰入時僧辯方視事外白有兵俄而兵自內出僧辯遽走與其第三子頠相遇俱出閤左右尚數十人苦戰高祖大兵尋至僧辯衆寡不敵走登城南門樓高祖因風縱火僧辯窮迫乃就擒是夜縊僧辯及頠丙午貞陽侯遜位百僚奉晉安王上表勸進十月己酉晉安王即位改承聖四年爲紹泰元年壬子詔授高祖侍中大都督中外諸軍事車騎將軍揚南徐二州刺史持節司空班劍鼓吹並如故仍詔高祖甲仗百人出入殿省震州刺史杜龕據吳興與義興太守韋載同舉兵反高祖命周文育率衆攻載於義興龕遣其從弟北叟將兵拒戰北叟敗歸義興辛未高祖表自東討留高州刺史侯安都石州刺史杜稜宿衞臺省甲戌軍至義興丙子拔其水柵秦州刺史徐嗣徽據其城以入齊又要南豫州刺史任約共舉兵應龕載齊人資其兵食嗣徽等以京師空虛率精兵五千奄至闕下侯安都領驍勇五百人出戰嗣徽等退據石頭丁

丑載及北叟來降高祖撫而釋之以嗣徽寇逼卷甲還都命周文育進討杜龕
十一月己卯齊遣兵五千濟渡據姑孰高祖命合州刺史徐度於冶城寺立柵
南抵淮渚齊又遣安州刺史翟子崇楚州刺史劉仕榮淮州刺史柳達摩領兵
萬人於胡墅渡米粟三萬石馬千匹入於石頭癸未高祖遣侯安都領水軍夜
襲胡墅燒齊船千餘艘周鐵虎率舟師斷齊運輸擒其北徐州刺史張領州獲
運舫米數千石仍遣韋載於大航築城使杜稜據守齊人又於倉門水南立二
柵以拒官軍甲辰嗣徽等攻冶城柵高祖領鐵騎精甲出自西明門襲擊之賊
衆大潰嗣徽留柳達摩等守城自率親屬腹心往南州采石以迎齊援十二月
癸丑高祖遣侯安都領舟師襲嗣徽家口於秦州俘獲數百人官軍連艦塞淮
口斷賊水路先是太白自十一月丙戌不見乙卯出於東方丙辰高祖盡命衆
軍分部甲卒對冶城立航渡兵攻其水南二柵柳達摩等渡淮置陣高祖督兵
疾戰縱火燒柵煙塵漲天賊潰爭舟相排擠溺死者以千數時百姓夾淮觀戰
呼聲震天地軍士乘勝無不一當百盡收其船艦賊軍懾氣是日嗣徽約等領

齊兵水步萬餘人還據石頭高祖遣兵往江寧據要險以斷賊路賊水步不敢進頓江寧浦口高祖遣侯安都領水軍襲破之嗣徽等乘單舸脫走盡收其軍資器械己未官軍四面攻城自辰訖酉得其東北小城及夜兵不解庚申達摩遣使侯子欽劉仕榮等詣高祖請和高祖許之乃於城門外刑牲盟約其將士部曲一無所問恣其南北辛酉高祖出石頭南門陳兵數萬送齊人歸北者王戌齊和州長史烏丸遠自南州奔還歷陽江寧令陳嗣黃門侍郎曹朗據姑孰反高祖命侯安都徐度等討平之斬首數千級聚爲京觀石頭采石南州悉平收獲馬仗船米不可勝計是月杜龕以城降二年正月癸未誅杜龕於吳興龕從弟北叟司馬沈孝敦並賜死二月庚申高祖遣侯安都周鐵虎率舸艦備江州仍頓梁山起柵甲子敕司空有軍旅之事可騎馬出入城內戊辰前寧遠石城公外兵參軍王位於石頭沙際獲玉璽四紐高祖表以送臺三月戊戌齊遣水軍儀同蕭軌庫狄伏連堯難宗東方老侍中裴英起東廣州刺史獨孤辟惡洛州刺史李希光并任約徐嗣徽等率衆十萬出柵口向梁山帳內盪主黃叢

逆擊敗之燒其前軍船艦齊頓軍保蕪湖高祖遣定州刺史沈泰吳郡太守裴忌就侯安都共據梁山以禦之自去冬至是甘露頻降於鍾山梅崗南澗及京口江寧縣境或至三數升大如奕棊子高祖表以獻臺四月丁巳高祖詣梁山軍巡撫五月甲申齊兵發自蕪湖丙申至秣陵故治高祖遣周文育屯方山徐度頓馬牧杜稜頓大航南己亥高祖率宗室王侯及朝臣將帥於大司馬門外白虎闕下刑牲告天以齊人背約發言慷慨涕泗交流同盟皆莫能仰視士卒觀者益奮辛丑齊軍於秣陵故縣跨淮立橋柵引渡兵馬其夜至方山侯安都周文育徐度等各引還京師癸卯齊兵自方山進及兒塘游騎至臺周文育侯安都頓白土崗旗鼓相望都邑震駭高祖潛撤精卒三千配沈泰渡江襲齊行臺趙彥琛於瓜步獲舟艦百餘艘陳粟萬斛卽日天子總羽林禁兵頓于長樂寺六月甲辰齊兵潛至鍾山龍尾丁未進至莫府山高祖遣錢明領水軍出江乘要擊齊人糧運盡獲其船米齊軍於是大餒殺馬驢而食之庚戌齊軍踰鍾山高祖衆軍分頓樂遊苑東及覆舟山北斷其衝要壬子齊軍至玄武湖西北

莫府山南將據北郊壇衆軍自覆舟東移頓郊壇北與齊人相對其夜大雨震電暴風拔木平地水丈餘齊軍晝夜坐立泥中懸鬲以爨而臺中及潮溝北水退路燥官軍每得番易甲寅少霽高祖命衆軍秣馬蓐食遲明攻之乙卯旦自率帳內麾下出莫府山南吳明徹沈泰等衆軍首尾齊舉縱兵大戰侯安都自白下引兵橫出其後齊師大潰斬獲數千人相蹂藉而死者不可勝計生執徐嗣徽及其弟嗣宗斬之以徇追奔至於臨沂其江乘攝山鍾山等諸軍相次克捷虜蕭軌東方老王敬寶李希光裴英起等將帥凡四十六人其軍士得竄至江者縛荻筏以濟中江而溺流屍至京口翳水彌岸丁巳衆軍出南州燒賊舟艦己未斬劉歸義徐嗣彥傅野猪於建康市是日解嚴庚申蕭軌東方老王敬寶李希光裴英起皆伏誅高祖表解南徐州以授侯安都七月丙子詔授高祖中書監司徒揚州刺史進爵爲公增邑并前五千戶侍中使持節都督中外諸軍事將軍尚書令班劍鼓吹甲仗並如故并給油幢皁輪車是月侯瑱以江州入附遣侯安都鎭上流定南中諸郡八月癸卯太府卿何敬新州刺史華志各

上玉璽一高祖表以送臺詔歸之高祖是日詔高祖食安吉武康二縣合五千戶九月壬寅改年曰太平元年進高祖位丞相錄尚書事鎮衛大將軍改刺史爲牧進封義興郡公侍中司徒都督班劍鼓吹甲仗皁輪車並如故丁未中散大夫王彭牋稱今月五日平旦於御路見龍跡自大社至象闕亘三四里庚申詔追贈高祖考侍中光祿大夫加金章紫綬封義興郡公諡曰恭十月甲戌敕丞相自今入問訊可施別榻以近扆坐二年正月壬寅天子朝萬國於太極東堂加高祖班劍十人幷前三十人餘如故丁未詔贈高祖兄道譚散騎常侍使持節平北將軍南兗州刺史長城縣公諡曰昭烈弟休光侍中使持節驃騎將軍南徐州刺史武康縣侯諡曰忠壯食邑各二千戶甲寅遣兼侍中謁者僕射陸繕策拜長城縣夫人章氏爲義興國夫人丁卯詔贈高祖祖侍中太常卿諡曰孝追封高祖祖母許氏吳郡嘉興縣君諡曰敬妣張氏義興國太夫人諡曰宣二月庚午蕭勃舉兵自廣州度嶺頓南康遣其將歐陽頠傅泰及其子孜爲前軍至於豫章分屯要險南江州刺史余孝頃起兵應勃高祖命周文育侯安

都率衆討平之八月甲午進高祖位太傅加黃鉞劍履上殿入朝不趨贊拜不名幷給羽葆鼓吹一部其侍中都督錄尚書鎭衞大將軍揚州牧義興郡公班劍甲仗油幢皁輪車並如故丙申加高祖前後部羽葆鼓吹是時湘州刺史王琳擁兵不應命高祖遣周文育侯安都率衆討之九月辛丑詔曰肇昔元胎剖判太素氤氳崇建人皇必憑洪宰故賢哲之后牧伯征於四方神武之君大監治乎萬國又有一匡九合渠門之賜以隆戮帶圍温行宮之寵斯茂時危所以貞固運泰所以光熙斯乃千載同風百王不刊之道也太傅義興公允文允武迺聖迺神固天生德康濟黔首昔在休期早隆朝寄遠踰滄海大拯交越皇運不造書契未聞中國其亡兵凶總至哀哀噍類譬彼窮牢悠悠上天莫云斯極否終則泰元輔應期救此將崩援茲已溺乘舟履葦架險浮深經略中途畢殲羣醜洎乎石頭姑孰流髓履腸一朝指撝六合清晏是用光昭下武翼亮中都雪三后之勍讎夷三靈之巨慝堯台禹佐未始能偕殷相周師固非云擬重之以屯剝餘象荊楚大崩天地無心乘輿委御五胡薦食競謀諸夏八方棋跱莫

有匡救彊臣放命黜我沖人顧影於荼孺之魂甘心於甯卿之辱却按下譽求
哀之路莫從竊鈇逃責容身之地無所公神兵奄至不日清澄惟是辱蒙再膺
天籙斯又巍巍蕩蕩無德而稱焉加以仗茲忠義屠彼妖逆震部夷氛稽山罷
祲番禺蠢澤北鄙西郊殲厥凶徒罄無遺種斯則兆民之命修短所縣率土之
基興亡是賴於是刑禮兼訓沿革有章中外成平遐邇寧一用能使陽光合魄
曜象呈暉棲閣遊庭抱仁含信宏勳該於厚地大道格於玄天羲農炎昊以來
卷領垂衣之世聖人濟物未有如斯者也夫備物典策桓文是膺助理陰陽蕭
曹不讓未有功高於寓縣而賞薄於伊周凡厥人祇固懷延佇實由公謙撝自
牧降損爲懷嘉數遲回永言增歎豈可申茲雅尚久廢朝猷宜戒司勳敬升鴻
典且重華大聖嬀汭惟賢盛德之祀無忘公侯之門必復是以殷嘉亶甫繼后
稷之官堯命羲和纂重黎之位況其本枝攸建宜誓山河者乎其進公位相國
總百揆封十郡爲陳公備九錫之禮加璽紱遠遊冠綠綟綬位在諸侯王上其
鎮衛大將軍揚州牧如故策曰大哉乾元資日月以貞觀至哉坤元憑山川以

載物故惟天爲大陟配者欽明惟王建國翼輔者齊聖是以文武之佐磻磎藴
其玉璜堯舜之臣濬河鏤其金版況乎體得一之鴻姿寧陽九之危厄拯橫流
於碣石撲燎火於崐岑驅馭於韋彭跨踞於齊晉神功行而靡用聖道運而無
名者乎今將授公典策其敬聽朕命日者昊天不弔鍾亂於我國家綱漏吞舟
彊胡內贔茫茫宇宙慄慄黎元方足圓顱萬不遺一太淸否亢橋山之痛已深
大寶屯如平陽之禍相繼上宰膺運康救兆民鞠旅於湞池之南揚旌於桂嶺
之北懸三光於已墜謐四海於羣飛屠猰窳於中原斮鯨鯢於濛汜蕩寧上國
光啓中興此則公之大造於皇家者也既而天未悔禍夷醜薦臻南夏崩騰西
京蕩覆羣胡孔熾藉亂乘間推納藩枝盜假神器冢司昏撓旁引寇讎既見貶
於桐宮方謀危於漢閣皇運已殆何殊贅旒中國搖然非徒如綫公赫然投袂
匡救本朝復莒齊都平戎王室朕所以還膺寶曆重履宸居拒建武之風猷謌
宣王之雅頌此又公之再造於皇家者也公應務之初登庸惟始三川五嶺莫
不窺臨銀洞珠宮所在寧謐孫盧肇釁越貊爲災番部阽危勢將淪殄公赤旗

所指祆壘洞開白羽纔搖兇徒粉潰非其神武久喪南藩此又公之功也大同之末邊政不修李賁狂迷竊我交愛敢稱大號驕恣甚於尉陀據有連州雄豪熾於梁碩公英謨雄算電掃風行馳御樓船直跨滄海新昌典澈備履艱難蘇歷嘉寧盡爲京觀三山獠洞八角蠻陬逖矣水寓之鄉悠哉火山之國馬援之所不居陶璜之所未開莫不懼我王靈爭朝邊候歸賧天府獻狀鴻臚此又公之功也自寇虜陵江宮闈幽辱公枕戈嘗膽提劍撫心氣涌青霄神飛紫闥而番禺連率本自諸夷言得其朋是懷同惡公仗此忠誠乘機勦定執沛令而釁鼓平新野而據鞍此又公之功也世道初艱方隅多難勳門桀黠作亂衡疑兵切池隍衆兼夷獠公以國盜邊警知無不爲卹是同盟誅其醜類莫不魚驚鳥散面縛頭懸南土黔黎重保蘇息此又公之功也長驅嶺嶠夢想京畿緣道酋豪遞爲榛梗路養渠率全據大都蓄聚逋逃方謀阻亂百樓不戰雲梯之所未窺萬弩齊張高輣之所非敵公龍驤虎步嘯吒風雲山靡堅城野無彊陣清祆氛於灨石滅沴氣於雩都此又公之功也遷仕凶慝屯據大皐乞活類馬騰之

軍流民多杜弢之衆推鋒轉鬬自北徂南頻歲稽誅實惟勍虜公坐揮三略遙制六奇義勇同心貔貅騁力雷奔電擊谷靜山空列郡無犬吠之驚叢祠罷狐鳴之盜此又公之功也王師討虜次居湓波兵乏兼儲士有飢色公回麾蠡澤積穀巴丘億庾之詠斯豐壺漿之迎是衆軍民轉漕曾無砥柱之難艨艟相望如運敖倉之府犀渠貝冑顧蔑雷霆高艦層樓仰捫霄漢故使三軍勇銳百戰無前承此兵糧遂殄凶逆此又公之功也若夫英圖邁俗義旅如雲溢壘猜攜用淹戎略公志唯同獎師克在和鵲塞非虞鴻門是會若晉侯之誓白水如蕭王之推赤心屈禮交盟人祇感咽故能使舟師並路遠邇朋心此又公之功也姑孰襟要崤函阻憑寇虜據其關梁大盜負其扃鐍公一校裁摛三雄並奮左賢右角沙潰土崩木甲殪於中原氈裘赴於江水他他藉藉萬計千羣鄂坂之隘斯開夷庚之道無塞此又公之功也義軍大衆俱集帝京逆豎凶徒猶屯皇邑若夫表裏山河金湯嶮固疏龍首以抗殿揃華岳以爲城雜虜憑焉彊兵自若公回茲地軸抗此天羅曾不崇朝俾無遺噍軍容甚穆國政方脩物重覩於

衣冠民還瞻於禮樂楚人滿道爭覩於葉公漢老銜悲俱歡於司隸此又公之功也內難初靜諸侯出關外郡傳烽鮮卑犯塞莫非且渠當戶中貴名王冀馬迴於淮南胡笳動於徐北公舟師步甲亘野橫江殲厥羣羝遂殫封豨莫不絓木而止戎車靡遺遇濘而旋歸驂盡殪此又公之功也公克黜禍難劬勞皇室而孫甯之黨翻啓狄心伊洛之間咸爲虜戍雖金陵佳氣石壘天嚴朝闇戎塵夜喧胡鼓公三籌既畫八陣斯張裁舉靈鐸亦抽金僕咸俘醜類悉反高墉異李廣之皆誅同龐元之盡赦此又公之功也任約叛渙梟聲不悛戎羯貪婪狼心無改穹廬氈幕抵北闕而爲營烏孫天馬指東都而成陣公左甄右落箕張翼舒掃是攙搶驅其獫狁長狄之種埋於國門椎髻之酋烹於軍市投秦坑而盡沸噎湍水而不流此又公之功也一相居中自折彝鼎五湖小守妄懷同惡公夙駕兼道秉羽杖戈玉斧將揮金鉦且戒袄酋震懾遽請灰釘爇櫬以表其含弘焚書以安其反側此又公之功也賊龕凶橫陵虐具區阻兵安忍憑災怙亂自古蝨言鳥跡渾沌洪荒凡或虔劉未此殘酷公雖宗居汝頻世寓東南育

聖誕賢之鄉含章挺生之地眷言桑梓公私憤切卓爾英狀丞規奉算戮此大
憝如烹小鮮此又公之功也亂離永久羣盜孔多浙左凶渠連兵搆逆豈止千
兵五校白雀黃龍而已哉公以中軍無率選是親賢奸寇途窮潅然冰泮刑溏
又作唐之所文命動其大威雷門之間句踐行其嚴戮英規聖跡異代同風此又
公之功也同姓有扈頑凶不賓憑藉宗盟圖危社稷觀兵匯澤勢震京師驅率
南蠻已爲東帝公論兵於廟堂之上決勝於罇俎之間寇賈樊滕浮江下瀨一
朝揃撲無待甸師萬里澄清非勞新息此又公之功也豫章祆寇依憑山澤繕
甲完聚多歷歲時結從連橫爰洎交廣呂嘉既獲吳濞已擬命我還師征其不
恪連營盡拔僞黨斯擒曜聖武於匡山回神旌於蠡派此又公之功也自八紘
九野瓜剖豆分竊帝偷王連州比縣公武靈已暢文德又宣折簡馳書風猷斯
遠至於蒼蒼浴日杳杳無雷北洎丈夫之鄉南踰女子之國莫不屈膝膜拜求
吏款關此又公之功也京師禍亂亟積寒暄雙闕低昂九門寥豁寧秦宮之可
顧豈魯殿之猶存五都簪弁百僚卿士胡服縵纓咸爲戎俗高冠厚履希復華

風宋微子麥穟之歌周大夫黍離之歎方之於斯未足爲悲矣公求衣昧旦昃食高春興構宮闈具瞻遐邇郊庠宗稷之典六符十等之章還聞太始之風流重覩永平之遺事此又公之功也公有濟天下之勳重之以明德凝神體道合德符天用百姓以爲心隨萬機而成務恥一物非唐虞之民歸含靈於仁壽之域上德不德無爲以爲夏長春生顯仁藏用忠信爲寶風雨弗愆仁惠爲基牛羊勿踐功成治定樂奏咸雲安上治民禮兼文質物色丘園衣裾里巷朝多君子野無遺賢菽粟同水火之饒工商富猗頓之旅是以天無蘊寶地有呈祥潏露卿雲朝團曉映山車澤馬服馭登閑既景煥於圖書方葳蕤於史諜高勳踰於象緯積德冠於嵩華固無德而稱者矣朕又聞之前王宰世茂賞尊賢式樹蕃長總征羣伯二南崇絶四履遐曠泱泱表海祚土維齊巖巖泰山俾侯於魯抑又勤王反鄭夾輔還周召伯之命斯隆河陽之禮咸備況復經營宇宙寧唯斷鼇足之功弘濟蒼生非直鑿龍門之嶮而疇庸報德寂爾無聞朕所以垂拱當宁載懷慚悸者也今授公相國以南豫州之陳留南丹陽宣城揚州之吳興

東陽新安新寧南徐州之義與江州之鄱陽臨川十郡封公爲陳公錫茲青土苴以白茅爰定爾邦用建冢社昔旦奭分陝俱爲保師晉鄭諸侯咸作卿士兼其內外禮實攸宜今命使持節兼太尉王通授相國印綬陳公璽紱使持節兼司空王瑒授陳公茅土金虎符第一至第五左竹使符第一至第十相國秩踰三鉉任總百司位絕朝班禮由事革其以相國總百揆除錄尚書之號上所假節侍中貂蟬中書監印章中外都督太傅印綬義興公印策其鎮衞大將軍揚州牧如故又加公九錫其敬聽後命以公禮爲楨榦律等銜策四維皆舉八柄有章是用錫公大輅戎輅各一玄牡二駟以公賤寶崇穀疏爵待農室富京坻民知榮辱是用錫公袞冕之服赤舃副焉以公調理陰陽燮諧風雅三靈允降萬國同和是用錫公軒縣之樂六佾之舞以公宣導王猷弘闡風教光景所照鞮象必通是用錫公朱戶以居以公抑揚清濁褒德進賢髦士盈朝幽人虛谷是用錫公納陛以登以公嶷然廊廟爲世鎔範折衝四表臨御八荒是用錫公虎賁之士三百人以公執茲明罰期在刑措象恭無赦干紀必誅是用錫公斧

鉞各一以公英猷遠量跨厲嵩溟包一車書括囊寰宇是用錫公彤弓一彤矢
百旅弓十旅矢千以公天經地義貫徹幽明春露秋霜允恭柔威是用錫公秬
鬯一卣圭瓚副焉陳國置丞相已下一遵舊式往欽哉其恭循朕命克相皇天
弘建邦家允與洪業以光我高祖之休命十月戊辰進高祖爵爲王以揚州之
會稽臨海永嘉建安南徐州之晉陵信義江州之潯陽豫章安成廬陵并前爲
二十郡益封陳國其相國揚州牧鎮衛大將軍並如故又命陳王冕十有二旒
建天子旌旗出警入蹕乘金根車駕六馬備五時副車置旄頭雲罕樂舞八佾
設鍾簴宮縣王妃王子王女爵命之號陳臺百官一依舊典辛未梁帝禪位於
陳詔曰五運更始三正迭代司牧黎庶是屬聖賢用能經緯乾坤彌綸區宇大
庇黔首闡揚鴻烈革晦以明積代同軌百王踵武咸由此則梁德湮微禍亂荐
發太清云始見困長蛇承聖之季又罹封豕爰至天成重竊神器三光亟沉七
廟乏祀含生已泯鼎命斯墜我武元之祚有如綴旒靜惟屯剝夕惕載懷相國
陳王有命自天降神惟嶽天地合德晷曜齊明拯社稷之橫流提億兆之塗炭

東誅逆叛北殲獯醜威加四海仁漸萬國復張崩樂重興絕禮儒館聿脩戎亭
虛候大功在舜盛績惟禹巍巍蕩蕩無得而稱來獻白環豈直皇虞之世入貢
素雉非止隆周之日固以效珍川陸表瑞烟雲甘露醴泉旦夕凝涌嘉禾朱草
孳植郊甸道昭於悠代勳格於皇穹明明上天光華日月革故著於玄象代德
彰於圖讖獄訟有歸謳歌爰適天之曆數實有攸在朕雖庸藐闇於古昔永稽
崇替爲日已久敢忘列代之遺典人祇之至願乎今便遜位別宮敬禪於陳一
依唐虞宋齊故事策曰咨爾陳王惟昔上古厥初生民驪連栗陸之前容成大
庭之代並結繩寫鳥杳冥慌忽故靡得而詳焉自羲農軒昊之君陶唐有虞之
主或垂衣而御四海或無爲而子萬姓居之如馭朽索去之如脫敝屣裁遇許
由便能捨帝暫逢善卷卽以讓王故知玄扈璇璣非關尊貴金根玉輅示表君
臨及南觀河渚東沉刻璧精華既竭耄勤已倦則抗首而笑唯賢是與謗然作
歌簡能斯授遺風餘烈昭晰圖書漢魏因循是爲故實宋齊授受又弘斯義我
高祖應期撫運握樞御宇三后重光祖宗齊聖及時屬陽九封豕薦食西都失

馭夷狄交侵乃梟天成輕弄龜鼎慄慄黔首若崩厥角徽徽皇極將甚綴旒惟
王乃聖乃神欽明文思二儀並運四時合序天錫智勇人挺雄傑珠庭日角龍
行虎步爰初投袂日迺勤王電掃番禺雲撤彭蠡揃其元惡定我京畿及王賀
帝弘貿茲冠屨既行伊霍用保沖人震澤稽陰並懷叛逆獯羯醜虜三亂皇都
裁命偏師二邦自殄薄伐獫狁六戎盡殪嶺南叛渙湘郢結連賊帥既擒凶渠
傳首用能百揆時序四門允穆無思不服無遠不屆上達穹昊下漏淵泉蛟魚
並見謳歌攸屬況乎長彗橫天已徵布新之兆璧日斯既實表更姓之符是以
始創義師紫雲曜彩肇惟尊主黃龍負舟楛矢素翬梯山以至白環玉玦慕德
而臻若夫安國字萌本因萬物之志時乘御宇良會樂推之心七百無常期皇
王非一族昔木德既季而傳祚於我有梁天之曆數允集明哲式遵前典廣詢
羣議王公卿尹莫不攸屬敬從人祇之願授帝位於爾躬四海困窮天祿永終
王其允執厥中軌儀前式以副溥天之望禋祀上帝時膺大禮永固洪業豈不
盛歟又璽書曰君子者自昭明德達人者先天弗違故能進退咸亨動靜元吉

朕雖蒙寡庶乎景行何則三才剖判九有區分情性相乖亂離云起是以建彼司牧推乎聖賢授受者任其時來皇王者本非一族人謀是與屈己從萬物之心天意斯歸鞠躬奉百靈之命謳歌所往則攘袂以膺之菁華已竭乃褰裳而去之昔在唐虞鑒於天道舉其黎獻授彼明哲雖復質文殊軌沿革不同歷代因循斯風靡替我大梁所以考庸太室接禮貳宮月正元日受終文祖但運不常夷道無恆泰山岳傾偃河海沸騰電目雷聲之禽鉤爪鋸牙之獸咀嚼含生不知紀極二后英聖相仍在天六夷貪狡爭侵中國縣王都帝人懷干紀一民尺土皆非梁地朕以不造幼罹閔凶仰憑衡佐亟移年序周成漢惠邈矣無階惟是童蒙必貽顛墜若使時無聖哲世靡艱難猶當高蹈於滄洲自求於泰伯者矣惟王應期誕秀開籙握圖性道故其難聞嘉庸已其被物乾行同其燾覆日御比其貞明登承聖於復禹之功樹鞠子於興周之業滅陸渾於伊洛殲驪戎於鎬京大小二震之驍徒東南兩越之勍寇遽行天討無遺神策於是祖述堯舜憲章文武大樂與天地同和大禮與天地同節鼓之以雷霆潤之以風雨

仁霑葭葦信及豚魚殷牖斯空夏臺虛設民惟大畜野有同人升平頌平無偏無黨固以雲飛紫蓋水躍黃龍東伐西征曉映川陸榮光曖曖已冒郊廛甘露瀼瀼亟流庭苑車轍馬跡誰不率從蟠水流沙誰不懷德祥圖遠至非唯赤伏之符靈命昭然何止黃星之氣海口河目賢聖之表既彰握旄執鉞君人之狀斯偉且自攝提無紀孟陬殄滅枉矢宵飛天弧曉映久矣夷羊之在牧時哉蛟龍之出泉革運之兆咸徵惟新之符並集朕所以欽若勛華屢回星琯昔者水運斯盡予高祖受焉今曆去炎精神歸樞紐敬以火德傳于爾陳遠鑒前王近謀羣辟明靈有悅率土同心今遣使持節兼太保侍中尚書左僕射平樂亭侯王通兼太尉司徒左長史王瑒奉皇帝璽綬受終之禮一依唐虞故事王其時陟元后寧育兆民光闡洪猷以承昊天之休命是日梁帝遜于別宮高祖謙讓再三羣臣固請乃許

陳書卷一考證

高祖紀上吳興長城下若里人○若監本誤春一統志湖州長興晉名長城有

上若下若若亦作箬今從南史改正

授直閤將軍封新安子○安南史作枋

李遷仕許身當陽○許一本作託

乃以叔艕貯石沉塞淮口○叔南史作般

改大寶三年爲承聖元年湘州平高祖旋鎮京口○梁書湘州平係承聖二年

事

丙午貞陽侯遜位○丙字南本俱作景此本俱作丙蓋後人所改也

丁丑載及北叟來降○南史北叟上有龕從弟三字蓋萆載杜龕已見上文突

云北叟不知爲何人矣

楚州刺史劉仕榮淮州刺史柳達摩領兵萬人於胡墅渡○南史仕作士胡作

湖

先是太白自十一月丙戌不見乙卯出於東方〇乙卯上南史有十二月三字

襲齊行臺趙彥琛於瓜步〇琛南史作深

屠獩竊於中原〇竊閣本注一作貐

乃梟天成輕弄龜鼎〇梟南史闕一本誤衆

時乘御宇〇宇監本誤辯今改從南本

陳書卷一考證

唐　散　騎　常　侍　姚　思　廉　撰

本紀第二

高祖下

永定元年冬十月乙亥高祖卽皇帝位于南郊柴燎告天曰皇帝臣霸先敢用玄牡昭告于皇皇后帝梁氏以圮剝薦臻曆運有極欽若天應以命于霸先夫肇有烝民乃樹司牧選賢與能未常厥姓放勳重華之世咸無意於受終當塗典午之君雖有心於揖讓皆以英才處萬乘高勳御四海故能大庇黔首光宅區縣有梁末運仍葉遘屯獯醜憑陵久移神器承聖在外非能祀夏天未悔禍復罹寇逆嫡嗣廢黜宗枝僭詐天地蕩覆紀綱泯絕霸先爰初投袂大拯橫流重舉義兵實戡多難廢王立帝實有厥功安國定社用盡其力是謂小康方期大道既而烟雲表色日月呈瑞緯聚東井龍見譙邦除舊布新既彰玄象遷虞事夏且協謳歌九域八荒同布衷款百神羣祀皆有誠願梁帝高謝萬邦授以

大寶霸先自惟菲薄讓德不嗣至于再三辭弗獲許僉以百姓須主萬機難曠皇靈眷命非可謙拒畏天之威用膺嘉祚永言夙志能無慚德敬簡元辰升壇受禪告類上帝用答民心永保于我有陳惟明靈是饗先是氛霧晝夜晦冥至于是日景氣清晏識者知有天道焉禮畢輿駕還宮臨太極前殿詔曰五德更運帝王所以御天三正相因夏殷所以宰世雖色分辭翰時異文質揖讓征伐迄用參差而育德振民義歸一揆朕以寡昧時屬艱危國步屢屯天維三絕肆勤先后拯厥橫流藉將帥之功兼猛士之力一匡天下再造黔黎梁氏以天祿永終曆數攸在遵與能之典集大命于朕躬顧惟菲德辭不獲亮式從天睠俯協民心受終文祖升禋上帝繼迹百王君臨萬宇若涉川水罔知攸濟寶業初建皇祚惟新思俾惠澤覃被億兆可大赦天下改梁太平二年爲永定元年賜民爵二級文武二等鰥寡孤獨不能自存者人穀五斛逋租宿債皆勿復收其有犯鄉里清議贓汙淫盜者皆洗除先注與之更始長徒敕繫特皆原之亡官失爵禁錮奪勞一依舊典又詔曰禮陳杞宋詩詠二客弗臣之重歷代斯敦梁

氏欽若人祇憲章在昔濟河沉璧高謝萬邦茅賦所加宜遵舊典其以江陰郡
奉梁主爲江陰王行梁正朔車旗服色一依前準宮館資待務盡優隆又詔梁
皇太后爲江陰國太妃皇后爲江陰國妃又詔百司依位攝職丙子輿駕幸鍾
山祀蔣帝廟戊寅輿駕幸華林園親覽詞訟臨赦囚徒己卯分遣大使宣勞四
方下璽書敕州郡曰夫四王革代商周所以應天五勝相推軒羲所以當運梁
德不造喪亂積年東夏崩騰西都蕩覆蕭勃干紀非唯趙倫侯景滔天踰於劉
載貞陽反篡賊約連兵江左累屬於鮮卑金陵久非於梁國自有氤氳混沌之
世龍圖鳳紀之前東漢興平之初西朝永嘉之亂天下分崩未有若於梁朝者
也朕以虛薄屬當興運自昔登庸首清諸越徐門浪泊靡不征行浮海乘山所
在戡定冒懃風塵驅馳師旅六延梁祀十翦彊寇豈曰人謀皆由天啓梁氏以
天祿斯改期運永終欽若唐虞推其鼎玉朕東西退讓拜手陳辭避舜子於箕
山之陽求支伯於滄洲之野而公卿敦逼率土翹惶天命難稽遂享嘉祚今月
乙亥升禮太壇言念遷桐但有慚德自梁氏將末頻月亢陽火運斯終秋霖奄

降翌日成禮圜丘宿設埃雲晚霽星象夜張朝景重輪泫三危之膏露晨光合
璧帶五色之卿雲顧惟寡薄彌慚休祉昧旦丕顯方思至治卿等擁旄方岳相
任股肱剖符名守方寄恤隱王曆惟新念有欣慶想深求民瘼務在廉平愛惠
以撫孤貧威刑以禦彊猾若有萑蒲之盜或犯戎商山谷之酋擅彊幽險皆從
肆赦咸使知聞如或迷途俾在無貸今遣使人具宣往旨念思善政副此虛懷
庚辰詔出佛牙於杜姥宅集四部設無遮大會高祖親出闕前禮拜初齊故僧
統法獻於烏纏國得之常在定林上寺梁天監末爲攝山慶雲寺沙門慧興保
藏慧興將終以屬弟慧志承聖末慧志密送于高祖至是乃出辛巳追尊皇考
曰景皇帝廟號太祖皇妣董太夫人曰安皇后追謚前夫人錢氏號爲昭皇后
世子克爲孝懷太子立夫人章氏爲皇后癸未尊景帝陵曰瑞陵昭皇后陵曰
嘉陵依梁初園陵故事立删定郎治定律令戊子遷景皇帝神主祔于太廟辛
卯以中權將軍開府儀同三司丹陽尹王沖爲左光祿大夫癸巳追贈皇兄梁
故散騎常侍平北將軍兗州刺史長城縣公道譚驃騎大將軍太尉封始興郡

王弟梁故侍中驃騎將軍南徐州刺史武康縣侯休先車騎大將軍司徒封南康郡王是月西討都督周文育侯安都於郢州敗績囚于王琳十一月丙申詔曰東都齊國義乃親賢西漢城陽事兼功烈散騎常侍使持節都督會稽等十郡諸軍事宣毅將軍會稽太守長城縣侯蒨學尚清優神寓凝正文參禮樂武定妖氛心力謀猷爲家治國擁旄作守期月有成辟彼關河功踰蕭寇萑蒲之盜自反耕農篁竹之豪用稟聲朔朕以虛寡屬當興運提彼三尺賓于四門王業艱難賴乎此子宜隆上爵稱是元功可封臨川郡王邑二千戶兄子梁中書侍郎頊襲封始興王弟子梁中書侍郎曇朗襲封南康王禮秩一同正王己亥甘露降于鍾山松林彌滿巖谷庚子開善寺沙門採之以獻敕頒賜羣臣丙辰以鎮西將軍南豫州刺史徐度爲鎮右將軍領軍將軍庚申京師大火十二月庚辰皇后謁太廟

二年春正月乙未詔曰夫設官分職因事重輕羽儀車馬隨時隆替晉之五校鳴笳啓途漢之九卿傳呼並迾虞官夏禮豈曰同科殷朴周文固無恆格朕膺

茲寶曆代是天工留念官方庶允時衷梁天監中左右驍騎領朱衣直閤並給
儀從北徐州刺史昌義之初首爲此職亂離歲久朝典不存後生年少希聞舊
則今去左右驍騎宜通文武文官則用腹心武官則用功臣所給儀從同太子
二衞率此外衆官尙書詳爲條制車騎將軍開府儀同三司侯瑱進位司空中
權將軍開府儀同三司新除左光祿大夫王沖爲太子少傅左衞將軍徐世譜
爲護軍將軍南兗州刺史吳明徹進號安南將軍衡州刺史歐陽頠進號鎮南
將軍辛丑輿駕親祀南郊詔曰朕受命君臨初移星琯孟陬嘉月備禮泰壇景
候昭華人祇允慶思令億兆咸與惟新且往代祆氛于今猶梗軍機未息徵賦
咸繁事不獲已久知下弊言念黔黎無忘寢食夫罪無輕重已發覺未發覺在
今昧爽以前皆赦除之西寇自王琳以下並許返迷一無所問近所募義軍本
擬西寇並宜解遣留家附業輓訂軍資未送者並停元年軍糧逋餘者原其半
州郡縣軍戍並不得輒遣使民閒務存優養若有侵擾嚴爲法制乙巳輿駕親
祀北郊甲辰振遠將軍梁州刺史張立表稱云乙亥歲八月丹徒蘭陵二縣界

遺山側一旦因濤水涌生沙漲周旋千餘頃並膏腴堪墾植戊午輿駕親祀明
堂二月壬申南豫州刺史沈泰奔于齊辛卯詔車騎將軍司空侯瑱總督水步
衆軍以遏齊寇三月甲午詔曰罰不及嗣自古通典罪疑惟輕布在方策沈泰
反覆無行遐邇所知昔有微功仍荷朝寄剖符名郡推轂累藩漢口班師還居
方岳良田有逾於四百食客不止於三千富貴顯榮政當如此鬼害其盈天奪
之魄無故猖狂自投獯醜雖復知人則哲惟帝其難光武有蔽於龐萌魏武不
知於于禁但令朝廷無我負人其部曲妻兒各令復業所在及軍人若有恐脅
侵掠者皆以劫論若有男女口爲人所藏並許詣臺申訴若樂隨臨川王及節
將立効者悉皆聽許乙卯高祖幸後堂聽訟還於橋上觀山水賦詩示羣臣是
月王琳立梁永嘉王蕭莊于郢州夏四月甲子輿駕親祀太廟乙丑江陰王薨
詔遣太宰弔祭司空監護喪事凶禮所須隨由備辦以梁武林侯蕭諮息季卿
嗣爲江陰王丙寅輿駕幸石頭餞司空侯瑱戊辰重雲殿東鴟尾有紫烟屬天
五月乙未京師地震癸丑齊廣陵南城主張顯和長史張僧那各率其所部入

附辛酉輿駕幸大莊嚴寺捨身壬戌羣臣表請還宮六月己巳詔司空侯瑱領
軍將軍徐度率舟師爲前軍以討王琳秋七月戊戌輿駕幸石頭親送瑱等己
亥江州刺史周迪擒王琳將李孝欽樊猛余孝頃于工塘甲辰遣吏部尚書謝
哲諭王琳甲寅嘉禾一穗六岐生五城初侯景之平也火焚太極殿承聖中議
欲營之獨闕一柱至是有樟木大十八圍長四丈五尺流泊陶家後渚監軍鄒
子度以聞詔中書令沈衆兼起部尚書少府卿蔡儔兼將作大匠起太極殿八
月丙寅以廣梁郡爲陳留郡辛未詔臨川王蒨西討以舟師五萬發自京師輿
駕幸冶城寺親送焉前開府儀同三司南豫州刺史周文育前鎮北將軍南徐
州刺史新除開府儀同三司侯安都等於王琳所逃歸自劾廷尉卽日引見並
宥之戊寅詔復文育等本官壬午追封皇子立爲豫章王謚曰獻權爲長沙王
謚曰思長女爲永世公主謚曰懿謝哲反命王琳請還鎮湘川詔追衆軍緩其
伐癸未西討衆軍至自大雷丁亥以信威將軍江州刺史周迪爲開府儀同三
司進號平南將軍改南徐州所領南蘭陵郡復爲東海郡冬十月庚午遣鎮南

將軍開府儀同三司周文育都督衆軍出豫章討余孝勱乙亥輿駕幸莊嚴寺發金光明經題丁酉以仁威將軍高州刺史黃法𣰋爲開府儀同三司進號鎮南將軍甲寅太極殿成匠各給復十二月庚申侍中安東將軍臨川王蒨率百僚朝前殿拜上牛酒甲子輿駕幸大莊嚴寺設無㝵大會捨乘輿法物羣臣備法駕奉迎卽日輿駕還宮丙寅高祖於太極殿東堂宴羣臣設金石之樂以路寢告成也壬申割吳郡鹽官海鹽前京三縣置海寧郡屬揚州以安成所部廣興六洞置安樂郡丙戌以寧遠將軍北江州刺史熊曇朗爲開府儀同三司進號平西將軍丁亥詔曰梁時舊仕亂離播越始還朝廷多未銓序又起兵已來軍勳甚衆選曹卽條文武簿及節將應九流者量其所擬於是隨材擢用者五十餘人

三年春正月己丑青龍見于東方丁酉以鎮南將軍廣州刺史歐陽頠卽本號開府儀同三司是夜大雪及旦太極殿前有龍跡見甲午廣州刺史歐陽頠表稱白龍見于州江南岸長數十丈大可八九圍歷州城西道入天井崗仙人見

于羅浮山寺小石樓長三丈所通身潔白衣服楚麗辛丑詔曰南康始興王諸妹已有封爵依禮止是藩主此二王者有殊恆情宜隆禮數諸主儀秩及尚主可並同皇女戊申詔臨川王蒨省揚徐二州辭訟二月辛酉以平西將軍桂州刺史淳于量爲開府儀同三司進號鎮西大將軍壬午司空侯瑱督衆軍自江入合州焚齊舟艦三月丙申侯瑱至自合肥衆軍獻捷夏閏四月庚寅詔曰開廩賑絕育民之大惠巡方恤患前王之令典朕當斯季俗膺此樂推君德未孚民瘼猶甚重茲多壘彌疚納隍良由四聰弗達千里勿應博施之仁何其或爽殘弊之軌致此未康吳州縉州去歲蝗旱郢田雖疏鄭渠終涸室靡盈積之望家有塡壑之嗟百姓不足兆民何賴近已遣中書舍人江德藻銜命東陽與令長二千石問民疾苦仍以入臺倉見米分恤雖德非既飽庶微慰阻飢甲午詔依前代置西省學士兼以伎術者預焉丁酉遣鎮北將軍徐度率衆城南皖口是時久不雨丙午輿駕幸鍾山祀蔣帝廟是日降雨迄于月晦五月丙辰朔日有食之有司奏舊儀御前殿服朱紗袍通天冠詔曰此乃前代承用意有未同

合朔仰助太陽宜備袞冕之服自今已去永可爲准丙寅扶南國遣使獻方物乙酉北江州刺史熊曇朗殺都督周文育于軍舉兵反王琳遣其將常衆愛曹慶率兵援余孝勱六月戊子儀同侯安都敗衆愛等於左里獲琳從弟襲主帥羊暕等三十餘人衆愛遁走庚寅廬山民斬之傳首京師甲午衆師凱歸詔曰曇朗噬逆罪不容誅分命衆軍仍事掩討方加梟磔以明刑憲徵臨川王蒨往晥口置城柵以錢道戢守焉丁酉高祖不豫遣兼太宰尚書左僕射王通以疾告太廟兼太宰中書令謝哲告大社南北郊辛丑高祖疾小瘳故司空周文育之柩至自建昌壬寅高祖素服哭于東堂哀甚癸卯高祖臨訊獄訟是夜熒惑在天尊高祖疾甚丙午崩于璿璣殿時年五十七遺詔追臨川王蒨入纂甲寅大行皇帝遷殯于太極殿西階秋八月甲午羣臣上謚曰武皇帝廟號高祖丙申葬萬安陵高祖智以綏物武以寧亂英謀獨運人皆莫及故能征伐四克靜難夷凶至升大麓之日居阿衡之任恆崇寬政愛育爲本有須發調軍儲皆出於事不可息加以儉素自率常膳不過數品私饗曲宴皆瓦器蚌盤肴核庶羞

裁令充足而已不爲虛費初平侯景及立紹泰子女玉帛皆班將士其充闈房者衣不重綵飾無金翠哥鐘女樂不列於前及乎踐阼彌厲恭儉故隆功茂德光有天下焉

陳吏部尚書姚察曰高祖英略大度應變無方蓋漢高魏武之亞矣及西都盪覆誠貫天人王僧辯闕伊尹之才空結桐宮之憤貞陽假秦兵之送不思穆嬴之泣高祖乃蹈玄機而撫末運乘勢隙而拯橫流王迹所基始自於此何止甚黎升陑之捷而已焉故於慎徽時序之世變聲改物之辰兆庶歸以謳歌炎靈去如釋負方之前代何其美乎

陳書卷二

陳書卷二考證

高祖紀下輿駕幸大莊嚴寺設無㝵大會○宋書㝵同礙浮屠字也南史作碍

甲午廣州刺史歐陽頠表稱白龍見於州江南岸○臣人龍按上文書丁酉夜大雪則甲午爲前二日不應顛倒在後若南史稱甲子則以下文辛丑考之又不相合定有譌字不可考矣

徵臨川王蒨○蒨一本作諱蓋仍姚察之舊也

陳書卷二考證

陳書卷三

唐 散 騎 常 侍 姚 思 廉 撰

本紀第三

世祖

世祖文皇帝諱蒨字子華始興昭烈王長子也少沉敏有識量美容儀留意經史舉動方雅造次必遵禮法高祖甚愛之常稱此兒吾宗之英秀也梁太清初夢兩日鬭一大一小大者光滅墜地色正黃其大如斗世祖因三分取一而懷之侯景之亂鄉人多依山湖寇抄世祖獨保家無所犯時亂日甚乃避地臨安及高祖舉義兵侯景遣使收世祖及衡陽獻王世祖乃密袖小刀冀因入見而害景至便屬吏故其事不行高祖大軍圍石頭景欲加害者數矣會景敗世祖乃得出赴高祖營起家爲吳興太守時宣城劫帥紀機郝仲等各聚衆千餘人侵暴郡境世祖討平之承聖二年授信武將軍監南徐州三年高祖北征廣陵使世祖爲前軍每戰克捷高祖之將討王僧辯也先召世祖與謀時僧辯女壻

杜龕據吳興兵衆甚盛高祖密令世祖還長城立柵以備龕世祖收兵纔數百人戰備又少龕遣其將杜泰領精兵五千乘虛奄至將士相視失色而世祖言笑自若部分益明於是衆心乃定泰知柵內人少日夜苦攻世祖激厲將士身當矢石相持數旬泰乃退走及高祖遣周文育率兵討龕世祖與并軍往吳興時龕兵尚衆斷據衝要水步連陣相結世祖命將軍劉澄蔣元舉率衆攻龕龕軍大敗窘急因請降東揚州刺史張彪起兵圍臨海太守王懷振懷振遣使求救世祖與周文育輕兵往會稽以掩彪後彪將沈泰開門納世祖世祖盡收其部曲家累彪至又破走若邪村民斬彪傳其首以功授持節都督會稽等十郡諸軍事宣毅將軍會稽太守山越深險皆不賓附世祖分命討擊悉平之威惠大振高祖受禪立爲臨川郡王邑二千戶拜侍中安東將軍及周文育侯安都敗於沌口高祖詔世祖入衞軍儲戎備皆以委焉尋命率兵城南皖永定三年六月丙午高祖崩遺詔徵世祖入纂甲寅至自南皖入居中書省皇后令曰吳天不弔上玄降禍大行皇帝奄捐萬國率土哀號普天如喪窮酷煩冤無所迨

及諸孤藐爾反國無期須立長主以寧寓縣侍中安東將軍臨川王蒨體自景
皇屬惟猶子建殊功於牧野敷戎業於戡黎納麓時敘之辰負扆乘機之日並
佐時雍是同草創祧祏所繫遐邇宅心宜奉大宗嗣膺寶錄使七廟有奉兆民
寧晏未亡人假延餘息嬰此百罹尋繹纏綿興言感絕世祖固讓至于再三羣
公卿士固請其日卽皇帝位於太極前殿詔曰上天降禍奄集邦家大行皇帝
背離萬國率土崩心若喪考妣龍圖寶曆眇屬朕躬運鍾擾攘事切機務南面
須主西讓禮輕今便式膺景命光宅四海可大赦天下罪無輕重悉皆蕩滌逋
租宿債吏民愆負可勿復收文武內外量加爵敘孝悌力田爲父後者賜爵一
級庶祇畏在心公卿畢力勝殘去殺無待百年興言號哽深增慟絕又詔州郡
悉停奔赴秋七月丙辰尊皇后爲皇太后己未以鎮南將軍開府儀同三司廣
州刺史歐陽頠進號征南將軍平南將軍開府儀同三司周迪進號鎮南將軍
平南將軍開府儀同三司高州刺史黃法𣰰進號安南將軍庚申以鎮南大將
軍開府儀同三司桂州刺史淳于量進號征南大將軍辛酉以侍中車騎將軍

司空侯瑱爲太尉鎭西將軍開府儀同三司南豫州刺史侯安都爲司空侍中中權將軍開府儀同三司王沖爲特進左光祿大夫鎭北將軍南徐州刺史徐度爲侍中中撫軍將軍開府儀同三司壬戌以侍中護軍將軍徐世譜爲特進安右將軍侍中忠武將軍杜稜爲領軍將軍乙丑重雲殿災八月癸巳以平北將軍南徐州刺史留異爲安南將軍縉州刺史平南將軍北江州刺史魯悉達進號安左將軍庚戌封皇子伯茂爲始興王奉昭烈王後徙封始興嗣王頊爲安成王九月辛酉立皇子伯宗爲皇太子王公以下賜帛各有差乙亥立妃沈氏爲皇后冬十一月乙卯王琳寇大雷詔遣太尉侯瑱司空侯安都儀同徐度率衆以禦之

天嘉元年春正月癸丑詔曰朕以寡昧嗣纂洪業哀惸在疚治道弗昭仰惟前德幽顯遐暢恭己不言庶幾無改雖宏圖懋軌日月方弘而淸廟廓然聖靈浸遠感尋永往瞻言罔極今四象運周三元告獻華夷胥洎玉帛駿奔思覃遺澤播之億兆其大赦天下改永定四年爲天嘉元年鰥寡孤獨不能自存立者賜

穀人五斛孝悌力田殊行異等加爵一級甲寅分遣使者宣勞四方辛酉輿駕親祀南郊詔曰朕式饗上玄虔奉牲玉高禋禮畢誠敬兼弘且陰霾浹辰褰霽在日雲物韶朗風景清和慶動人祇忭流庶俗思俾黎元同此多祜可賜民爵一級辛未輿駕親祀北郊日有冠二月辛卯老人星見乙未高州刺史紀機自軍叛還宣城據郡以應王琳涇令賀當遷討平之丙申太尉侯瑱敗王琳于梁山攻齊兵于博望生擒齊將劉伯球盡收其資儲船艦俘馘以萬計王琳及其主蕭莊奔于齊戊戌詔曰夫五運遞來三靈眷命皇王因之改創殷周所以樂推朕統曆承基丕隆鼎運期理攸屬數祚斯在豈僥倖所至寧卜祝可求故知神器之重必在符命是以逐鹿貽譏斷蛇定業亂臣賊子異世同尤王琳識暗挈瓶智慚衞足干紀亂常自貽顛沛而縉紳君子多被縶維雖涇渭合流蘭鮑同肆求之厥理或有脅從今九罭既設八紘斯掩天網恢恢吞舟是漏至如伏波遊說永作漢蕃延壽脫歸終爲魏守器改秦虞材通晉楚行藏用捨亦豈有恆宜加寬仁以彰雷作其衣冠士族預在凶黨悉皆原宥將帥戰兵亦同肆眚

並隨才銓引庶收力用又詔師旅以來將士死王事者並加贈諡己亥詔曰日
者凶渠肆虐衆軍進討舟艦輸積權倩民丁師出經時役勞日久今氛祲廓清
宜有甄被可蠲復丁身夫妻三年於役不幸者復其妻子庚子分遣使者齎璽
書宣勞四方乙巳遣太尉侯瑱鎭湓城庚戌以高祖第六子昌爲驃騎將軍湘
州牧立爲衡陽王三月丙辰詔曰自喪亂以來十有餘載編戶凋亡萬不遺一
中原氓庶蓋云無幾頃者寇難仍接算斂繁多且興師以來千金日費府藏虛
竭杼軸歲空近所置軍資本充戎備今元惡克殄八表已康兵戈靜戢息肩方
在思俾餘黎陶此寬賦今歲軍糧通減三分之一尙書申下四方稱朕哀矜之
意守宰明加勸課務急農桑庶鼓腹含哺復在茲日蕭莊所署郢州刺史孫瑒
舉州內附丁巳江州刺史周迪平南中斬賊率熊曇朗傳首京師先是齊軍守
魯山城戊午齊軍棄城走詔南豫州刺史程靈洗守之甲子分荊州之天門義
陽南平郢州之武陵四郡置武州其刺史督沅州領武陵太守治武陵郡其都
尉所部六縣爲沅州別置通寧郡以刺史領太守治都尉城省舊都尉以安南

將軍南兗州刺史新除右衞將軍吳明徹爲安西將軍武州刺史僞郢州刺史孫瑒爲安南將軍湘州刺史丙子衡陽王昌薨丁丑詔曰蕭莊僞署文武官屬還朝者量加錄序夏四月丁亥立皇子伯信爲衡陽王奉獻王後乙未以安南將軍荀朗爲安北將軍合州刺史五月乙卯改桂陽之汝成縣爲廬陽郡分衡州之始興安遠二郡置東衡州六月辛巳改謚皇祖妣景安皇后曰景文皇后壬辰詔曰梁孝元遭離多難靈櫬播越朕昔經北面有異常倫遣使迎接以次近路江寧旣有舊塋宜卽安卜車旗禮章悉用梁典依魏葬漢獻帝故事甲午追策故始興昭烈王妃曰孝妃丁酉以開府儀同三司徐度爲侍中中軍將軍辛丑國哀周忌上臨于太極前殿百僚陪哭赦京師殊死已下是月葬梁元帝於江寧秋七月甲寅詔曰朕以眇身屬當大寶負荷至重憂責實深而庶績未康胥怨猶結佇咨賢良發於夢想每有一言入聽片善可求何嘗不褒奬抽揚緘書紳帶而傳巖虛往窮谷尙淹蒲幣空陳旌弓不至豈當有乖則哲使草澤遺才將時運澆流今不逮古側食長懷寢興增歎新安太守陸山才有啓薦梁

前征西從事中郎蕭策梁前尚書中兵郎王暹並世胄清華羽儀著族或文史
足用或孝德可稱並宜登之朝序擢以不次王公已下其各進舉賢良申薦淪
屈庶衆才必萃大廈可成使棫樸載歌由庚在詠乙卯詔曰自頃喪亂編戶播
遷言念餘黎良可哀愓其亡鄉失土逐食流移者今年內隨其適樂來歲不問
僑舊悉令著籍同土斷之例丙辰立皇子伯山爲鄱陽王八月庚辰老人星見
壬午詔曰菽粟之貴重於珠玉自頃寇戎游手者衆民失分地之業士有佩犢
之譏朕哀矜黔庶念康弊俗思俾阻饑方存富教麥之爲用要切斯甚今九秋
在節萬寶可收其班宣遠近並令播種守宰親臨勸課務使及時其有尤貧量
給種子癸未世祖臨景陽殿聽訟戊子詔曰汙罇土鼓誠則難追畫卵彫薪或
可易革梁氏末運奢麗已甚芻豢厭於胥史歌鍾列於管庫牛木被朱丹之采
車馬飾金玉之珍逐欲澆流遷訛遂遠朕自諸生頗爲內足而家敦朴素室靡
浮華觀覽時俗常所扼腕今安假時乘臨馭區極屬當淪季思聞治道菲食卑
宮自安儉陋俾茲薄俗獲反淳風維雕鏤淫飾非兵器及國容所須金銀珠玉

衣服雜玩悉皆禁斷甲午周將賀若敦率馬步一萬奄至武陵武州刺史吳明徹不能拒引軍還巴陵丁酉上幸正陽堂閱武九月癸丑彗星見乙卯周將獨孤盛領水軍將趣巴湘與賀若敦水陸俱進太尉侯瑱自尋陽往禦之辛酉遣儀同徐度率衆會瑱于巴丘丙子太白晝見丁丑詔侯瑱衆軍進討巴湘十月癸巳侯瑱襲破獨孤盛於楊葉洲盡獲其船艦盛收兵登岸築城以保之丁酉詔司空侯安都率衆會侯瑱南討十二月乙未詔曰古者春夏二氣不決重罪蓋以陽和布澤天秩是弘寬網省刑義符含育前王所以則天象地立法垂訓者也朕屬當澆季思求民瘼哀矜惻隱念甚納隍常欲式遵舊軌用長風化自今孟春訖于夏首罪人大辟事已款者宜且申停己亥周巴陵城主尉遲憲降遣巴州刺史侯安都守之庚子獨孤盛將餘衆自楊葉洲潛遁

二年春正月庚戌大赦天下以雲麾將軍晉陵太守杜稜爲侍中領軍將軍辛亥以始興王伯茂爲宣惠將軍揚州刺史乙卯合州刺史裴景徽奔于齊辛未周湘州城主殷亮降湘州平二月丙戌以太尉侯瑱爲車騎將軍湘州刺史庚

寅曲赦湘州諸郡三月乙卯太尉車騎將軍湘州刺史侯瑱薨丁丑以鎭東將
軍會稽太守徐度爲鎭南將軍湘州刺史夏四月分荊州之南平宜都羅河東
四郡置南荊州鎭河東郡以安西將軍武州刺史吳明徹爲南荊州刺史庚寅
以安左將軍魯悉達爲安南將軍吳州刺史辛卯老人星見秋七月丙午周將
賀若敦自拔遁歸人畜死者十七八武陵天門南平義陽河東宜都郡悉平九
月甲寅詔曰姬業方闌望載渭濱漢曆旣融道通圯上若乃摛精辰宿降靈惟
岳風雲有感夢寐是求斯固舟楫鹽梅遞相表裏長世建國罔或不然至於銘
德太常從祀清廟以貽厥後來垂諸不朽者也前皇經濟區宇裁成品物靈貺
式甄光膺寶命雖蓍明濬發幽顯協從亦文武賢能翼宣王業故大司馬驃騎
大將軍瑱故司空文育故平北將軍開府儀同三司僧明故中護軍頴故領軍
將軍擬或締構艱難經綸夷險或摧鋒冒刃殉義遺生或宣哲協規綢繆帷幄
或披荊汗馬終始勤劬莫不罄誠悉力屯泰以之朕以寡昧嗣膺丕緒永言勳
烈思弘典訓便可式遵故實載揚盛軌可並配食高祖廟庭俾茲大猷永傳宗

祐丙辰以侍中中權將軍特進左光祿大夫開府儀同三司王沖爲丹陽尹丹陽尹沈君理爲左民尚書領步兵校尉冬十月乙巳霍州西山蠻率部落內屬十一月乙卯高麗國遣使獻方物甲子以武昌國川爲竟陵郡以安流民十二月辛巳以安東將軍吳郡太守孫瑒爲中護軍甲申立始興國廟於京師用王者之禮太子中庶子虞荔御史中丞孔奐以國用不足奏立煑海鹽賦及榷酤之科詔並施行先是縉州刺史留異應于王琳等反丙戌詔司空侯安都率衆討之

三年春正月庚戌設帷宮於南郊幣告胡公以配天辛亥輿駕親祀南郊詔曰朕負荷寶圖亟回星琯兢兢業業庶幾治定而德化不孚俗弊滋甚永言念之無忘日夜陽和布氣昭事上玄躬奉牲玉誠兼饗敬思與黎元被斯寬惠可普賜民爵一級其孝悌力田別加一等辛酉輿駕親祀北郊閏二月己酉以百濟王餘明爲撫東大將軍高句驪王高湯爲寧東將軍江州刺史周迪擧兵應留異襲湓城攻豫章郡並不剋辛亥以南荊州刺史吳明徹爲安右將軍甲子改

鑄五銖錢三月丙子安成王頊至自周詔授侍中中書監中衞將軍置佐史丁丑以安右將軍吳明徹爲安南將軍江州刺史督衆軍南討甲申大赦天下庚寅司空侯安都破留異於桃支嶺異脫身奔晉安東陽郡平夏四月癸卯曲赦東陽郡乙巳齊遣使來聘六月丙辰以侍中中衞將軍安成王頊爲驃騎將軍揚州刺史以會稽東陽臨海永嘉新安新寧晉安建安八郡置東揚州以揚州刺史始興王伯茂爲鎭東將軍東揚州刺史征北將軍司空南徐州刺史侯安都爲侍中征北大將軍秋七月己丑皇太子納妃王氏在位文武賜帛各有差孝悌力田爲父後者賜爵二級九月戊辰朔日有食之以侍中都官尚書到仲舉爲尚書右僕射丹陽尹丁亥周迪請降詔安成王頊督衆軍以招納之是歲周所立梁王蕭詧死子巋代立

四年春正月丙子干陁利國遣使獻方物甲申周迪棄城走閩州刺史陳寶應納之臨川郡平壬辰以平西將軍郢州刺史章昭達爲護軍將軍仁武將軍新州刺史華皎進號平南將軍鎭南將軍開府儀同三司高州刺史黃法氍爲鎭

北大將軍南徐州刺史安西將軍領臨川太守周敷爲南豫州刺史中護軍孫瑒爲鎭右將軍罷高州隸入江州二月戊戌征南將軍開府儀同三司廣州刺史歐陽頠進號征南大將軍庚戌以侍中司空征北大將軍侯安都爲征南大將軍江州刺史庚申以平南將軍華皎爲南湘州刺史三月辛未以鎭南將軍開府儀同三司徐度爲侍中中軍大將軍辛巳詔贈討周迪將士死王事者夏四月辛丑設無㝵大會於太極前殿乙卯以侍中中書監中衞將軍驃騎將軍揚州刺史安成王頊爲開府儀同三司五月丁卯安前將軍右光祿大夫徐世譜卒六月癸巳太白晝見司空侯安都賜死七月丁丑以鎭北大將軍開府儀同三司南徐州刺史黃法氍爲鎭南大將軍江州刺史九月壬戌開府儀同三司廣州刺史歐陽頠薨癸亥曲赦京師辛未周迪復寇臨川詔護軍章昭達率衆討之十一月辛酉章昭達大破周迪悉擒其黨與迪脫身潛竄十二月丙申大赦天下詔護軍將軍章昭達進軍建安以討陳寶應信威將軍益州刺史余孝頃督會稽東陽臨海永嘉諸軍自東道會之癸丑以前安南將軍江州刺史

吳明徹爲鎮前將軍
五年春正月庚辰以吏部尚書領右軍將軍袁樞爲丹陽尹辛巳輿駕親祀北
郊乙酉江州溢城火燒死者二百餘人三月丁丑以征南大將軍開府儀同三
司桂州刺史淳于量爲中撫軍大將軍壬午詔以故護軍將軍周鐵虎配食高
祖廟庭夏四月庚子周遣使來聘五月庚午罷南丹陽郡是月周齊並遣使來
聘六月丁未夜有白氣兩道出于北斗東南屬地秋七月丁丑詔曰朕以寡昧
屬當負重星籥亟改冕旒弗曠不能仰協璿衡用調玉燭傍慰蒼生以安黔首
兵無寧歲民乏有年移風之道未弘習俗之患猶在致令氓多觸網吏繁筆削
獄犴滋章雖由物犯囹圄淹滯亦或有冤念俾納隍載勞負扆加以膚湊不適
攝衛有虧比獲微痊思覃寬惠可曲赦京師九月城西城冬十一月丁亥以左
衛將軍程靈洗爲中護軍己丑章昭達破陳寶應于建安擒寶應留異送京師
晉安郡平甲辰以護軍將軍章昭達爲鎮前將軍開府儀同三司十二月甲子
曲赦建安晉安二郡討陳寶應將士死王事者並給棺櫬送還本鄉并復其家

瘡痍未瘳者給其醫藥癸未齊遣使來聘
六年春正月甲午皇太子加元服王公以下賜帛各有差孝悌力田爲父後者
賜爵一級鰥寡孤獨不能自存者穀人五斛庚戌以領軍將軍杜稜爲翊左將
軍丹陽尹丹陽尹袁樞爲吏部尚書衞尉卿沈欽爲中領軍三月乙未詔侯景
以來遭亂移在建安晉安義安郡者並許還本土其被略爲奴婢者釋爲良民
夏四月甲寅以侍中中書監中衞將軍驃騎將軍開府儀同三司揚州刺史安
成王頊爲司空辛酉有彗星見周遣使來聘秋七月癸未大風至自西南廣百
餘步激壞靈臺候樓甲申儀賢堂無故自壞丙戌臨川太守駱文牙斬周迪傳
首京師梟於朱雀航丁酉太白晝見八月丁丑詔曰梁室多故禍亂相尋兵甲
紛紜十年不解不逞之徒虐流生氣無賴之屬暴及徂魂江左肇基王者攸宅
金行水位之主木運火德之君時更四代歲逾二百若其經綸三業縉紳民望
忠臣孝子何世無才而零落山丘變移陵谷或皆翦伐莫不侵殘玉杯得於民
間漆簡傳於世載無復五株之樹罕見千年之表自大祚光啓恭惟揖讓爰暨

朕躬聿脩祖武雖復旂旗服色猶行杞宋之計每車駕巡遊眇瞻河雒之路故喬山之祀蘋藻弗虧驪山之墳松柏恆守唯戚藩舊壟士子故塋掩殣未周樵牧猶衆或親屬流隸負土無期子孫冥滅手植何寄漢高留連於無忌宋祖惆悵於子房丘墓生哀性靈共惻者也朕所以興言永日思慰幽泉維前代王侯自古忠烈墳冢被發絶無後者可檢行脩治墓中樹木勿得樵採庶幽顯咸暢稱朕意焉己卯立皇子伯固爲新安郡王伯恭爲晉安王伯仁爲廬陵王伯義爲江夏王九月癸未罷豫章郡是月新作大航冬十月辛亥齊遣使來聘十二月乙卯立皇子伯禮爲武陵王丁巳以鎮前將軍開府儀同三司章昭達爲鎮南將軍江州刺史鎮南大將軍江州刺史黃法𣰰爲中衛大將軍中護軍程靈洗爲宣毅將軍郢州刺史軍師將軍郢州刺史沈恪爲中護軍鎮東將軍吳與太守吳明徹爲中領軍戊午以東中郎將吳郡太守鄱陽王伯山爲平北將軍南徐州刺史癸亥詔曰朕自居民牧之重託在王公之上顧其寡昧鬱于治道加以屢虧聽覽事多壅積寃滯靡申幽枉弗鑒念茲罪戾有甚納隍而惠澤未

流衍陽累月今歲序云暮元正向肇欲使幽圄之內同被時和可曲赦京師
天康元年春二月丙子詔曰朕以寡德纂承洪緒日昃劬勞思弘景業而政道多昧黎庶未康兼疹患淹時亢陽累月百姓何咎實由朕躬念茲在茲痛如疾首可大赦天下改天嘉七年爲天康元年三月己卯以驃騎將軍開府儀同三司揚州刺史司空安成王頊爲尚書令夏四月乙卯皇孫至澤生在位文武賜絹帛各有差爲父後者賜爵一級癸酉世祖疾甚是日崩于有覺殿遺詔曰朕疾苦彌留遂至不救脩短有命夫復何言但王業艱難頻歲軍旅生民多弊無忘愧惕今方隅乃定俗教未弘便及大漸以爲遺恨社稷任重太子可卽君臨王侯將相善相輔翊內外協和勿違朕意山陵務存儉速大斂竟羣臣三日一臨公除之制率依舊典六月甲子羣臣上諡曰文皇帝廟號世祖丙寅葬永寧陵世祖起自艱難知百姓疾苦國家資用務從儉約常所調斂事不獲已者必咨嗟改色若在諸身主者奏決妙識真僞下不容姦人知自勵矣一夜內刺閨取外事分判者前後相續每雞人伺漏傳更籤於殿中乃敕送者必投籤於階

石之上令鎗然有聲云吾雖眠亦令驚覺也始終梗概若此者多焉

陳吏部尚書姚察曰世祖承統繼體守文宗枝承統得失之間蓋亦詳矣大抵以奉

而勿墜爲賢能撓而易之爲不肖其有光揚前軌克荷曾構固以少焉世祖自

初發跡功庸顯著寧亂靜寇首佐大業及國禍奄臻入承寶祚兢兢業業真若

馭朽加以崇尚儒術愛悅文義見善如弗及用人如由己恭儉以御身勤勞以

濟物自昔允文允武之君東征西怨之后賓實之迹可爲聯類至於杖聰明用

鑒識斯則永平之政前史其論諸

陳書卷三

陳書卷三考證

世祖紀若乃擒精辰宿降靈惟岳○擒一本作儲

設無㝵大會於太極前殿○大會下南史有捨身二字

陳書卷三考證

陳書卷四

唐　散　騎　常　侍　姚　思　廉　撰

本紀第四

廢帝

廢帝諱伯宗字奉業小字藥王世祖嫡長子也梁承聖三年五月庚寅生永定二年二月戊辰拜臨川王世子三年世祖嗣位八月庚戌立爲皇太子自梁室亂離東宮焚燼太子居于永福省天康元年四月癸酉世祖崩其日太子卽皇帝位于太極前殿詔曰上天降禍大行皇帝奄棄萬國攀號靡及五內崩殞朕以寡德嗣膺寶命煢煢在疚懼甚綴旒方賴宰輔匡其不逮可大赦天下又詔內外文武各復其職遠方悉停奔赴五月乙卯尊皇太后曰太皇太后皇后曰皇太后庚寅以驃騎將軍司空揚州刺史新除尚書令安成王頊爲驃騎大將軍進位司徒錄尚書都督中外諸軍事丁酉中軍大將軍開府儀同三司徐度進位司空鎮南將軍開府儀同三司江州刺史章昭達爲侍中進號征南將軍

鎮東將軍東揚州刺史始興王伯茂進號征東將軍開府儀同三司平北將軍南徐州刺史鄱陽王伯山進號鎮北將軍吏部尚書袁樞爲尚書左僕射雲麾將軍吳興太守沈欽爲尚書右僕射新除中領軍吳明徹爲領軍將軍新除中護軍沈恪爲護軍將軍平南將軍湘州刺史華皎進號安南將軍散騎常侍御史中丞徐度爲吏部尚書六月辛亥翊右將軍右光祿大夫王通進號安右將軍秋八月丁酉立妃王氏爲皇后冬十月庚申輿駕奉祠太廟十一月乙亥周遣使來弔十二月甲子高麗國遣使獻方物

光大元年春正月癸酉尚書左僕射袁樞卒乙亥詔曰昔昊天成命降集寶圖二后重光九區咸乂閔余沖薄王道未昭荷兹神器如涉靈海庶親賢並建牧伯惟良天下雍熙緬同刑措今三元改曆萬國充庭清廟無追具僚斯在言瞻宁位觸感崩心思播遺恩俾覃黎獻可大赦天下改天康二年爲光大元年孝悌力田賜爵一級己卯以領軍將軍吳明徹爲丹陽尹辛卯輿駕親祀南郊二月辛亥宣毅將軍南豫州刺史余孝頃謀反伏誅癸丑以征東將軍開府儀同

三司東揚州刺史始興王伯茂爲中衛大將軍開府儀同三司黃法𣰰爲鎮北將軍南徐州刺史鎮北將軍南徐州刺史鄱陽王伯山爲鎮東將軍東揚州刺史三月甲午以尚書右僕射沈欽爲侍中尚書左僕射夏四月乙卯太白晝見五月癸巳以領軍將軍丹陽尹吳明徹爲安南將軍湘州刺史乙未以鎮右將軍杜稜爲領軍將軍安南將軍湘州刺史華皎謀反丙申以中撫大將軍淳于量爲使持節征南大將軍總率舟師以討之六月壬寅以中軍大將軍司空徐度進號車騎將軍總督京邑衆軍步道襲湘州閏月癸巳以雲麾將軍新安王伯固爲丹陽尹秋七月戊申立皇子至澤爲皇太子賜天下爲父後者爵一級王公卿士已下賚帛各有差九月乙巳詔曰逆賊華皎極惡窮凶遂樹立蕭巋謀危社稷棄親即讎人神憤惋王師電速水陸爭前梟翦之期匪朝伊暮其家口在北里尚方宜從誅戮用明國憲丙辰百濟國遣使獻方物是月周將長胡公拓跋定率步騎二萬入郢州與華皎水陸俱進都督淳于量吳明徹等與戰大破之皎單舸奔江陵擒拓跋定俘獲萬餘人馬四千餘匹送京師冬十月辛

巳赦湘巴二郡爲皎所詿誤者甲申輿駕親祀太廟十一月己未以護軍將軍
沈恪爲平西將軍荊州刺史甲子侍中中權將軍開府儀同三司特進左光祿
大夫王沖薨十二月庚寅以兼從事中郎孔英哲爲奉聖亭侯奉孔子祀
二年春正月己亥侍中都督中外諸軍事驃騎大將軍司徒錄尚書揚州刺史
安成王頊進位太傅領司徒加殊禮劍履上殿侍中征南將軍開府儀同三司
江州刺史章昭達進號征南大將軍淳于量爲侍中中軍大將軍開府儀同三
司安南將軍湘州刺史吳明徹卽本號開府儀同三司進號鎮南將軍雲麾將
軍郢州刺史程靈洗進號安西將軍庚子詔討華皎軍人死王事者並給棺櫬
送還本鄉仍復其家甲子罷吳州以鄱陽郡還屬江州侍中司空車騎將軍徐
度薨夏四月辛巳太白晝見丁亥割東揚州晉安郡爲豐州五月丙辰太傅安
成王頊獻玉璽一六月丁卯彗星見秋七月丙午輿駕親祀太廟戊申新羅國
遣使獻方物壬戌立皇弟伯智爲永陽王伯謀爲桂陽王九月甲辰林邑國遣
使獻方物丙午狼牙修國遣使獻方物以侍中征南大將軍開府儀同三司江

州刺史章昭達爲中撫大將軍戊午太白晝見冬十月庚午輿駕親祀太廟十一月丙午以前平西將軍荊州刺史沈恪爲護軍將軍壬子以鎮北將軍開府儀同三司南徐州刺史黃法𣰋爲鎮西將軍郢州刺史新除中軍大將軍開府儀同三司淳于量爲鎮北將軍南徐州刺史甲寅慈訓太后集羣臣於朝堂令曰中軍儀同鎮北儀同鎮右將軍護軍將軍八座卿士昔梁運季末海內沸騰天下蒼生殆無遺噍高祖武皇帝撥亂反正膺圖御籙重懸三象還補二儀世祖文皇帝克嗣洪基光宣寶業惠養中國綏寧外荒並戰戰兢兢劬勞締構庶幾鼎運方隆殷夏伯宗昔在儲宮本無令問及居崇極遂騁凶淫居處諒闇固不哀戚嬪嬙弗角就館相仍豈但依車所納是譏宗正衰絰生子得誚右師七百之祚何憑三千之罪爲大且費引金帛令充椒閤內府中藏軍備國儲未盈期稔皆已空竭太傅親承顧託鎮守宮闈遺詔綢繆義深垣屏而欑塗未御翣日無淹仍遣劉師知殷不佞等顯言排斥韓子高小豎輕佻推心委仗陰謀禍亂決起蕭牆元相維持但除君側又以余孝頃密邇京師便相徵召殃慝之咎

凶徒自擒宗社之靈祆氛是滅於是密詔華皎稱兵上流國祚憂惶幾移醜類
乃至要招遠近叶力巴湘支黨縱横寇擾黟歙又别敕歐陽紇等攻逼衡州嶺
表紛紜殊淹弦望豈止罪浮於昌邑非唯聲醜於太和但賊豎皆亡祆徒已散
日望懲改猶加掩抑而悖禮忘德情性不悛樂禍思亂昏慝無已張安國蕞爾
凶狡窮爲小盜仍遣使人蔣裕鉤出上京即置行臺分選凶黨賊皎妻呂春徒
爲戮納自奚宮藏諸永巷使其結引親舊規國戕禍盪主侯法喜等太傅麾下
恆遊府朝啗以深利謀與肘腋適又盪主孫泰等潛相連結大有交通兵力殊
彊指期挺亂皇家有慶曆數遐長天誘其衷同然開發此諸文迹今以相示是
而可忍誰則不容祖宗基業將懼傾霣豈可復肅恭禋祀臨御兆民式稽故實
宜在流放今可特降爲臨海郡王送還藩邸太傅安成王固天生德齊聖廣深
二后鍾心三靈佇眷自前朝不悆任總邦家威惠相宣刑禮兼設指揮嘯咤湘
郢廓清闢地開疆荆益風靡若太戊之承殷曆中都之奉漢家校以功名曾何
髣髴且地彰靈璽天表長彗布新除舊禎祥咸顯文皇知子之鑒事甚帝堯傳

弟之懷久符太伯今可還申曩志崇立賢君方固宗祧載貞辰象中外宜依舊典奉迎輿駕未亡人不幸屬此殷憂不有崇替容危社稷何以拜祠高寢歸祔武園攬筆潸然兼懷悲慶是日出居別第太建二年四月薨時年十九帝仁弱無人君之器世祖每慮不堪繼業既居冢嫡廢立事重是以依違積載及疾將大漸召高宗謂曰吾欲遵太伯之事高宗初未達旨後寤乃拜伏涕泣固辭其後宣太后依詔廢帝焉

史臣曰臨海雖繼體之重仁厚懦弱混一是非不驚得喪蓋帝摯漢惠之流也世祖知神器之重諒難負荷深鑒堯旨弗傳寶祚焉

陳書卷四

陳書卷五

唐　散　騎　常　侍　姚　思　廉　撰

本紀第五

宣帝

高宗孝宣皇帝諱頊字紹世小字師利始興昭烈王第二子也梁大通二年七月辛酉生有赤光滿堂室少寬大多智略及長美容儀身長八尺三寸手垂過膝有勇力善騎射高祖平侯景鎮京口梁元帝徵高祖子姪入侍高祖遣高宗赴江陵累官爲直閤將軍中書侍郎時有馬軍主李總與高宗有舊每同遊處高宗嘗夜被酒張燈而寐總適出尋返乃見高宗身是大龍總便驚駭走避他室及江陵陷高宗遷于關右永定元年遙襲封始興郡王邑二千戶三年世祖嗣位改封安成王天嘉三年自周還授侍中中書監中衛將軍置佐史尋授使持節都督揚南徐東揚南豫北江五州諸軍事揚州刺史進號驃騎將軍餘如故四年加開府儀同三司六年遷司空天康元年授尚書令餘並如故廢帝即

位拜司徒進號驃騎大將軍錄尚書都督中外諸軍事給班劍三十人光大二年正月進位太傅領司徒加殊禮劍履上殿增邑并前三千戶餘並如故十一月甲寅慈訓太后令廢帝爲臨海王以高宗入纂

太建元年春正月甲午卽皇帝位于太極前殿詔曰夫聖人受命王者中興並由懿德方作元后高祖武皇帝揖拜堯圖經綸禹跡配天之業光辰象而利貞格地之功侔川岳而長遠世祖文皇帝體上聖之姿當下武之運築宮示儉所務唯德定鼎初基厥謀斯在朕以寡薄才非聖賢夙荷前規方傳景祚雖復親承訓誨志守蕃維詠季子之高風思城陽之遠託自元儲紹國正位君臨無道非幾佇聞刑措豈圖王室不造頻謀亂階天步艱難將傾寶曆仰惟嘉命爰集朕躬我心貞確堅誓蒼昊而羣辟啓請相誼渭橋文母尊嚴懸心長樂對揚璽紱非止殷湯之三辭履涉春冬何但代王之五讓今便肅奉天策欽承介圭若據滄溟踰增兢業思所以雲行雨施品物咸亨當與黔黎普同斯慶可改光大三年爲太建元年大赦天下在位文武賜位一階孝悌力田及爲父後者賜爵

一級異等殊才並加策序鰥寡孤獨不能自存者人賜穀五斛復太皇太后尊號曰皇太后立妃柳氏爲皇后世子叔寶爲皇太子皇子南中郎將江州刺史康樂侯叔陵爲始興王奉昭烈王祀乙未輿駕謁太廟丁酉分命大使巡行四方觀省風俗征南大將軍開府儀同三司新除中撫大將軍章昭達進號車騎大將軍新除中軍大將軍開府儀同三司南徐州刺史淳于量爲征北大將軍鎮北將軍開府儀同三司南徐州刺史新除鎮西將軍郢州刺史黃法𣰰進號征西大將軍新除安南將軍開府儀同三司湘州刺史吳明徹進號鎮南將軍鎮東將軍揚州刺史鄱陽王伯山進號中衞將軍尚書僕射沈欽爲尚書左僕射度支尚書王勱爲尚書右僕射護軍將軍沈恪爲鎮南將軍廣州刺史辛丑輿駕親祀南郊壬寅以皇子建安侯叔英爲宣惠將軍東揚州刺史改封豫章王豐城侯叔堅改封長沙王癸卯以明威將軍周弘正爲特進戊午輿駕親祀太廟二月庚午皇后謁太廟辛未皇太子謁太廟乙亥輿駕親耕籍田夏五月甲午齊遣使來聘丁巳以吏部尚書領大著作徐陵爲尚書右僕射太子詹事

駙馬都尉沈君理爲吏部尚書秋七月辛卯皇太子納妃沈氏王公已下賜帛各有差丁酉以平東將軍吳郡太守晉安王伯恭爲中護軍進號安南將軍九月甲辰以新除中護軍晉安王伯恭爲中領軍冬十月新除左衛將軍歐陽紇據廣州舉兵反辛未遣車騎將軍開府儀同三司章昭達率衆討之壬午輿駕親祀太廟

二年春正月乙酉以征西大將軍開府儀同三司郢州刺史黃法氍爲中權大將軍丙午輿駕親祀太廟二月癸未儀同章昭達擒歐陽紇送都斬于建康市廣州平三月丙申皇太后崩丙午曲赦廣衡二州丁未大赦天下又詔自討周迪華皎已來兵交之所有死亡者並命收斂并給棺槥送還本鄉瘡痍未瘳者各給醫藥夏四月乙卯臨海王伯宗薨戊寅皇太后祔葬萬安陵閏月戊申輿駕謁太廟己酉太白晝見五月乙卯儀同黃法氍獻瑞璧一壬午齊遣使來弔六月戊子新羅國遣使獻方物辛卯大雨雹乙巳分遣大使巡行州郡省理冤屈戊申車騎將軍開府儀同三司章昭達進號車騎大將軍安南將軍廣州刺

史沈恪進號鎮南將軍秋八月甲申詔曰懷遠以德抑惟恆典去戎即華民之本志頃年江介繈負相隨崎嶇歸化亭候不絕宜加卹養答其誠心維是荒境自投有在都邑及諸州鎮不問遠近並蠲課役若克平舊土反我侵地皆許還鄉一無拘限州郡縣長明加甄別良田廢村隨便安處若輒有課訂即以擾民論又詔曰民惟邦本著在典謨治國愛民抑又通訓朕聽朝晏罷日昃劬勞方流惠澤覃被億兆有梁之季政刑廢缺條綱弛紊僭盜薦興役賦征徭尤爲煩刻大陳御寓拯茲餘弊滅扈戡黎弗遑創改年代彌流將及成俗如弗解張物無與厝夕惕疚懷有同首疾思從卑菲約己濟民雖府帑未充君孰與足便可刪革去其泰甚冀永爲定准令簡而易從自今維作田值水旱未收即列在所言上折除軍士年登六十悉許放還巧手於役死亡及與老疾不勞訂補其籍有巧隱并王公百司輒受民爲程蔭解還本屬開恩聽首在職治事之身須通相檢示有失不推當局任罪令長代換具條解舍戶數付度後人戶有增進即加擢賞若致減散依事准結有能墾起荒田不問頃畝少多依舊蠲稅戊子太

白晝見九月乙丑以散騎常侍鎮東將軍吳興太守杜稜爲特進護軍將軍冬十月乙酉輿駕親祀太廟十一月辛酉高麗國遣使獻方物十二月癸巳夜西北有雷聲

三年春正月癸丑以尚書右僕射領大著作徐陵爲尚書僕射辛酉輿駕親祀南郊辛未親祀北郊二月辛巳輿駕親祀明堂丁酉親耕籍田三月丁丑大赦天下自天康元年訖太建元年逋餘軍糧祿秩夏調未入者悉原之又詔犯逆子弟支屬逃亡異境者悉聽歸首見縶繫者量可散釋其有居宅並追還夏四月壬辰齊遣使來聘五月戊申太白晝見辛亥遼東新羅丹丹天竺盤盤等國並遣使獻方物六月丁亥江陰王蕭季卿以罪免甲辰封東中郎將長沙王府諮議參軍蕭彝爲江陰王秋八月辛丑皇太子親釋奠于太學二傅祭酒以下可賚帛各有差九月癸酉太白晝見冬十月甲申輿駕親祀太廟乙酉周遣使來聘己亥丹丹國遣使獻方物十二月壬辰車騎大將軍司空章昭達薨

四年春正月丙午以雲麾將軍江州刺史始興王叔陵爲湘州刺史進號平南

將軍東中郎將吳郡太守長沙王叔堅爲宣毅將軍江州刺史尚書僕射領大著作徐陵爲尚書左僕射中書監王勱爲尚書右僕射庚申以丹陽尹衡陽王伯信爲信威將軍中護軍庚午輿駕親祀太廟二月乙酉立皇子叔卿爲建安王授東中郎將東揚州刺史三月壬子以散騎常侍孫瑒爲安西將軍荆州刺史乙丑扶南林邑國並遣使來獻方物夏四月戊子以中權大將軍開府儀同三司黃法氍爲征南大將軍南豫州刺史五月癸卯尚書右僕射王勱卒六月辛巳侍中鎮右將軍右光祿大夫杜稜卒秋八月辛未周遣使來聘丁丑景雲見戊寅詔曰國之大事受脤興戎師出以律禀策於廟所以乂安九有克成七德自頃掃滌羣穢廓清諸夏乃貔貅之戮力亦帷幄之運籌雖左衽已戡干戈載戢呼韓來謁亭鄣無警但不教民戰是謂棄之仁必有勇無忘武備磻溪之傳韜訣穀城之授神符文叔懸制戎規孟德頗言兵略朕既慚暗合良皆披覽兼昔經督戎備嘗行陳齊以七步肅之三鼓得自胷襟指掌可述今並條制凡十三科宜即班宣以爲永准乙未詔停督湘江二州逋租無錫等十五縣流民

並蠲其繇賦秋九月庚子朔日有蝕之辛亥大赦天下又詔曰舉善從諫在上之明規進賢謁言爲臣之令範朕以寡德嗣守寶圖雖世襲隆平治非寧一辨方分職旰食早衣傍闕爭臣下無貢士何其闕爾鮮能抗直豈余獨運匪薦讜言置鼓公車罕論得失施石象魏莫陳可否朱雲摧檻良所不逢禽息觸楹又爲難值至如衣褐以見擔簦以遊或耆艾絶倫或妙年異等干時而不偶左右莫之譽黑貂改弊黄金且殫終身滯淹可爲太息又貴爲百辟賤有十品工拙並驚勸沮莫分街謠徒擁廷議斯闕實朕之弗明而時無獻替永言至治何迺爽歟外可通示文武凡厥在位風化乖殊朝政紕蠹正色直辭有犯無隱兼各舉所知隨才明試其莅政廉穢在職能否分別矢言俟茲黜陟丙寅以故太尉徐度儀同杜稜儀同程靈洗配食高祖廟庭故車騎將軍章昭達配食世祖廟庭冬十月乙酉輿駕親祀太廟戊戌以鎮南將軍廣州刺史沈恪爲領軍將軍十月己亥夜地震閏月辛未詔曰姑孰饒曠荆河斯擬博望關畿天限嚴峻龍山南指牛渚北臨對熊繹之餘城邇全琮之故壘良疇美柘畦畎相望連宇高

豐阡陌如繡自梁末兵災凋殘略盡比雖務優寬猶未克復咫尺封畿宜須殷阜且衆將部下多寄上下軍民雜俗極爲蠹耗自今有罷任之徒許分留部下其已在江外亦令迎還悉住南州津裏安置有無交貨不責市估萊荒墾闢亦停租稅臺遣鎮監一人共刺史津主分明檢押給地賦田各立頓舍十二月壬寅甘露降樂遊苑甲辰輿駕幸樂遊苑採甘露宴羣臣丁卯詔曰梁氏之季兵火荐臻承華焚蕩頓無遺構寶命惟新迄將二紀頻事戎旅未遑脩繕今工役差閑椽楹有擬來歲開肇創築東宮可權置起部尚書將作大匠用主監作

五年春正月癸酉以征北大將軍開府儀同三司南徐州刺史淳于量爲中權大將軍宣惠將軍豫章王叔英爲南徐州刺史進號平北將軍吏部尚書駙馬都尉沈君理爲尚書右僕射領吏部辛巳輿駕親祀南郊甲午輿駕親祀太廟二月辛丑輿駕親祀明堂乙卯夜有白氣如虹自北方貫北斗紫宮三月壬午分命衆軍北伐以鎮前將軍開府儀同三司吳明徹都督征討諸軍事丙戌西衡州獻馬生角己丑皇孫胤生內外文武賜帛各有差爲父後者爵一級北討

大都督吳明徹統衆十萬發自白下夏四月癸卯前巴州刺史魯廣達克齊大峴城辛亥吳明徹克秦州水柵庚申齊遣兵十萬援歷陽儀同黃法氍破之辛酉齊軍救秦州吳明徹又破之癸亥詔北伐衆軍所殺齊兵並令埋掩甲子南譙太守徐槾克石梁城五月己巳石梁城降癸酉陽平郡城降甲戌徐槾克廬江郡城丙子黃法氍克歷陽城己卯北高唐郡城降辛巳詔征南大將軍開府儀同三司南豫州刺史黃法氍徙鎮歷陽齊改縣爲郡者並復之乙酉南齊昌太守黃詠克齊昌外城丙戌廬陵內史任忠軍次東關克其東西二城進克蘄城戊子又克譙郡城秦州城降癸巳瓜步胡墅二城降六月庚子郢州刺史李綜克灄口城乙巳任忠克合州外城庚戌淮陽沭陽郡並棄城走癸丑景雲見豫章內史程文季克涇州城乙卯宣毅司馬湛陁克新蔡城癸卯周遣使來聘黃法氍克合州城吳明徹師次仁州甲子克其州城是月治明堂秋七月乙丑鎮前將軍開府儀同三司吳明徹進號征北大將軍戊辰齊遣衆二萬援齊昌西陽太守周炅破之己巳吳明徹軍次峽口克其北岸城南岸守者棄城走周

戾克巴州城淮北絳城及穀陽士民並誅其渠帥以城降丙戌吳明徹克壽陽外城八月乙未山陽城降壬寅盱眙城降戊申罷南齊昌郡壬子戎昭將軍徐敬辯克海安城青州東海城降戊午平固侯陳敬泰等克晉州城九月甲子陽平城降壬申高唐太守沈善度克馬頭城甲戌齊安城降丙子左衛將軍樊毅克廣陵楚子城癸未尚書右僕射領吏部駙馬都尉沈君理卒丁亥前鄱陽內史魯天念克黃城小城齊軍退保大城戊子割南兗州之盱眙郡屬譙州壬辰晦夜明黃城大城降冬十月甲午郭默城降戊戌以中書令王瑒爲吏部尚書己亥以特進領國子祭酒周弘正爲尚書右僕射乙巳吳明徹克壽陽城斬王琳傳首京師梟于朱雀航丁未齊兵萬人至潁口樊毅擊走之辛亥齊遣兵援蒼陵又破之丙辰詔曰梁末得懸瓠以壽陽爲南豫州今者克復可還爲豫州以黃城爲司州治下爲安昌郡灄湍爲漢陽郡三城依梁爲義陽郡並屬司州以征北大將軍開府儀同三司吳明徹爲豫州刺史進號車騎大將軍征南大將軍開府儀同三司南豫州刺史黃法氍爲征西大將軍合州刺史戊午湛陁

克齊昌城十一月甲戌淮陰城降庚辰威虜將軍劉桃根克昫山城辛巳樊毅
克濟陰城己丑魯廣達等克北徐州十二月壬辰朔詔曰古者反噬叛逆盡族
誅夷所以藏其首級誡之後世比者所戮止在一身子胤或存梟懸自足不容
久歸武庫長比月支惻隱之懷有仁不忍維熊曇朗留異陳寶應周迪鄧緒等
及今者王琳首並還親屬以弘廣宥乙未譙城降乙巳立皇子叔明爲宜都王
叔獻爲河東王壬午任忠克霍州城
六年春正月壬戌朔詔曰王者以四海爲家萬姓爲子一物乖方夕惕猶厲六
合未混旰食彌憂朕嗣纂鴻基思弘經略上符景宿下叶人謀命將與師大拯
淪溺灰琯未周凱捷相繼拓地數千連城將百蠢彼餘黎毒茲異境江淮年少
猶有剽掠鄉閭無賴摘出陰私將帥軍人罔顧刑典今使苛法蠲除仁聲載路
且肇元告慶邊服來荒始覩皇風宜覃曲澤可赦江右淮北南司定霍光建朔
合豫北徐仁北兗青冀南譙南兗十五州郢州之齊安西陽江州之齊昌新蔡
高唐南豫州之歷陽臨江郡士民罪無輕重悉皆原宥將帥職司軍人犯法自

依常科以翊前將軍新安王伯固爲中領軍進號安前將軍安前將軍中領軍、晉安王伯恭爲安南將軍南豫州刺史壬午輿駕親祀太廟甲申廣陵金城降周遣使來聘高麗國遣使獻方物二月壬辰朔日有蝕之辛亥輿駕親耕籍田丙辰以中權大將軍開府儀同三司淳于量爲征西大將軍郢州刺史三月癸亥詔曰去歲南川頗言失稔所督田租于今未即豫章等六郡太建五年田租可申半至秋豫章又逋太建四年檢首田稅亦申至秋南康一郡嶺下應接民間尤弊太建四年田租未入者可特原除庶俾墾無廢歲取方實夏四月庚子彗星見辛丑詔曰戢情懷善有國之令圖拯弊救危聖範之通訓近命師薄伐義在濟民青齊舊隸膠光部落久患凶戎爭歸有道棄彼農桑忘其衣食而大軍未接中途止憩朐山黃郭車營布滿扶老攜幼蓬流草跋既喪其本業咸事遊手饑饉疾疫不免流離可遣大使精加慰撫仍出陽平倉穀拯其懸磬并充糧種勸課士女隨近耕種石鼈等屯適意修墾六月壬辰尚書右僕射領國子祭酒周弘正卒乙巳以中衛將軍揚州刺史鄱陽王伯山爲征北將軍南徐州刺史中護軍衡陽王伯信爲宣毅將軍揚州刺史冬十一月乙亥詔北討行軍之所並給復十年十二月癸巳平南將軍湘州刺史始與王叔陵進號鎮南將軍戊戌以吏部尚書王瑒爲尚書右僕射度支尚書孔奐爲吏部尚書丙午安右將軍左光祿大夫王通加特進

七年春正月辛未輿駕親祀南郊乙亥左衛將軍樊毅克潼州城辛巳輿駕親祀北郊二月戊申樊毅克下邳高柵等六城三月辛未詔豫二兗譙徐合霍南司定九州及南豫江郢所部在江北諸郡置雲旗義士往大軍及諸鎮備防戍寅以新除征西大將軍合州刺史開府儀同三司黃法𣰰爲豫州刺史改梁東徐州爲安州武州爲沅州移譙州鎮於新昌郡以秦郡屬之盱眙神農二郡還隸南兗州夏四月丙戌有星孛于大角庚寅監豫州陳桃根於所部得青牛獻之詔遣還民甲午輿駕親祀太廟乙未陳桃根又表上織成羅文錦被裘各二詔於雲龍門外焚之壬子郢州獻瑞鐘六五月乙卯割譙州之秦郡還隸南兗州分北譙縣置北譙郡領陽平所屬北譙西譙二縣合州之南梁郡隸入譙州

六月丙戌爲北討將士死王事者克日舉哀壬辰以尙書右僕射王瑒爲尙書左僕射己酉改作雲龍神虎門秋八月壬寅移西陽郡治保城癸卯周遣使來聘閏九月壬辰都督吳明徹大破齊軍於呂梁是月甘露頻降樂遊苑丁未輿駕幸樂遊苑採甘露宴羣臣詔於苑龍舟山立甘露亭冬十月戊午以征北將軍南徐州刺史鄱陽王伯山爲征南將軍江州刺史安前將軍中領軍新安王伯固爲南徐州刺史進號鎭北將軍信威將軍江州刺史長沙王叔堅爲雲麾將軍中領軍己巳立皇子叔齊爲新蔡王叔文爲晉熙王十一月庚戌以征西大將軍開府儀同三司郢州刺史淳于量爲中軍大將軍十二月丙辰以新除雲麾將軍郢州刺史長沙王叔堅爲平越中郎將廣州刺史東中郎將東揚州刺史建安王叔卿爲雲麾將軍郢州刺史宣惠將軍宜都王叔明爲東揚州刺史壬戌以尙書僕射王瑒爲尙書左僕射太子詹事揚州大中正陸繕爲尙書右僕射國子祭酒徐陵爲領軍將軍甲子南康郡獻瑞鍾

八年春正月庚辰西南有紫雲見二月壬申車騎大將軍開府儀同三司吳明

徹進位司空丁丑詔江東道太建五年以前租稅夏調逋在民閒者皆原之夏四月甲寅詔曰元戎凱旋羣師振旅旌功策賞宜有饗宴今月十七日可幸樂遊苑設絲竹之樂大會文武己未輿駕親祀太廟庚寅尚書左僕射王瑒卒六月癸丑以雲麾將軍廣州刺史長沙王叔堅爲合州刺史進號平北將軍甲寅以尚書右僕射陸繕爲尚書左僕射新除晉陵太守王克爲尚書右僕射秋八月丁卯以車騎大將軍司空吳明徹爲南兗州刺史九月戊戌以皇子叔彪爲淮南王冬十一月乙酉以平南將軍湘州刺史長沙王叔堅爲平西將軍郢州刺史丁酉分江州晉熙高唐新蔡三郡爲晉州辛丑以冠軍將軍廬陵王伯仁爲中領軍十二月丁卯以新除太子詹事徐陵爲右光祿大夫

九年春正月辛卯輿駕親祀北郊壬寅以湘州刺史新除中衞將軍始興王叔陵爲揚州刺史雲麾將軍建安王叔卿爲湘州刺史進號平南將軍二月壬午輿駕親耕籍田夏五月丙子詔曰朕昧旦求衣日旰方食思弘億兆用臻俾乂而牧守莅民廉平未洽年常租賦多致逋餘卽此務農宜弘寬省可起太建以

來訖八年流移叛戶所帶租調七年八年叛義丁五年訖八年叛軍丁六年七年逋租田米粟夏調綿絹絲石麥等五年訖七年逋貲絹皆悉原之秋七月乙亥以輕車將軍丹陽尹江夏王伯義爲合州刺史己卯百濟國遣使獻方物庚辰大雨震萬安陵華表己丑震慧日寺刹及瓦官寺重門一女子於門下震死冬十月戊午司空吳明徹破周將梁士彥衆數萬于呂梁十二月戊申東宮成

皇太子移于新宮

十年春正月己巳朔以中領軍廬陵王伯仁爲平北將軍南徐州刺史翊左將軍右光祿大夫領太子詹事徐陵爲領軍將軍二月甲子北討衆軍敗績於呂梁司空吳明徹及將卒已下並爲周軍所獲三月辛未震武庫丙子分命衆軍以備周中軍大將軍開府儀同三司淳于量爲大都督總水陸諸軍事明威將軍孫瑒都督荊郢水陸諸軍事進號鎭西將軍左衛將軍樊毅爲大都督督朱沛清口上至荊山緣淮衆軍進號平北將軍武毅將軍任忠都督壽陽新蔡霍州等衆軍進號寧遠將軍乙酉大赦天下丁酉以中軍大將軍開府儀同三司

護軍將軍淳于量爲南兗州刺史進號車騎將軍夏四月庚戌詔曰懋賞之言明於訓誥挾纊之美著在撫巡近歲薄伐廓清淮泗摧鋒致果文武畢力櫛風沐雨寒暑亟離念功在茲無忘終食宜班榮賞用酬厥勞應在軍者可並賜爵二級幷加賚卹付選卽便量處又詔曰惟堯葛衣鹿裘則天爲大伯禹弊衣菲食夫子曰無間然故儉德之恭約失者鮮朕君臨宇宙十變年籥旰日勿休乙夜忘寢跂予思治若濟巨川念茲在茲懍同馭朽非貪四海之富非念黃屋之尊導仁壽以寘羣生寧勞役以奉諸己但承梁季亂離斯瘼宮室禾黍有名亡處雖輪奐未覩頗事經營去泰去甚猶爲勞費加以戎車屢出千金日損府帑未充民疲征賦百姓不足君孰與足興言靜念夕惕懷抱垂訓立法良所多慚斵雕爲朴庶幾可慕雉頭之服既焚弋綈之衣方襲損撤之制前自朕躬草偃風行冀以變俗應御府堂署所營造禮樂儀服軍器之外其餘悉皆停息掖庭常供王侯妃主諸有俸卹並各量減丁巳以新除鎭右將軍新安王伯固爲護軍將軍戊午樊毅遣軍度淮北對清口築城庚申大雨雹壬戌清口城不守五

月甲申太白晝見六月丁卯大雨震大皇寺剎莊嚴寺露盤重陽閣東樓千秋門內槐樹鴻臚府門秋七月戊戌新羅國遣使獻方物乙巳以散騎常侍兼吏部尚書袁憲爲吏部尚書八月乙丑朔改秦郡爲義州戊寅隕霜殺稻菽九月壬寅以平北將軍樊毅爲中領軍乙巳立方明壇于婁湖戊申以中衞將軍揚州刺史始興王叔陵兼王官伯臨盟甲寅輿駕幸婁湖臨誓乙卯分遣大使以盟誓班下四方上下相警戒也壬戌以宣惠將軍江夏王伯義爲東揚州刺史冬十月戊寅罷義州及琅邪彭城二郡立建興領建安同夏烏山江乘臨沂湖熟等六縣屬揚州戊子以尚書左僕射陸繕爲尚書僕射十一月辛丑以鎭西將軍孫瑒爲郢州刺史十二月乙亥合州廬江蠻田伯與出寇樅陽刺史魯廣達討平之

十一年春正月丁酉龍見于南兗州永寧樓側池中二月癸亥輿駕親耕藉田三月丁未詔淮北義人率戶口歸國者建其本屬舊名置立郡縣卽隸近州賦給田宅喚訂一無所預五月乙巳詔曰昔軒轅命于風后力牧放勳咨爾稷契

朱虎冕旒垂拱化致隆平爰逮漢列五曹周分六職設官理務各有攸司亦幾期刑措卜世彌永並賴羣才用康庶績朕日昃劬勞思弘治要而機事尙擁政道未凝夕惕于懷罔知攸濟方欲仗茲舟檝委成股肱徵名責實取寧多士自今應尙書曹府寺內省監司文案悉付局參議分判其軍國興造徵發選序三獄等事前須詳斷然後啓聞凡諸辯決務令淸乂約法守制較若畫一不得前後舛互自相矛楯致有枉滯紆意舞文糾聽所知靡有攸赦甲寅詔曰舊律以枉法受財爲坐雖重直法容賄其制甚輕豈不長彼貪殘生其舞弄事涉貨財寧不尤切今可改不枉法受財者科同正盜六月庚辰以鎭前將軍豫章王叔英爲鎭南將軍江州刺史丙戌以征南將軍江州刺史鄱陽王伯山爲中權將軍護軍將軍秋七月辛卯初用大貨六銖錢八月甲子靑州義主朱顯宗等率所領七百戶入附丁卯輿駕幸大壯觀閱武戊寅輿駕還宮冬十月甲戌以安前將軍祠部尙書晉安王伯恭爲軍師將軍尙書僕射陸繕爲尙書左僕射十一月辛卯詔曰晝冠弗犯革此澆風孥戮是蹈化於薄俗朕肅膺寶命迄將一

紀思經邦濟治憂國愛民日昃劬勞夜分輟寢而還淳反朴其道靡階雍熙盛
美莫云能致遂乃鞫訊之牒盈於聽覽舂鈇之人傾於牢犴周成刑措漢文斷
獄杼軸空勞邈焉既遠加以戢爾醜徒軼我彭汴淮汝坻庶企踵王略治兵誓
旅義存拯救飛芻挽粟征賦頗煩暑雨祁寒寧忘咨怨兼宿度乖舛次舍違方
若曰之誠責歸元首愧心斯積馭朽非懼卽建子令月微陽初動應此嘉辰宜
播寬澤可大赦天下甲午周遺柱國梁士彥率衆至肥口戊戌周軍進圍壽陽
辛丑以車騎將軍開府儀同三司南兗州刺史淳于量爲上流水軍都督中領
軍樊毅都督北討諸軍事加安北將軍散騎常侍左衞將軍任忠都督北討諸
軍事加平北將軍前豐州刺史臯文奏率步騎三千趣陽平郡癸卯任忠率步
騎七千趣秦郡丙午新除仁威將軍右衞將軍魯廣達率衆入淮是日樊毅領
水軍二萬自東關入焦湖武毅將軍蕭摩訶率步騎趣歷陽戊申豫州陷辛亥
霍州又陷癸丑以新除中衞大將軍揚州刺史始興王叔陵爲大都督總督水
步衆軍十二月乙丑南北兗晉三州及盱眙山陽陽平馬頭秦歷陽沛北譙南

梁等九州並自拔還京師譙北徐州又陷自是淮南之地盡沒于周矣己巳詔
曰昔堯舜在上茅屋土階湯禹爲君藜杖韋帶至如甲帳珠絡華榱璧璫未能
雍熙徒聞後欲朕企仰前聖思求訟平正道多違澆風又靡至今貴里豪家金
鋪玉舃貧居陋巷彘食牛衣稱物平施何其遼遠爟烽未息役賦兼勞文吏姦
貪妄動科格重以旗亭闤市稅斂繁多不廣都內之錢非供水衡之費逼遏商
賈營謀私蓄靖懷衆弊宜事改張弗弘王道安拯民蠹今可宣勑主衣尚方諸
堂署等自非軍國資須不得繕造衆物後宮僚列若有游長掖庭啓奏卽皆量
遣太子祕戲非會禮經樂府倡優不合雅正並可刪改市估津稅軍令國章更
須詳定唯務平允別觀離宮郊閭野外非恆饗宴勿復脩治幷勑內外文武車
馬宅舍皆循儉約勿尚奢華違我嚴規抑有刑憲所由具爲條格標榜宣示令
喻朕心焉癸酉遣平北將軍沈恪電威將軍裴子烈鎭南徐州開遠將軍徐道
奴鎭柵口前信州刺史楊寶安鎭白下戊寅以中領軍樊毅爲鎭西將軍都督
荆郢巴武四州水陸諸軍事

十二年春正月戊戌以散騎常侍左衞將軍任忠爲平南將軍南豫州刺史督緣江軍防事三月壬辰以平北將軍廬陵王伯仁爲翊左將軍中領軍夏四月癸亥尙書左僕射陸繕卒乙丑以宣毅將軍河東王叔獻爲南徐州刺史己卯大雩壬午雨五月癸巳以軍師將軍尙書右僕射晉安王伯恭爲尙書僕射六月壬戌大風壞皐門中闥秋八月己未周使持節上柱國鄖州總管滎陽郡公司馬消難以鄖隨溫應土順沔儇岳等九州魯山甑山沌陽應城平靖武陽上明涓水等八鎭內附詔以消難爲使持節侍中大都督總督安隨等九州八鎭諸軍事車騎將軍司空封隨郡公給鼓吹女樂各一部庚申詔鎭西將軍樊毅進督沔漢諸軍事遣平南將軍南豫州刺史任忠率衆趣歷陽通直散騎常侍超武將軍陳慧紀爲前軍都督趣南兗州戊辰以新除司空司馬消難爲大都督水陸諸軍事庚午通直散騎常侍淳于陵克臨江郡癸酉智武將軍魯廣達克郭默城甲戌大雨霖丙子淳于陵克祐州城九月癸未周臨江太守劉顯光率衆內附是夜天東南有聲如風水相擊三夜乃止丙戌改安陸郡爲南司州

丁亥周將王延貴率衆援歷陽任忠擊破之生擒延貴等己酉周廣陵義主曹
欒率衆入附冬十月癸丑大雨雹震十一月己丑詔曰朕君臨四海日旰劬勞
思弘至治未臻斯道而兵車驟出軍費尤煩芻漕控引不能徵賦夏中亢旱傷
農畿內爲甚民失所資歲取無託此則政刑未理陰陽舛度黎元阻饑君孰與
足靖言與念余責在躬宜布惠澤溥沾氓庶其丹陽吳興晉陵建興義興東海
信義陳留江陵等十郡幷謝署卽年田稅祿秩並各原半其丁租半申至來歲
秋登十二月庚辰宣毅將軍南徐州刺史河東王叔獻薨
十三年春正月壬午以車騎將軍開府儀同三司淳于量爲左光祿大夫中權
將軍護軍將軍鄱陽王伯山卽本號開府儀同三司鎮右將軍國子祭酒新安
王伯固爲揚州刺史軍師將軍尙書僕射晉安王伯恭爲尙書左僕射右將軍
丹陽尹徐陵爲中書監領太子詹事吏部尙書袁憲爲尙書右僕射庚寅以輕
車將軍衞尉卿宜都王叔明爲南徐州刺史二月甲寅詔賜司馬消難所部周
大將軍田廣等封爵各有差乙亥輿駕親耕籍田夏四月乙巳分衡州始興郡

爲東衡州衡州爲西衡州五月丙辰以前鎭西將軍樊毅爲中護軍六月辛卯以新除中護軍樊毅爲護軍將軍秋九月癸亥夜大風至自西北發屋拔樹大雷震雹冬十月癸未以散騎常侍丹陽尹毛喜爲吏部尚書護軍將軍樊毅爲鎭西將軍荆州刺史改鄱陽郡爲吳州壬寅丹丹國遣使獻方物十二月辛巳彗星見己亥以翊右將軍衞尉卿沈恪爲護軍將軍

十四年春正月己酉高宗弗豫甲寅崩于宣福殿時年五十三遺詔曰朕爰自遘疾會未浹旬醫藥不瘳便屬大漸終始定分夫復奚言但君臨寰宇十有四載誠則雖休勿休日愼一日知宗廟之負重識王業之艱難而邊鄙多虞生民未乂方欲蕩淸四海包吞八荒有志莫從遺恨幽壤皇太子叔寶繼體正嫡年業韶茂纂統洪基社稷有主羣公卿士文武內外俱罄心力同竭股肱送往事居盡忠誠之節當官奉職弘翼亮之功務在叶和無違朕意凡厥終制事從省約金銀之飾不須入壙明器之具皆令用瓦唯使儉而合禮勿得奢而乖度以日易月旣有通規公除之制悉依舊制在位百司三日一臨四方州鎭五等諸

侯各守所職並停奔赴二月辛卯上謚孝宣皇帝廟號高宗癸巳葬顯寧陵高宗在田之日有大度幹略及乎登庸實允天人之望梁室喪亂淮南地並入齊高宗太建初志復舊境乃運神略授律出師至於戰勝攻取獻捷相繼遂獲反侵地功實懋焉及周滅齊乘勝略地還達江際矣

史臣曰高宗器度弘厚亦有人君之量焉世祖知冢嗣仁弱弗可傳於寶位高宗地居姬旦世祖情存太伯及乎弗悆大事咸悉焉至於纂業萬機平理命將出師克淮南之地開拓土宇靜謐封疆享國十餘年志大意逸呂梁覆軍大喪師徒矣江左削弱抑此之由嗚呼蓋德不逮文智不及武雖得失自我無禦敵之略焉

陳書卷五

陳書卷五考證

宣帝紀梁大通二年七月辛酉生○大通南史作中大通

時有馬軍主李總與高宗有舊○南史無馬字

十月己亥夜地震○臣人龍按上文書冬十月乙酉祀太廟戊戌以沈恪爲領軍則此不應複書十月若南史作十一月而不書朔以上戊戌證之亦恐有誤

分命衆軍北伐○南史云是歲諸軍略地所在剋捷與下文詳敘者小異

壬辰以尚書右僕射王瑒爲尚書右僕射○下右字衍臣人龍按南史云以尚書右僕射爲尚書僕射則知右字之爲衍文矣

己酉周廣陵義主曹藥率衆入附○南史主字上有軍字

陳書卷五考證

陳書卷六

唐　散　騎　常　侍　姚　思　廉　撰

本紀第六

後主

後主諱叔寶字元秀小字黃奴高宗嫡長子也梁承聖二年十一月戊寅生于江陵明年江陵陷高宗遷關右留後主于穰城天嘉三年歸京師立爲安成王世子天康元年授寧遠將軍置佐史光大二年爲太子中庶子尋遷侍中餘如故太建元年正月甲午立爲皇太子十四年正月甲寅高祖崩乙卯始興王叔陵作逆伏誅丁巳太子卽皇帝位于太極前殿詔曰上天降禍大行皇帝奄棄萬國攀號擗踊無所迨及朕以哀煢嗣膺寶歷若涉巨川罔知攸濟方賴羣公用匡寡薄思播遺德覃被億兆凡厥遐邇咸與惟新可大赦天下在位文武及孝悌力田爲父後者並賜爵一級孤老鰥寡不能自存者賜穀人五斛帛二匹癸亥以侍中翊前將軍丹陽尹長沙王叔堅爲驃騎將軍開府儀同三司揚州

刺史右衛將軍蕭摩訶爲車騎將軍南徐州刺史鎮西將軍荆州刺史樊毅進號征西將軍平南將軍豫州刺史任忠進號鎮南將軍護軍將軍沈恪爲特進金紫光祿大夫平西將軍魯廣達進號安西將軍仁武將軍豐州刺史章大寶爲中護軍乙丑尊皇后爲皇太后宮曰弘範丙寅以冠軍將軍晉熙王叔文爲宣惠將軍丹陽尹丁卯立弟叔重爲始興王奉昭烈王祀己巳立妃沈氏爲皇后辛未立皇弟叔儼爲尋陽王皇弟叔慎爲岳陽王皇弟叔達爲義陽王皇弟叔熊爲巴山王皇弟叔虞爲武昌王壬申侍中中權將軍開府儀同三司鄱陽王伯山進號中權大將軍軍師將軍尚書左僕射晉安王伯恭進號翊前將軍侍中翊右將軍中領軍廬陵王伯仁進號安前將軍鎮南將軍江州刺史豫章王叔英進號征南將軍平南將軍湘州刺史建安王叔卿進號安南將軍以侍中中書監安右將軍徐陵爲左光祿大夫領太子少傅甲戌設無㝵大會於太極前殿三月辛亥詔曰躬推爲勸義顯前經力農見賞事昭往誥斯乃國儲是資民命攸屬豐儉隆替靡不由之夫入賦自古輸藁惟舊沃饒貴于十金磽确

至於三易腴塉既異盈縮不同詐僞日興簿書歲改稻田使者著自西京不實峻刑聞諸東漢老農懼於祗應俗吏因而侮文輟耒成羣游手爲伍永言妨蠹良可太息今陽和在節膏澤潤下宜展春耨以望秋坻其有新闢塍畎進墾蒿萊廣袤勿得度量征租悉皆停免私業久廢咸許占作公田荒縱亦隨肆勤儻良守教耕淳民載酒有茲督課議以賞擢外可爲格班下稱朕意焉癸亥詔曰夫體國經野長世字甿雖因革儻殊弛張或異至於旁求俊乂爰逮側微用道和羹是隆大廈上智中主咸由此術朕以寡薄嗣膺景祚雖哀疚在躬情慮惛舛而宗社任重黎庶務殷無由自安拱默敢忘康濟思所以登顯髦彥式備周行但空勞宵夢屢勤史卜五就莫來五能不至是用甲旦凝慮丙夜損懷豈以食玉炊桂無因自達將懷寶迷邦咸思獨善應內外衆官九品已上可各薦一人以會彙征之旨且取備實難舉長或易小大之用明言所施勿得南箕北斗名而非實其有負能仗氣擯壓當時著賓戲以自憐草客嘲以慰志人生一世逢遇誠難亦宜去此幽谷翔茲天路趨銅馳以觀國望金馬而來庭便當隨彼

方圓飭之矩矱又詔曰昔睿后宰民哲王御寓雖德稱汪濊明能普燭猶復紆己乞言降情訪道高咨岳牧下聽輿臺故能政若神明事無悔吝朕纂承丕緒思隆大業常懼九重已邃四聽未廣欲聽昌言不疲痹足若逢廷折無憚批鱗而口柔之辭儻聞於在位腹誹之意或隱於具僚非所以弘理至公緝熙帝載者也內外卿士文武衆司若有智周政術心練治體救民俗之疾苦辯禁網之疎密者各進忠讜無所隱諱朕將虛己聽受擇善而行庶深鑒物情匡我王度己巳以侍中尚書左僕射新除翊前將軍晉安王伯恭爲安南將軍湘州刺史新除翊左將軍永陽王伯智爲尚書僕射中護軍章大寶爲豐州刺史夏四月丙申立皇子永康公胤爲皇太子賜天下爲父後者爵一級王公已下賚帛各有差庚子詔曰朕臨御區宇撫育黔黎方欲康濟澆薄蠲省繁費奢僭乖衷實宜防斷應鏤金銀薄及庶物化生土木人綵花之屬及布帛幅尺短狹輕疎者並傷財廢業尤成蠹患又僧尼道士挾邪左道不依經律民間淫祀祆書諸珍怪事詳爲條制並皆禁絕癸卯詔曰中歲克定淮泗爰涉青徐彼土酋豪並輸

罄誠款分遣親戚以爲質任今舊土淪陷復成異域南北阻遠未得會同念其分乖殊有愛戀夷狄吾民斯事一也何獨譏禁使彼離析外可即檢任子館及東館并帶保任在外者並賜衣糧頒之酒食遂其鄉路所之阻遠便發遣船仗衞送必令安達若已預仕宦及別有事義不欲去者亦隨其意六月癸酉朔以明威將軍通直散騎常侍孫瑒爲中護軍秋七月辛未大赦天下是月江水色赤如血自京師至于荊州八月癸未夜天有聲如風水相擊乙酉夜亦如之丙戌以使持節都督緣江諸軍事安西將軍魯廣達爲安左將軍九月丙午設無㝵大會於太極殿捨身及乘輿御服大赦天下辛亥夜天東北有聲如蟲飛漸移西北乙卯太白晝見丙寅以驃騎將軍開府儀同三司揚州刺史長沙王叔堅爲司空征南將軍江州刺史豫章王叔英即本號開府儀同三司

至德元年春正月壬寅詔曰朕以寡薄嗣守鴻基哀惸切慮疹恙纏織訓俗少方臨下靡算懼甚踐冰懍同馭朽而四氣易流三光遄至纓紱列陛玉帛充庭具物匪新節序疑舊緬思前德永慕昔辰對軒闈而哽心顧扆筵而慓氣思所

以仰遵遺構俯勵薄躬陶鑄九流休息百姓用弘寬簡取叶陽和可大赦天下改太建十五年爲至德元年以征南將軍江州刺史新除開府儀同三司豫章王叔英爲中衞大將軍驃騎將軍開府儀同三司揚州刺史長沙王叔堅爲江州刺史征東將軍開府儀同三司東揚州刺史司馬消難進號車騎將軍宣惠將軍丹陽尹晉熙王叔文爲揚州刺史鎮南將軍南豫州刺史任忠爲領軍將軍安左將軍魯廣達爲平南將軍南豫州刺史祠部尚書江總爲吏部尚書癸卯立皇子深爲始安王二月丁丑以始興王叔重爲揚州刺史夏四月戊辰交州刺史李幼榮獻馴象己丑以前輕車將軍揚州刺史晉熙王叔文爲江州刺史秋八月丁卯以驃騎將軍開府儀同三司長沙王叔堅爲司空九月丁巳天東南有聲如蟲飛冬十月丁酉立皇弟叔平爲湘東王叔敖爲臨賀王叔宣爲陽山王叔穆爲西陽王戊戌侍中安右將軍左光祿大夫太子少傅徐陵卒癸丑立皇弟叔儉爲南安王叔澄爲南郡王叔興爲沅陵王叔韶爲岳山王叔純爲新興王十二月丙辰頭和國遣使獻方物司空長沙王叔堅有罪免戊午夜

天開自西北至東南其內有青黃色隆隆若雷聲
二年春正月丁卯分遣大使巡省風俗平南將軍豫州刺史魯廣達進號安南
將軍癸巳大赦天下夏五月戊子以尚書僕射永陽王伯智爲平東將軍東揚
州刺史輕車將軍江州刺史晉熙王叔文爲信威將軍湘州刺史仁威將軍揚
州刺史始興王叔重爲江州刺史信武將軍南琅邪彭城二郡太守南平王嶷
爲揚州刺史吏部尚書江總爲尚書僕射秋七月戊辰以長沙王叔堅爲侍中
鎮左將軍壬午太子加元服在位文武賜帛各有差孝悌力田爲父後者各賜
一級鰥寡癃老不能自存者人穀五斛九月癸未太白晝見冬十月己酉詔曰
耕鑿自足乃曰淳風貢賦之興其來尚矣蓋由庚亟務不獲已而行焉但法令
滋章姦盜多有俗尚澆詐政鮮惟良朕日旰夜分矜一物之失所泣辜罪己愧
三千之未措望訂初下使彊蔭兼出如聞貧富均起單弱重弊斯豈振窮扇暍
之意歟是乃下吏箕斂之苛也故云百姓不足君孰與足自太建十四年望訂
租調逋未入者並悉原除在事百僚辯斷庶務必去取平允無得便公害民爲

己聲續妨紊政道十一月丙寅大赦天下壬申盤盤國遣使獻方物戊寅百濟國遣使獻方物

三年春正月戊午朔日有蝕之庚午以鎮左將軍長沙王叔堅即本號開府儀同三司征西將軍荊州刺史樊毅爲護軍將軍守吏部尚書領著作陸瓊爲吏部尚書金紫光祿大夫袁敬加特進三月辛酉前豐州刺史章大寶舉兵反夏四月庚戌豐州義軍主陳景詳斬大寶傳首京師秋八月戊子夜老人星見己酉以左民尚書謝伸爲吏部尚書九月甲戌特進金紫光祿大夫袁敬卒冬十月己丑丹丹國遣使獻方物十一月己未詔曰宣尼誕膺上哲體資至聖祖述憲章之典並天地而合德樂正雅頌之奧與日月而偕明垂後昆之訓範開生民之耳目粱季湮微靈寢忘處鞠爲茂草三十餘年敬仰如在永惟愾息今雅道雍熙由庚得所斷琴故履零落不追闕笥開書無因循復外可詳之禮典改築舊廟蕙房桂棟咸使惟新芳蘩潔潦以時饗奠辛巳輿駕幸長干寺大赦天下十二月丙戌太白晝見辛卯皇太子出太學講孝經戊戌講畢辛丑釋奠于

先師禮畢設金石之樂會宴王公卿士癸卯高麗國遣使獻方物是歲蕭巋死
子琮代立
四年春正月甲寅詔曰堯施諫鼓禹拜昌言求之異等久著前徽舉以淹滯復
聞昔典斯乃治道之深規帝王之切務朕以寡昧丕承鴻緒未明虛己日旰興
懷萬機多紊四聰弗達思聞蹇諤採其謀計王公已下各薦所知旁詢管庫爰
及輿皁一介有能片言可用朕親加聽覽佇於啓沃中權大將軍開府儀同三
司鄱陽王伯山進號鎭衞將軍中衞大將軍開府儀同三司豫章王叔英進號
驃騎大將軍鎭左將軍開府儀同三司長沙王叔堅進號中軍大將軍安南將
軍晉安王伯恭進號鎭右將軍翊右將軍宜都王叔明進號安右將軍二月丙
戌以鎭右將軍晉安王伯恭爲特進丙申立皇弟叔謨爲巴東王叔顯爲臨江
王叔坦爲新會王叔隆爲新寧王夏五月丁巳立皇子莊爲會稽王秋九月甲
午輿駕幸玄武湖肄艫艦閱武宴羣臣賦詩戊戌以鎭衞將軍開府儀同三司
鄱陽王伯山爲東揚州刺史智武將軍岳陽王叔愼爲丹陽尹丁未百濟國遣

使獻方物冬十月癸亥尚書僕射江總爲尚書令吏部尚書謝伷爲尚書僕射
十一月己卯詔曰惟刑止暴惟德成物三才是資百王不改而世無抵角時鮮
犯鱗渭橋驚馬弗聞廷爭桃林逸牛未見其旨雖剽悍輕侮理從鉗釱蠢愚杜
默宜肆矜弘政之良哉明慚則哲求諸刑措安可得乎是用屬寤寐以軫懷負
黼扆而於邑復茲合璧輪缺連珠緯舛黃鍾獻呂和氣始萌玄英告中履長在
御因時宥過抑乃斯得可大赦天下
禎明元年春正月丙子以安前將軍衡陽王伯信進號鎭前將軍安東將軍吳
興太守廬陵王伯仁爲特進智武將軍丹陽尹岳陽王叔愼爲湘州刺史仁武
將軍義陽王叔達爲丹陽尹戊寅詔曰栢皇大庭鼓淳和於曩日姬王嬴后被
澆風於末載刑書已鑄善化匪融禮義既乖姦宄斯在何其淳朴不反浮華競
扇者歟朕居中御物納隍在睠頻恢天網屢絕三邊元元黔庶終罹五辟蓋乃
康哉寡薄抑焉法令滋章是用當宁弗怡矜此向隅之意今三元具序萬國朝
辰靈芝之獻於始陽膏露凝於聿歲從春施令仰乾布德思與九有惟新七政可

大赦天下改至德五年爲禎明元年乙未地震癸卯以鎮前將軍衡陽王伯信爲鎮南將軍西衡州刺史二月丁未以特進鎮右將軍晉安王伯恭進號中衞將軍中書令建安王叔卿爲中書監丁卯詔至德元年望訂租調逋未入者並原之秋八月癸卯老人星見丁未以車騎將軍蕭摩訶爲驃騎將軍九月乙亥以驃騎將軍開府儀同三司豫章王叔英爲驃騎大將軍庚寅蕭琮所署尚書令太傅安平王蕭巖中軍將軍荊州刺史義興王蕭瓛遣其都官尚書沈君公詣荊州刺史陳紀請降辛卯巖等率文武男女十萬餘口濟江甲午大赦天下冬十一月乙亥割揚州吳郡置吳州割錢塘縣爲郡屬焉丙子以蕭巖爲平東將軍開府儀同三司東揚州刺史蕭瓛爲安東將軍吳州刺史丁亥以驃騎大將軍開府儀同三司豫章王叔英兼司徒十二月丙辰以前鎮衞將軍開府儀同三司東揚州刺史鄱陽王伯山爲鎮衞大將軍開府儀同三司前中衞將軍晉安王伯恭爲中衞將軍右光祿大夫

二年春正月辛巳立皇子恮爲東陽王恬爲錢塘王是月遣散騎常侍周羅睺

帥兵屯峽口夏四月戊申有羣鼠無數自蔡洲岸入石頭渡淮至于青塘兩岸數日死隨流出江戊午以左民尚書蔡徵爲吏部尚書是月郢州南浦水黑如墨五月壬午以安前將軍廬陵王伯仁爲特進甲午東冶鑄鐵有物赤色如數斗自天墜鎔所有聲隆隆如雷鐵飛出牆外燒民家六月戊戌扶南國遣使獻方物庚子廢皇太子胤爲吳興王立軍師將軍揚州刺史始安王深爲皇太子辛丑平南將軍江州刺史南平王嶷進號鎭南將軍忠武將軍南徐州刺史永嘉王彥進號安北將軍會稽王莊爲翊前將軍揚州刺史宣惠將軍尚書令江總進號中權將軍雲麾將軍太子詹事袁憲爲尚書僕射尚書僕射謝伷爲特進寧遠將軍新除吏部尚書蔡徵進號安右將軍甲辰以安右將軍魯廣達爲中領軍丁巳大風至自西北激濤水入石頭城淮渚暴溢漂沒舟乘冬十月己亥立皇子蕃爲吳郡王辛丑以度支尚書領大著作姚察爲吏部尚書己酉輿駕幸莫府山大校獵十一月丁卯詔曰夫議獄緩刑皇王之所垂範勝殘去殺仁人之所用心自晝冠既息刻吏斯起法令滋章手足無措朕君臨區宇屬當

澆末輕重之典在政未康小大之情與言多愧眷茲狴犴有軫哀矜可克日於大政殿訊獄壬申以鎮南將軍江州刺史南平王嶷爲征西將軍郢州刺史安北將軍南徐州刺史永嘉王彥爲安南將軍江州刺史軍師將軍南海王虔爲安北將軍南徐州刺史丙子立皇弟叔榮爲新昌王叔匡爲太原王是月隋遣晉王廣衆軍來伐自巴蜀沔漢下流至廣陵數十道俱入緣江鎮戍相繼奏聞時新除湘州刺史施文慶中書舍人沈客卿掌機密用事並抑而不言故無備禦

三年春正月乙丑朔霧氣四塞是日隋總管賀若弼自北道廣陵濟京口總管韓擒虎趣橫江濟采石自南道將會弼軍丙寅采石戍主徐子建馳啓告變丁卯召公卿入議軍旅戊辰內外戒嚴以驃騎將軍蕭摩訶護軍將軍樊毅中領軍魯廣達並爲都督遣南豫州刺史樊猛帥舟師出白下散騎常侍皐文奏將兵鎮南豫州庚午賀若弼攻陷南徐州辛未韓擒虎又陷南豫州文奏敗還至是隋軍南北道並進後主遣驃騎大將軍司徒豫章王叔英屯朝堂蕭摩訶屯

樂遊苑樊毅屯耆闍寺魯廣達屯白土岡忠武將軍孔範屯寶田寺己卯鎮東
大將軍任忠自吳興入赴仍屯朱雀門辛巳賀若弼進據鍾山頓白土岡之東
南甲申後主遣衆軍與弼合戰衆軍敗績弼乘勝至樂遊苑魯廣達猶督散兵
力戰不能拒弼進攻宮城燒北掖門是時韓擒虎率衆自新林至于石子岡任
忠出降於擒虎仍引擒虎經朱雀航趣宮城自南掖門而入於是城內文武百
司皆遁出唯尚書僕射袁憲在殿內尚書令江總吏部尚書姚察度支尚書袁
權前度支尚書王瑗侍中王寬在省中後主聞兵至從宮人十餘出後堂景陽
殿將自投于井袁憲侍側苦諫不從後閤舍人夏侯公韻又以身蔽井後主與
爭久之方得入焉及夜爲隋軍所執丙戌晉王廣入據京城三月己巳後主與
王公百司發自建業入于長安隋仁壽四年十一月壬子薨於洛陽時年五十
二追贈大將軍封長城縣公謚曰煬葬河南洛陽之芒山
史臣侍中鄭國公魏徵曰高祖拔起壠畝有雄桀之姿始佐下藩奮英奇之略
弭節南海職思靜亂援旗北邁義在勤王掃侯景於既成拯梁室於已墜天綱

絶而復續國步屯而更康百神有主不失舊物魏王之延漢鼎祚宋武之反晉乘輿懋績鴻勳無以尚也于時內難未弭外鄰勍敵王琳作梗於上流周齊搖蕩於江漢畏首畏尾若存若亡此之不圖遠移天歷雖皇靈有睠何其速也然志度弘遠懷抱豁如或取士於仇讎或擢才於亡命掩其受金之過宥其吠堯之罪委以心腹爪牙咸能得其死力故乃決機百勝成此三分方諸鼎峙之雄足以無慚權備矣世祖天姿叡哲清明在躬早預經綸知民疾苦思擇令典庶幾至治德刑並用戡濟艱虞羣兇授首彊鄰震懾雖忠厚之化未能及遠恭儉之風足以垂訓若不尙明察則守文之良主也臨川年長於成王過微於太甲宣帝有周公之親無伊尹之志明辟不復桐宮遂往欲加之罪其無辭乎高宗爰自在田雅量宏廓登庸御極民歸其厚惠以使下寬以容衆智勇爭奮師出有名揚旆分麾風行電掃闢土千里奄有淮泗戰勝攻取之勢近古未之有也既而君侈民勞將驕卒惰帑藏空竭折衂師徒於是秦人方彊遂窺兵於江上矣李克以爲吳之先亡由乎數戰數勝數戰則民疲數勝則主驕以驕主御疲

民未有不亡者也信哉言乎高宗始以寬大得人終以驕侈致敗文武之業墜于茲矣後主生深宮之中長婦人之手既屬邦國殄瘁不知稼穡艱難初懼阽危屢有哀矜之詔後稍安集復扇淫侈之風賓禮諸公唯寄情於文酒昵近羣小皆委之以衡軸謀謨所及遂無骨鯁之臣權要所在莫匪侵漁之吏政刑日紊尸素盈朝躭荒爲長夜之飲嬖寵同豔妻之孽危亡弗恤上下相蒙衆叛親離臨機不寤自投於井冀以苟生視其以此求全抑亦民斯下矣遐觀列辟纂武嗣興其始也皆欲齊明日月合德天地高視五帝俯協三王然而靡不有初克終蓋寡其故何哉並以中庸之才懷可移之性口存於仁義心怵於嗜慾仁義利物而道遠嗜欲遂性而便身便身不可久違道遠難以固志佞諂之倫承顏候色因其所好以悅導之若下坂以走丸譬順流而決壅非夫感靈辰象降生明德孰能遺其所樂而以百姓爲心哉此所以成康文景千載而罕遇癸辛幽厲靡代而不有毒被宗社身嬰戮辱爲天下笑可不痛乎古人有言亡國之主多有才藝考之梁陳及隋信非虛論然則不崇教義之本偏尚淫麗之文徒

長澆僞之風無救亂亡之禍矣
史臣曰後主昔在儲宮早標令德及南面繼業實允天人之望矣至於禮樂刑政咸遵故典加以深弘六藝廣闢四門是以待詔之徒爭趨金馬稽古之秀雲集石渠且梯山航海朝貢者往往歲至矣自魏正始晉中朝以來貴臣雖有識治者皆以文學相處罕關庶務朝章大典方參議焉文案簿領咸委小吏浸以成俗迄至于陳後主因循未遑改革故施文慶沈客卿之徒專掌軍國要務姦黠左道以裒刻爲功自取身榮不存國計是以朝經墮廢禍生鄰國斯亦運鍾百六鼎玉遷變非唯人事不昌蓋天意然也

陳書卷六

陳書卷六考證

後主紀丁卯立弟叔重爲始興王奉昭烈王祀○重一本作敦南史同

是用甲旦凝慮丙夜損懷○甲應作申

肄艫艦閱武宴羣臣賦詩○肄各本訛肆今改從南史

陳書卷六考證

陳書卷七

唐　散　騎　常　侍　姚　思　廉　撰

列傳第一

周禮王者立后六宮三夫人九嬪二十七世婦八十一御妻以聽天下之內治然受命繼體之主非獨外相佐也蓋亦有內德助焉漢魏已來六宮之職因襲增置代不同矣高祖承微接亂光膺天歷以朴素自處故後宮員位多闕世祖天嘉初詔立後宮員數始置貴妃貴嬪貴姬三人以擬古之三夫人又置淑媛淑儀淑容昭華昭儀昭容脩華脩儀脩容九人以擬古之九嬪又置婕妤容華充華承徽烈榮五人謂之五職亞於九嬪又置美人才人良人三職其職無員數號爲散位世祖性恭儉而嬪嬙多闕高宗後主內職無所改作今之所綴略備此篇

高祖宣皇后章氏諱要兒吳興烏程人也本姓鈕父景明爲章氏所養因改焉
景明梁代官至散騎侍郎后母蘇嘗遇道士以小龜遺己光采五色曰三年有
徵及期后生而紫光照室因失龜所在少聰慧美容儀手爪長五寸色並紅白
每有朞功之服則一爪先折高祖先娶同郡錢仲方女早卒後乃聘后后善書
計能誦詩及楚辭高祖自廣州南征交阯命后與衡陽王昌隨世祖由海道歸
于長城侯景之亂高祖下至豫章后爲景所囚景平而高祖爲長城縣公后拜
夫人及高祖踐阼永定九年立爲皇后追贈后父景明特進金紫光祿大夫加
金章紫綬拜后母蘇安吉縣君二年安吉君卒與后父合葬吳興明年追封后
父爲廣德縣侯邑五百戶諡曰溫高祖崩后與中書舍人蔡景歷定計祕不發
喪召世祖入纂事在蔡景歷及侯安都傳世祖卽位尊后爲皇太后宮曰慈訓
廢帝卽位尊后爲太皇太后光大二年后下令黜廢帝爲臨海王命高宗嗣位
太建元年尊后爲皇太后二年三月丙申崩于紫極殿時年六十五遺令喪事
所須並從儉約諸有饋奠不得用牲牢其年四月羣臣上諡曰宣太后祔葬萬

安陵后親屬無在朝者唯族兄鈕洽官至中散大夫
世祖沈皇后諱妙容吳興武康人也父法深梁安前中錄事參軍后年十餘歲以梁大同中歸于世祖高祖之討侯景世祖時在吳興景遣使收世祖及后景平乃獲免高祖踐阼永定元年后爲臨川王妃世祖卽位爲皇后追贈后父法深光祿大夫加金章紫綬封建成縣侯邑五百戶謚曰恭追贈后母高綏安縣君謚曰定廢帝卽位尊后爲皇太后宮曰安德時高宗與僕射到仲舉舍人劉師知等並受遺輔政師知與仲舉恆居禁中參決衆事而高宗爲揚州刺史與左右三百人入居尚書省師知見高宗權重陰忌之乃矯敕謂高宗曰今四方無事王可還東府經理州務高宗將出而諮議毛喜止之曰今若出外便受制於人譬如曹爽願作富家翁不可得也高宗乃稱疾召師知留之與語使毛喜先入言之於后后曰今伯宗年幼政事並委二郎此非我意喜又言於廢帝帝曰此自師知等所爲非朕意也喜出以報高宗高宗因囚師知自入見后及帝極陳師知之短仍自草敕請畫以師知付廷尉治罪其夜於獄中賜死自是政

無大小盡歸高宗后憂悶計無所出乃密賂宦者蔣裕令誘建安人張安國使
據郡反冀因此以圖高宗安國事覺並爲高宗所誅時后左右近侍頗知其事
后恐連逮黨與並殺之高宗卽位以后爲文皇后陳亡入隋大業初自長安歸
于江南頃之卒后兄欽隨世祖征伐以功至貞威將軍安州刺史世祖卽位襲
爵建城侯加通直散騎常侍持節會稽等九郡諸軍事明威將軍會稽太守入
爲侍中左衞將軍衞尉卿光大中爲尚書右僕射尋遷左僕射欽素無技能奉
己而已高宗卽位出爲雲麾將軍義興太守秩中二千石太建元年卒時年六
十七贈侍中特進翊左將軍謚曰成子觀嗣頗有學識官至御史中丞
廢帝王皇后金紫光祿大夫固之女也天嘉元年爲皇太子妃廢帝卽位立爲
皇后廢帝爲臨海王后爲臨海王妃至德中薨后生臨海嗣王至澤至澤以光
大元年爲皇太子太建元年襲封臨海嗣王尋爲宣惠將軍置佐史陳亡入長
安
高宗柳皇后諱敬言河東解人也曾祖世隆齊侍中司空尚書令貞陽忠武公

祖惲有重名於梁代官至祕書監贈侍中中護軍父偃尙梁武帝女長城公主拜駙馬都尉大寶中爲鄱陽太守卒官后時年九歲幹理家事有若成人侯景之亂后與弟盼往江陵依梁元帝元帝以長城公主之故待遇甚厚及高宗赴江陵元帝以后配焉承聖二年后生後主於江陵明年江陵陷高宗遷于關右后與後主俱留穰城天嘉二年與後主還朝后爲安成王妃高宗卽位立爲皇后后美姿容身長七尺二寸手垂過膝初高宗居鄉里先娶吳興錢氏女及卽位拜爲貴妃甚有寵后傾心下之每尙方供奉之物其上者皆推於貴妃而己御其次焉高宗崩始興王叔陵爲亂後主賴后與樂安君吳氏救而獲免事在叔陵傳後主卽位尊后爲皇太后宮曰弘範當是之時新失淮南之地隋師臨江又國遭大喪後主病瘡不能聽政其誅叔陵供大行喪事邊境防守及百司衆務雖假以後主之命實皆決之於后後主瘡愈乃歸政焉陳亡入長安大業十一年薨於東都年八十三葬洛陽之邙山后性謙謹未嘗以宗族爲請雖衣食亦無所分遺弟盼太建中尙世祖女富陽公主拜駙馬都尉後主卽位以帝

舅加散騎常侍盼性愚戇使酒常因醉乘馬入殿門爲有司所劾坐免官卒於家贈侍中中護軍后從祖弟莊清警有鑒識太建末爲太子洗馬掌東宮管記後主卽位稍遷至散騎常侍衞尉卿禎明元年轉右衞將軍兼中書舍人領雍州大中正自盼卒後太后宗屬唯莊爲近兼素有名望由是深被恩遇尋還度支尚書陳亡入隋爲岐州司馬

後主沈皇后諱婺華儀同三司望蔡貞憲侯君理女也母卽高祖女會稽穆公主主早亡時后尚幼而毀瘠過甚及服畢每至歲時朔望恆獨坐涕泣哀動左右內外咸敬異焉太建三年納爲皇太子妃後主卽位立爲皇后后性端靜寡嗜慾聰敏彊記涉獵經史工書翰初後主在東宮而后父君理卒后居憂處於別殿哀毀逾禮後主遇后既薄而張貴妃寵傾後宮後宮之政並歸之后澹然未嘗有所忌怨而居處儉約衣服無錦繡之飾左右近侍纔百許人唯尋閱圖史誦佛經爲事陳亡與後主俱入長安及後主薨后自爲哀辭文甚酸切隋煬帝每所巡幸恆令從駕及煬帝爲宇文化及所害后自廣陵過江還鄉里不知

所終后無子養孫姬子胤爲己子后宗族多有顯官事在君理傳后叔君公自
梁元帝敗後常在江陵禎明中與蕭瓛蕭巖率衆叛隋歸朝後主擢爲太子詹
事君公博學有才辯善談論後主深器之陳亡隋文帝以其叛己命斬于建康

後主張貴妃名麗華兵家女也家貧父兄以織席爲事後主爲太子以選入宮
是時龔貴嬪爲良娣貴妃年十歲爲之給使後主見而說焉因得幸遂有娠生
太子深後主卽位拜爲貴妃性聰惠甚被寵遇後主每引貴妃與賓客遊宴貴
妃薦諸宮女預焉後宮等咸德之競言貴妃之善由是愛傾後宮又好厭魅之
術假鬼道以惑後主置淫祀於宮中聚諸妖巫使之鼓舞因參訪外事人間有
一言一事妃必先知之以白後主由是益重妃內外宗族多被引用及隋軍陷
臺城妃與後主俱入于井隋軍出之晉王廣命斬貴妃牓於青溪中橋

史臣侍中鄭國公魏徵考覽記書參詳故老云後主初卽位以始興王叔陵之
亂被傷臥于承香閤下時諸姬並不得進唯張貴妃侍焉而柳太后猶居柏梁
殿卽皇后之正殿也後主沈皇后素無寵不得侍疾別居求賢殿至德二年乃

於光照殿前起臨春結綺望仙三閣閣高數丈並數十閒其窗牖壁帶懸楣欄
檻之類並以沉檀香木爲之又飾以金玉閒以珠翠外施珠簾內有寶牀寶帳
其服玩之屬瑰奇珍麗近古所未有每微風暫至香聞數里朝日初照光暎後
庭其下積石爲山引水爲池植以奇樹雜以花藥後主自居臨春閣張貴妃居
結綺閣龔孔二貴嬪居望仙閣並複道交相往來又有王李二美人張薛二淑
媛袁昭儀何婕妤江脩容等七人並有寵遞代以遊其上以宮人有文學者袁
大捨等爲女學士後主每引賓客對貴妃等遊宴則使諸貴人及女學士與狎
客共賦新詩互相贈答採其尤豔麗者以爲曲詞被以新聲選宮女有容色者
以千百數令習而謌之分部迭進持以相樂其曲有玉樹後庭花臨春樂等大
指所歸皆美張貴妃孔貴嬪之容色也其略曰璧月夜夜滿瓊樹朝朝新而張
貴妃髮長七尺鬒黑如漆其光可鑒特聰惠有神采進止閑暇容色端麗每瞻
視眄睞光采溢目照暎左右常於閣上靚糚臨于軒檻宮中遙望飄若神仙才
辯彊記善候人主顏色是時後主怠於政事百司啓奏並因宦者蔡脫兒李善

度進請後主置張貴妃於膝上共決之李蔡所不能記者貴妃並爲條疏無所遺脫由是益加寵異冠絶後庭而後宮之家不遵法度有挂於理者但求哀於貴妃貴妃則令李蔡先啓其事而後從容爲言之大臣有不從者亦因而譖之所言無不聽於是張孔之勢薰灼四方大臣執政亦從風而靡閹宦便佞之徒內外交結轉相引進賄賂公行賞罰無常綱紀瞀亂矣

史臣曰詩表關雎之德易著乾坤之基然夫婦之際人道之大倫也若夫作儷天則變贊王化則宣太后有其懿焉

陳書卷七

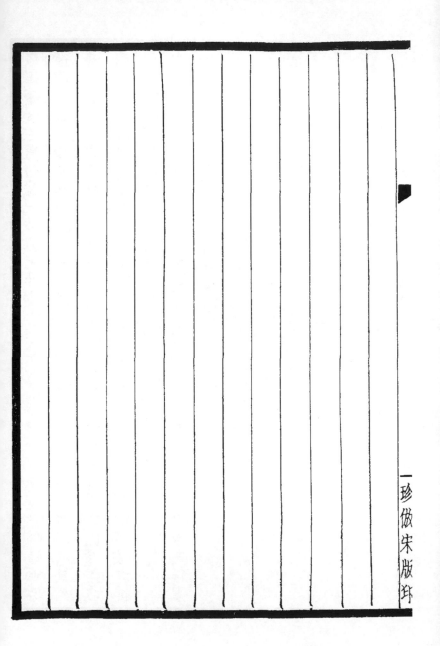

陳書卷七考證

高祖宣皇后章氏傳后母蘇○后監本誤後今改正

高祖先娶同郡錢仲方女○方一本作芳

後主沈皇后傳后自廣陵過江還鄉里不知所終○南史自廣陵過江於毗陵

天靜寺爲尼名觀音貞觀中卒與此小異

陳書卷七考證

陳書卷八

唐　散　騎　常　侍　姚　思　廉　撰

列傳第二

杜僧明　周文育 子寶安　侯安都

杜僧明字弘照廣陵臨澤人也形貌眇小而膽氣過人有勇力善騎射梁大同中盧安興爲廣州南江督護僧明與兄天合及周文育並爲安興所啓請與俱行頻征俚獠有功爲新州助防天合亦有材幹預在征伐安興死僧明復副其子子雄及交州土豪李賁反逐刺史蕭諮諮奔廣州臺遣子雄與高州刺史孫冏討賁時春草已生瘴癘方起子雄請待秋討之廣州刺史新渝侯蕭暎不聽蕭諮又促之子雄等不得已遂行至合浦死者十六七衆並憚役潰散禁之不可乃引其餘兵退還蕭諮啓子雄及冏與賊交通逗遛不進梁武帝勑於廣州賜死子雄弟子略子烈並雄豪任俠家屬在南江天合謀於衆曰盧公累代待遇我等亦甚厚矣今見枉而死不能爲報非丈夫也我弟僧明萬人之敵若圍

州城召百姓誰敢不從城破斬二侯祭孫盧然後待臺使至束手詣廷尉死猶
勝生縱其不捷亦無恨矣衆咸慷慨曰是願也唯足下命之乃與周文育等率
衆結盟奉子雄弟子略爲主以攻刺史蕭暎子略頓城南天合頓城北僧明文
育分據東西吏人並應之一日之中衆至數萬高祖時在高要聞事起率衆來
討大破之殺天合生擒僧明及文育等高祖並釋之引爲主帥高祖征交阯及
討元景仲僧明文育並有功侯景之亂俱隨高祖入援京師高祖於始興破蘭
裕僧明爲前鋒擒裕斬之又與蔡路養戰於南野僧明馬被傷高祖馳往救之
以所乘馬授僧明僧明乘馬與數十人復進衆皆披靡因而乘之大敗路養高
州刺史李遷仕又據大皐入灨石以逼高祖高祖遣周文育爲前軍與僧明擊
走之遷仕與寧都人劉孝尙併力將襲南康高祖又令僧明與文育等拒之相
持連戰百餘日卒擒遷仕送于高祖軍及高祖下南康留僧明頓西昌督安成
廬陵二郡軍事元帝承制授假節清野將軍新州刺史臨江縣子邑三百戶侯
景遣于慶等寇南江高祖頓豫章會僧明爲前驅所向克捷高祖表僧明爲長

史仍隨東討軍至蔡州僧明率麾下燒賊水門大艦及景平以功除員外散騎常侍明威將軍南兗州刺史進爵爲侯增邑幷前五百戶仍領晉陵太守承聖二年從高祖北圍廣陵加使持節遷通直散騎常侍平北將軍餘如故荆州陷高祖使僧明率吳明徹等隨侯瑱西援於江州病卒時年四十六贈散騎常侍諡曰威世祖即位追贈開府儀同三司天嘉二年配享高祖廟庭子晉嗣

周文育字景德義興陽羨人也少孤貧本居新安壽昌縣姓項氏名猛奴年十一能反覆游水中數里跳高五六尺與羣兒聚戲衆莫能及義興人周薈爲壽昌浦口戍主見而奇之因召與語文育對曰母老家貧兄姊並長大困於賦役薈哀之乃隨文育至家就其母請文育養爲己子母遂與之及薈秩滿與文育還都見於太子詹事周捨請製名字捨因爲立名文育字景德命兄子弘讓教之書計弘讓善隸書寫蔡邕勸學及古詩以遺文育文育不之省也謂弘讓曰誰能學此取富貴但有大槊耳弘讓壯之教之騎射文育大悅司州刺史陳慶之與薈同郡素相善啓薈爲前軍軍主慶之使薈將五百人往新蔡懸瓠慰勞

白水蠻蠻謀執奮以入魏事覺奮與文育拒之時賊徒甚盛一日之中戰數十合文育前鋒陷陣勇冠軍中奮於陣戰死文育馳取其尸賊不敢逼及夕各引去文育身被九創創愈辭請還葬慶之壯其節厚加贈遺而遣之葬訖會盧安興爲南江督護啓文育同行累征俚獠所在有功除南海令安興死後文育與杜僧明攻廣州爲高祖所敗高祖赦之語在僧明傳後監州王勱以文育爲長流令深被委任勱被代文育欲與勱俱下至大庾嶺詣卜者卜者曰君北下不過作令長南入則爲公侯文育曰足錢便可誰望公侯卜人又曰君須臾當暴得銀至二千兩若不見信以此爲驗其夕宿逆旅有賈人求與文育博文育勝之得銀二千兩旦日辭勱勱問其故文育以告勱乃遣之高祖在高要聞其還也大喜遣人迎之厚加賞賜分麾下配焉高祖之討侯景文育與杜僧明爲前軍克蘭裕援歐陽頠皆有功高祖破蔡路養於南野文育爲路養所圍四面數重矢石雨下所乘馬死文育右手搏戰左手解鞍潰圍而出因與杜僧明等相得并力復進遂大敗之高祖乃表文育爲府司馬李遷仕之據大皋遣其將杜

平虜入灨石魚梁作城高祖命文育擊之平虜棄城走文育據其城遷仕聞平虜敗留老弱於大臯悉選精兵自將以攻文育其鋒甚銳軍人憚之文育與戰遷仕稍却相持未解會高祖遣杜僧明來援別破遷仕水軍遷仕衆潰不敢過大臯直走新淦梁元帝授文育假節雄信將軍義州刺史遷仕又與劉孝尚謀拒義軍高祖遣文育與侯安都杜僧明徐度杜稜築城於白口拒之文育頻出與戰遂擒遷仕高祖發自南康遣文育將兵五千開通江路侯景將王伯醜據豫章文育擊走之遂據其城累前後功除游騎將軍員外散騎常侍封東遷縣侯邑五百戶高祖軍至白茅灣命文育與杜僧明常爲軍鋒平南陵鵲頭諸城及至姑熟與景將侯子鑒戰破之景平授通直散騎常侍改封南移縣侯邑一千戶拜信義太守累遷南丹陽蘭陵晉陵太守智武將軍散騎常侍高祖誅王僧辯命文育督衆軍會世祖於吳興圍杜龕克之又濟江襲會稽太守張彪得其郡城及世祖爲彪所襲文育時頓城北香巖寺世祖夜往趨之因共立柵頃之彪又來攻文育悉力苦戰彪不能克遂破平彪高祖以侯瑱擁據溫州命文

育討之仍除都督南豫州諸軍事武威將軍南豫州刺史率兵襲溢城未克徐嗣徽引齊寇渡江據蕪湖詔徵文育還京嗣徽等列艦於青墩至于七磯以斷文育歸路及夕文育鼓噪而發嗣徽等不能制至旦反攻嗣徽嗣徽驍將鮑砰獨以小艦殿軍文育乘單舴艋與戰跳入艦斬砰仍牽其艦而還賊衆大駭因留船蕪湖自丹陽步上時高祖拒嗣徽於白城適與文育大會將戰風急高祖曰兵不逆風文育曰事急矣當決之何用古法抽槊上馬而進衆軍從之風亦尋轉殺傷數百人嗣徽等移營莫府山文育徙頓對之頻戰功最加平西將軍進爵壽昌縣公并給鼓吹一部廣州刺史蕭勃舉兵踰嶺詔文育督衆軍討之時新吳洞主余孝頃舉兵應勃遣其弟孝勱守郡城自出豫章據于石頭勃使其子孜將兵與孝頃相會又遣其別將歐陽頠頓軍苦竹灘傅泰據墌口城以拒官軍官軍船少孝頃有舴艋三百艘艦百餘乘在上牢文育遣軍主焦僧度羊柬潛軍襲之悉取而歸仍於豫章立柵時官軍食盡並欲退還文育不許乃使人閒行遺周迪書約爲兄弟并陳利害迪得書甚喜許饋糧餉於是文育分

遣老小乘故船舫沿流俱下燒豫章郡所立柵僞退孝頃望之大喜因不設備文育由間道兼行信宿達芊韶芊韶上流則歐陽頠蕭勃下流則傅泰余孝頃文育據其中間築城饗士賊徒大駭歐陽頠乃退入泥溪作城自守文育遣嚴威將軍周鐵虎與長史陸山才襲頠擒之於是盛陳兵甲與頠乘舟而讌以巡傅泰城下因而攻泰克之蕭勃在南康聞之衆皆股慄莫能自固其將譚世遠斬勃欲降爲人所害世遠軍主夏侯明徹持勃首以降蕭孜余孝頃猶據石頭高祖遣侯安都助文育攻之孜降文育孝頃退走新吳廣州平文育還頓豫章以功授鎮南將軍開府儀同三司都督江廣衡交等州諸軍事江州刺史王琳擁據上流詔命侯安都爲西道都督文育爲南道都督同會武昌與王琳戰於沌口爲琳所執後得逃歸語在安都傳尋授使持節散騎常侍鎮南將軍開府儀同三司壽昌縣公給鼓吹一部及周迪破余孝頃孝頃子公颺弟孝勱猶據舊柵扇動南土高祖復遣文育及周迪黃法𣰰等討之豫章內史熊曇朗亦率軍來會衆且萬人文育遣吳明徹爲水軍配周迪運糧自率衆軍入象牙江城

於金口公賜領五百人僞降謀執文育事覺文育因之送于京師以其部曲分隸衆軍乃捨舟爲步軍進據三陂王琳遣將曹慶帥兵二千人以救孝勱慶分遣主帥常衆愛與文育相拒自帥所領徑攻周迪吳明徹軍迪等敗績文育退據金口熊曇朗因其失利謀害文育以應衆愛文育監軍孫白象頗知其事勸令先之文育曰不可我舊兵少客軍多若取曇朗人人驚懼亡立至矣不如推心以撫之初周迪之敗也棄船走莫知所在及得迪書文育喜齎示曇朗曇朗害之於座時年五十一高祖聞之即日舉哀贈侍中司空謚曰忠愍初文育之據三陂有流星墜地其聲如雷地陷方一丈中有碎炭數斗又軍市中忽聞小兒啼一市並驚聽之在土下軍人掘得棺長三尺文育惡之俄而迪敗文育見殺天嘉二年有詔配享高祖廟廷子寶安嗣文育本族兄景曜因文育官至新安太守

寶安字安民年十餘歲便習騎射以貴公子驕蹇遊逸好狗馬樂馳騁靡衣媮食文育之爲晉陵以征討不遑之郡令寶安監知郡事尤聚惡少年高祖患之

及文育西征敗績縶於王琳寶安便折節讀書與士君子遊綏御文育士卒甚有威惠除員外散騎侍郎文育歸復除貞威將軍吳興太守文育爲熊曇朗所害徵寶安還起爲猛烈將軍領其舊兵仍令南討世祖卽位深器重之寄以心膂精卒利兵多配焉及平王琳頗有功周迪之破熊曇朗寶安南入窮其餘燼天嘉二年重除雄信將軍吳興太守襲封壽昌縣公三年征留異爲侯安都前軍異平除給事黃門侍郎衞尉卿四年授持節都督南徐州諸軍事貞毅將軍南徐州刺史徵爲左衞將軍加信武將軍尋以本官領衞尉卿又進號仁威將軍天康元年卒時年二十九贈侍中左衞將軍諡曰成子⿱㓞口嗣寶安卒後⿱㓞口亦爲偏將征歐陽紇平定淮南並有功封江安縣伯邑四百戶歷晉陵定遠二郡太守太建九年卒時年二十四贈電威將軍

侯安都字成師始興曲江人也世爲郡著姓父文捍少仕州郡以忠謹稱安都貴後官至光祿大夫始興內史秩中二千石安都工隸書能鼓琴涉獵書傳爲五言詩亦頗清靡兼善騎射爲邑里雄豪梁始興內史蕭子範辟爲主簿侯景

之亂招集兵甲至三千人高祖入援京邑安都引兵從高祖攻蔡路養破李遷仕克平侯景並力戰有功元帝授猛烈將軍通直散騎常侍富川縣子邑三百戶隨高祖鎮京口除蘭陵太守高祖謀襲王僧辯諸將莫有知者唯與安都定計仍使安都率水軍自京口趨石頭高祖自率馬步從江乘羅落會之安都至石頭北棄舟登岸僧辯弗之覺也石頭城北接崗阜雉堞不甚危峻安都被甲帶長刀軍人捧之投於女垣內衆隨而入進逼僧辯臥室高祖大軍亦至與僧辯戰于聽事前安都自內閤出腹背擊之遂擒僧辯紹泰元年以功授使持節散騎常侍都督南徐州諸軍事仁威將軍南徐州刺史高祖東討杜龕安都留臺居守徐嗣徽任約等引齊寇入據石頭游騎至于闕下安都閉門偃旗幟示之以弱令城中曰登陴看賊者斬及夕賊收軍還石頭安都夜令士卒密營禦敵之具將旦賊騎又至安都率甲士三百人開東西掖門與戰大敗之賊乃退還石頭不敢復逼臺城及高祖至以安都爲水軍於中流斷賊糧運又襲秦郡破嗣徽柵收其家口幷馬驢輜重得嗣徽所彈琵琶及所養鷹遣信餉之曰昨

至弟住處得此今以相還嗣徽等見之大懼尋而請和高祖聽其還北及嗣徽等濟江齊之餘軍猶據采石守備甚嚴又遣安都攻之多所俘獲明年春詔安都率兵鎮梁山以備齊徐嗣徽等復入丹陽至湖熟高祖追安都還率馬步拒之於高橋又戰於耕壇南安都率十二騎突其陣破之生擒齊儀同乞伏無勞又刺齊將東方老墮馬會賊騎至救老獲免賊北渡蔣山安都又與齊將王敬寶戰於龍尾使從弟曉軍主張纂前犯其陣曉被槍墜馬張纂死之安都馳往救曉斬其騎士十一人因取纂尸而還齊軍不敢逼高祖與齊軍戰於莫府山命安都領步騎千餘人自白下橫擊其後齊軍大敗安都又率所部追至攝山俘獲首虜不可勝計以功進爵爲侯增邑五百戶給鼓吹一部又進號平南將軍改封西江縣公仍都督水軍出豫章助豫州刺史周文育討蕭勃安都未至文育已斬勃并擒其將歐陽頠傅泰等唯余孝頃與勃子孜猶據豫章之石頭作兩城孝頃與孜各據其一又多設船艦夾水而陣安都至乃銜枚夜燒其艦文育率水軍安都領步騎登岸結陣孝頃俄斷後路安都乃令軍士多伐松木

豎柵列營漸進頻戰屢克孜乃降孝頃奔歸新吳請入子爲質許之師還以功進號鎮北將軍加開府儀同三司仍率衆會於武昌與周文育西討王琳將發王公已下餞於新林安都躍馬渡橋人馬俱墮水中又坐䑿內墜於櫓井時以爲不祥至武昌琳將樊猛棄城走文育亦自豫章至時兩將俱行不相統攝因部下交爭稍不平軍至郢州琳將潘純陁於城中遙射官軍安都怒進軍圍之未能克而王琳至于弇口安都乃釋郢州悉衆往沌口以禦之遇風不得進琳據東岸官軍據西岸相持數日乃合戰安都等敗績安都與周文育徐敬成並爲琳所囚琳總以一長鎖繫之置于䑿下令所親宦者王子晉掌視之琳下至湓城白水浦安都等甘言許厚賂子晉子晉乃僞以小船依䑿而釣夜載安都文育敬成上岸入深草中步投官軍還都自劾詔並赦之復其官爵尋爲丹陽尹出爲都督南豫州諸軍事鎮西將軍南豫州刺史令繼周文育攻余孝勱及王琳將曹慶常衆愛等安都自宮亭湖出松門躡衆愛後文育爲熊曇朗所害安都回取大艦值琳將周炅周協南歸與戰破之生擒炅協孝勱弟孝猷率部

下四千家欲就王琳遇炅協敗乃詣安都降安都又進軍於禽奇洲破曹慶常衆愛等焚其船艦衆愛奔于廬山爲村人所殺餘衆悉平還軍至南皖而高祖崩安都隨世祖還朝仍與羣臣定議翼奉世祖時世祖謙讓弗敢當太后又以衡陽王故未肯下令羣臣猶豫不能決安都曰今四方未定何暇及遠臨川王有功天下須共立之今日之事後應者斬便按劍上殿白太后出璽又手解世祖髮推就喪次世祖卽位遷司空仍爲都督南徐州諸軍事征北將軍南徐州刺史給扶王琳下至柵口大軍出頓蕪湖時侯瑱爲大都督而指麾經略多出安都天嘉元年增邑千戶及王琳敗走入齊安都進軍湓城討琳餘黨所向皆下仍別奉中旨迎衡陽獻王昌初昌之將入也致書於世祖辭甚不遜世祖不懌乃召安都從容而言曰太子將至須別求一蕃吾其老焉安都對曰自古豈有被代天子臣愚不敢奉詔因請自迎昌昌濟漢而薨以功進爵清遠郡公邑四千戶自是威名甚重羣臣無出其右安都父文捍爲始興內史卒於官世祖徵安都還京師爲發喪尋起復本官贈其父散騎常侍金紫光祿大夫拜其母

爲清遠國太夫人仍迎還都母固求停鄉里上乃下詔改桂陽之汝城縣爲廬陽郡分衡州之始興安遠二郡合三郡爲東衡州以安都從弟曉爲刺史安都第三子秘年九歲上以爲始興內史並令在鄉侍養其年改封安都桂陽郡公王琳敗後周兵入據巴湘安都奉詔西討及留異擁據東陽又奉詔東討異本謂臺軍由錢塘江而上安都乃步由會稽之諸暨出于永康異大恐奔桃枝嶺處嶺谷閒於巖口豎柵以拒王師安都作連城收異躬自接戰爲流矢所中血流至踝安都乘輿麾軍容止不變因其山壠之勢迮而爲堰天嘉三年夏潦水漲滿安都引船入堰起樓艦與異城等放拍碎其樓雉異與第二子忠臣脫身奔晉安安都虜其妻子盡收其人馬甲仗振旅而歸以功加侍中征北大將軍增邑并前五千戶仍還本鎮其年吏民詣闕表請立碑頌美安都功績詔許之自王琳平後安都勳庸轉大又自以功安社稷漸用驕矜數招聚文武之士或射馭馳騁或命以詩賦第其高下以差次賞賜之文士則褚介馬樞陰鏗張正見徐伯陽劉刪祖孫登武士則蕭摩訶裴子烈等並爲之賓客齋內動至千人

部下將帥多不遵法度檢問收攝則奔歸安都世祖性嚴察深銜之安都弗之改日益驕橫每有表啓封訖有事未盡乃開封自書之云又啓某事及侍讌酒酣或箕踞傾倚嘗陪樂遊禊飲乃白帝曰何如作臨川王時帝不應安都再三言之帝曰此雖天命抑亦明公之力宴訖又啓便借供帳水飾將載妻妾於御堂歡會世祖雖許其請甚不懌明日安都坐於御坐賓客居羣臣位稱觴上壽初重雲殿災安都率將士帶甲入殿帝甚惡之自是陰爲之備又周迪之反朝望當使安都討之帝乃使吳明徹討迪又頻遣臺使案問安都部下檢括亡叛安都內不自安三年冬遣其別駕周弘實自託於舍人蔡景歷并問省中事景歷錄其狀具奏之希旨稱安都謀反世祖慮其不受制明年春乃除安都爲都督江吳二州諸軍事征南大將軍江州刺史自京口還都部伍入于石頭世祖引安都讌於嘉德殿又集其部下將帥會于尚書朝堂於坐收安都囚于嘉德西省又收其將帥盡奪馬仗而釋之因出舍人蔡景歷表以示於朝乃詔曰昔漢厚功臣韓彭肇亂晉倚蕃牧敦約稱兵託六尺於龐萌野心竊發寄股肱於

霍禹凶謀潛構追惟往代挻逆一揆永言自古患難同規侯安都素乏遙圖本慚令德幸屬興運預奉經綸拔跡行閒假之毛羽推於偏帥委以馳逐位極三槐任居四嶽名器隆赫禮數莫儔而志唯矜己氣在陵上招聚逋逃窮極輕狡無賴無行不畏不恭受賑專征剽掠一逞推轂所鎮裒斂無厭寄以徐蕃接鄰齊境貿遷禁貨鬻賣居民椎埋發掘毒流泉壤睚眦僵尸罔顧彝憲朕以爰初締構頗著功績飛驂代邸預定嘉謀所以淹抑有司每懷遵養杜絕百辟日望自新款襟期於話言推丹赤於造次策馬甲第羽林息警置酒高堂陛戟無衞何嘗內隱片嫌去柏人而勿宿外協猜防入成皋而不留而勃戾不悛驕暴滋甚招誘文武密懷異圖去年十二月十一日獲中書舍人蔡景歷啓稱侯安都去月十日遣別駕周弘實來景歷私省宿訪問禁中具陳反計朕猶加隱忍待之如初爰自北門遷授南服受命經停姦謀益露今者欲因初鎮將行不軌此而可忍孰不可容賴社稷之靈近侍誠慤醜情彰暴逆節顯聞外可詳案舊典速正刑書止在同謀餘無所問明日於西省賜死時年四十四尋有詔宥其妻

子家口葬以士禮喪事所須務加資給初高祖在京城嘗與諸將讌杜僧明周文育侯安都爲壽各稱功伐高祖曰卿等悉良將也而並有所短杜公志大而識闇狎於下而驕於尊矜其功不收其拙周侯交不擇人而推心過差居危履險猜防不設侯郎傲誕而無厭輕佻而肆志並非全身之道卒皆如其言安都長子敦年十二爲員外散騎侍郎天嘉二年墮馬卒追謚桂陽國愍世子太建三年高宗追封安都爲陳集縣侯邑五百戶子亶爲嗣安都從弟曉累從安都征討有功官至員外散騎常侍明威將軍東衡州刺史懷化縣侯邑五百戶天嘉三年卒年四十一

史臣曰杜僧明周文育並樹功業成於興運頗牧韓彭足可連類矣侯安都情異向時權踰曩日因之以侵暴加之以縱誕苟曰非夫逆亂奚用免於亡滅昔漢高醢之爲賜宋武拉於坐右良有以而然也

陳書卷八

陳書卷八考證

周文育傳傅泰據墌口城○墌南史作墟

侯安都傳父文捍○南史無文字

生擒齊儀同乞伏無勞○勞南史作芳

又手解世祖髮○又南史作乂

安都作連城收異○收字各本同　臣人龍按上文謂留異豎柵拒王師則此收字殆攻字之訛也

文士則褚介馬樞陰鏗張正見徐伯陽劉刪祖孫登○南史介作玠刪作珊

陳書卷八考證

陳書卷九

唐　散騎常侍姚思廉撰

列傳第三

侯瑱　歐陽頠子紇　吳明徹裴子烈

侯瑱字伯玉巴西充國人也父弘遠世爲西蜀酋豪蜀賊張文萼據白崖山有衆萬人梁益州刺史鄱陽王蕭範命弘遠討之弘遠戰死瑱固請復讎每戰必先鋒陷陣遂斬文萼由是知名因事範範委以將帥之任山谷夷獠不賓附者並遣瑱征之累功授輕車府中兵參軍晉康太守範爲雍州刺史瑱除超武將軍馮翊太守範遷鎮合肥瑱又隨之侯景圍臺城範乃遣瑱輔其世子嗣入援京邑京城陷瑱與嗣退還合肥仍隨範徙鎮湓城俄而範及嗣皆卒瑱領其衆依于豫章太守莊鐵鐵疑之瑱懼不自安詐引鐵謀事因而刃之據有豫章之地侯景將于慶南略地至豫章城邑皆下瑱窮蹙乃降於慶慶送瑱於景景以瑱與己同姓託爲宗族待之甚厚留其妻子及弟爲質遣瑱隨慶平定蠡南諸

郡及景敗於巴陵景將宋子仙任約等並爲西軍所獲瑱乃誅景黨與以應義軍景亦盡誅其弟及妻子梁元帝授瑱武臣將軍南兗州刺史郫縣侯邑一千戸仍隨都督王僧辯討景恆爲前鋒每戰却敵既復臺城景奔吳郡僧辯使瑱率兵追之與景戰於吳松江大敗景盡獲其軍實進兵錢塘景將謝答仁呂子榮等皆降以功除南豫州刺史鎭于姑熟承聖二年齊遣郭元建出自濡須僧辯遣瑱領甲士三千築壘於東關以扞之大敗元建除使持節鎭北將軍給鼓吹一部增邑二千戸西魏來寇荆州王僧辯以瑱爲前軍赴援未至而荆州陷瑱之九江因衞晉安王還都承制以瑱爲侍中使持節都督江晉吳齊四州諸軍事江州刺史改封康樂縣公邑五千戸進號車騎將軍司徒陸法和據郢州引齊兵來寇乃使瑱都督衆軍西討未至法和率其部北度入齊齊遣慕容恃德鎭于夏首瑱控引西還水陸攻之恃德食盡請和瑱還鎭豫章僧辯使其弟僧愔率兵與瑱共討蕭勃及高祖誅僧辯僧愔陰欲圖瑱而奪其軍瑱知之盡收僧愔徒黨僧愔奔齊紹泰二年以本號加開府儀同三司餘並如故是時瑱

據中流兵甚彊盛又以本事王僧辯雖外示臣節未有入朝意初余孝頃爲豫
章太守及頊鎮豫章乃於新吳縣別立城柵與頊相拒頊留軍人妻子於豫章
令從弟齋知後事悉衆以攻孝頃自夏及冬弗能克乃長圍守之盡收其禾稼
齋與其部下侯方兒不協方兒怒率所部攻齋虜掠頊軍府妓妾金玉歸于高
祖頊既失根本兵衆皆潰輕歸豫章豫章人拒之乃趨湓城投其將焦僧度僧
度勸頊投齊頊以高祖有大量必能容己乃詣闕請罪高祖復其爵位永定元
年授侍中車騎將軍二年進位司空王琳至於沌口周文育侯安都並沒乃以
頊爲都督西討諸軍事頊至于梁山世祖卽位進授太尉增邑千戸王琳至于
柵口又以頊爲都督侯安都等並隸焉頊與琳相持百餘日未決天嘉元年二
月東關春水稍長舟艦得通琳引合肥巢湖之衆舳艫相次而下其勢甚盛頊
率軍進獸檻洲琳亦出船列于江西隔洲而泊明日合戰琳軍少却退保西岸
及夕東北風大起吹其舟艦舟艦盆壞沒于沙中溺死者數十百人浪大不得
還浦夜中又有流星墜于賊營及旦風靜琳入浦治船以荻船塞于浦口又以

鹿角繞岸不敢復出是時西魏遣大將軍史寧躡其上流瑱聞之知琳不能持
久收軍卻據湖浦以待其斂及史寧至圍郢州琳恐衆潰乃率船艦來下去蕪
湖十里而泊擊柝聞於軍中明日齊人遣兵數萬助琳琳引衆向梁山欲越官
軍以屯險要齊儀同劉伯球率兵萬餘人助琳水戰行臺慕容恃德子子會領
鐵騎二千在蕪湖西岸博望山南爲其聲勢瑱令軍中晨炊蓐食分搥盪頓蕪
湖洲尾以待之將戰有微風至自東南衆軍施拍縱火定州刺史章昭達乘平
虜大艦中江而進發拍中于賊艦其餘冒突青龍各相當值又以牛皮冒蒙衝
小船以觸賊艦并鎔鐵灑之琳軍大敗其步兵在西岸者自相蹂踐馬騎並淖
于蘆荻中棄馬脫走以免者十二三盡獲其舟艦器械并禽齊將劉伯球慕容
子會自餘俘馘以萬計琳與其黨潘純陁等乘單舴艋冒陣走至湓城猶欲收
合離散衆無附者及與妻妾左右十餘人入齊其年詔以瑱爲都督湘巴郢江
吳等五州諸軍事鎮湓城周將賀若敦獨孤盛等寇巴湘又以瑱爲西討都督
與盛戰於西江口大敗盛軍虜其人馬器械不可勝數以功授使持節都督湘

桂郢巴武沅六州諸軍事湘州刺史改封零陵郡公邑七千戶餘如故二年以
疾表求還朝三月於道薨時年五十二贈侍中驃騎大將軍大司馬加羽葆鼓
吹班劍二十人給東園祕器諡曰壯肅其年九月配享高祖廟庭子淨藏嗣淨
藏尙世祖第二女富陽公主以公主除員外散騎侍郎太建三年卒贈司徒主
簿淨藏無子弟就襲封
歐陽頠字靖世長沙臨湘人也爲郡豪族祖景達梁代爲本州治中父僧寶屯
騎校尉頠少質直有思理以言行篤信著聞於嶺表父喪毀瘠甚至家產累積
悉讓諸兄州郡頻辟不應乃廬於麓山寺傍專精習業博通經史年三十其兄
逼令從宦起家信武府中兵參軍遷平西邵陵王中兵參軍事梁左衞將軍蘭
欽之少也與頠相善故頠常隨欽征討欽爲衡州仍除清遠太守欽南征夷獠
擒陳文徹所獲不可勝計獻大銅鼓累代所無頠預其功還爲直閤將軍仍除
天門太守伐蠻左有功刺史廬陵王蕭續深嘉之引爲賓客欽征交州復啓頠
同行欽度嶺以疾終頠除臨賀內史啓乞送欽喪還都然後之任時湘衡之界

五十餘洞不賓敕命衡州刺史韋粲討之粲委頠爲都督悉皆平殄粲啓梁武稱頠誠幹降詔褒賞仍加超武將軍征討廣衡二州山賊侯景構逆粲自解還都征景以頠監衡州京城陷後嶺南互相吞併蘭欽弟前高州刺史裕攻始興內史蕭紹基奪其郡裕以兄欽與頠有舊遣招之頠不從乃謂使云高州昆季隆顯莫非國恩今應赴難援都豈可自爲跋扈及高祖入援京邑將至始興頠乃深自結託裕遣兵攻頠高祖援之裕敗高祖以王懷明爲衡州刺史遷頠爲始興內史高祖之討蔡路養李遷仕也頠率兵度嶺以助高祖及路養等平頠有功梁元帝承制以始興郡爲東衡州以頠爲持節通直散騎常侍都督東衡州諸軍事雲麾將軍東衡州刺史新豐縣伯邑四百戶侯景平元帝遍問朝宰今天下始定極須良才卿各舉所知羣臣未有對者帝曰吾已得一人侍中王褒進曰未審爲誰帝云歐陽頠公正有匡濟之才恐蕭廣州不肯致之乃授武州刺史尋授郢州刺史欲令出嶺蕭勃留之不獲拜命尋授使持節散騎常侍都督衡州諸軍事忠武將軍衡州刺史進封始興縣侯時蕭勃在廣州兵彊位

重元帝深患之遣王琳代爲刺史琳已至小桂嶺勃遣其將孫瑒監州盡率部
下至始興避琳兵鋒頠別據一城不往謁勃閉門高壘亦不拒戰勃怒遣兵襲
頠盡收其貲財馬仗尋赦之還復其所復與結盟荊州陷頠委質於勃及勃度
嶺出南康以頠爲前軍都督頓豫章之苦竹灘周文育擊破之擒送于高祖高
祖釋之深加接待蕭勃死後嶺南擾亂頠有聲南土且與高祖有舊乃授頠使
持節通直散騎常侍都督衡州諸軍事安南將軍衡州刺史始興縣侯未至嶺
南頠子紇已克定始興及頠至嶺南皆懾伏乃進廣州盡有越地改授都督廣
交越成定明新高合羅愛建德宜黃利安石雙十九州諸軍事鎮南將軍平越
中郎將廣州刺史持節常侍侯並如故王琳據有中流頠自海道及東嶺奉使
不絕永定三年進授散騎常侍增都督衡州諸軍事即本號開府儀同三司世
祖嗣位進號征南將軍改封陽山郡公邑一千五百戶又給鼓吹一部初交州
刺史袁曇緩密以金五百兩寄頠令以百兩還合浦太守龔翥四百兩付兒智
矩餘人弗之知也頠尋爲蕭勃所破貲財並盡唯所寄金獨在曇緩亦尋卒至

是顗並依信還之時人莫不嘆服其重然諾如此時顗弟緎爲交州刺史次弟
邃爲衡州刺史合門顯貴名振南土又多致銅鼓生口獻奉珍異前後委積頗
有助於軍國焉顗以天嘉四年薨時年六十六贈侍中車騎大將軍司空廣州
刺史謚曰穆子紇嗣
紇字奉聖頗有幹略天嘉中除黃門侍郎員外散騎常侍累遷安遠將軍衡州
刺史襲封陽山郡公都督交廣等十九州諸軍事廣州刺史在州十餘年威惠
著於百越進號輕車將軍光大中上流蕃鎮並多懷貳高宗以紇久在南服頗
疑之太建元年下詔徵紇爲左衞將軍紇懼未欲就徵其部下多勸之反遂舉
兵攻衡州刺史錢道戢道戢告變乃遣儀同章昭達討紇屢戰兵敗執送京師
伏誅時年三十三家口籍沒子詢以年幼免
吳明徹字通昭秦郡人也祖景安齊南譙太守父樹梁右軍將軍明徹幼孤性
至孝年十四感墳塋未備家貧無以取給乃勤力耕種時天下亢旱苗稼焦枯
明徹哀憤每之田中號泣仰天自訴居數日有自田還者云苗已更生明徹疑

之謂爲給己及往田所竟如其言秋而大穫足充葬用時有伊氏者善占墓謂其兄曰君葬之日必有乘白馬逐鹿者來經墳所此是最小孝子大貴之徵至時果有此應明徹卽樹之最小子也起家梁東宮直後及侯景寇京師天下大亂明徹有粟麥三千餘斛而鄰里飢餒乃白諸兄曰當今草竊人不圖久奈何有此而不與鄉家共之於是計口平分同其豐儉羣盜聞而避焉賴以存者甚衆及高祖鎭京口深相要結明徹乃詣高祖高祖爲之降階執手卽席與論當世之務明徹亦微涉書史經傳就汝南周弘正學天文孤虛遁甲略通其妙頗以英雄自許高祖深奇之承聖三年授戎昭將軍安州刺史紹泰初隨周文育討杜龕張彪等東道平授使持節散騎常侍安東將軍南兗州刺史封安吳縣侯高祖受禪拜安南將軍仍與侯安都周文育將兵討王琳及衆軍敗沒明徹自拔還京世祖卽位詔以本官加右衞將軍王琳敗授都督武沅二州諸軍事安西將軍武州刺史餘並如故周遣大將軍賀若敦率馬步萬餘人奄至武陵明徹衆寡不敵引軍巴陵仍破周別軍於雙林天嘉三年授安西將軍及周迪

反臨川詔以明徹爲安南將軍江州刺史領豫章太守總督衆軍以討迪明徹雅性剛直統內不甚和世祖聞之遣安成王頊慰曉明徹令以本號還朝尋授鎮前將軍五年遷鎮東將軍吳興太守及引辭之郡世祖謂明徹曰吳興雖郡帝鄉之重故以相授君其勉之及世祖弗豫徵拜中領軍廢帝卽位授領軍將軍尋遷丹陽尹仍詔明徹以甲仗四十人出入殿省到仲舉之矯令出高宗也毛喜知其謀高宗疑懼遣喜與明徹籌焉明徹謂喜曰嗣君諒闇萬機多闕外鄰彊敵內有大喪殿下親實周邵德冠伊霍社稷至重願留中深計慎勿致疑及湘州刺史華皎陰有異志詔授明徹使持節散騎常侍都督湘桂武三州諸軍事安南將軍湘州刺史給鼓吹一部仍與征南大將軍淳于量等率兵討皎皎平授開府儀同三司進爵爲公太建元年授鎮南將軍四年徵爲侍中鎮前將軍餘並如故會朝議北伐公卿互有異同明徹決策請行五年詔加侍中都督征討諸軍事仍賜女樂一部明徹總統衆軍十餘萬發自京師緣江城鎮相續降款軍至秦郡克其水柵齊遣大將尉破胡將兵爲援明徹破走之斬獲不

可勝計秦郡乃降高宗以秦郡明徹舊邑詔具太牢令拜祠上冢文武羽儀甚
盛鄉里以爲榮進克仁州授征北大將軍進爵南平郡公增邑幷前二千五百
戶次平峽石岸二城進逼壽陽齊遣王琳將兵拒守琳至與刺史王貴顯保其
外郭明徹以琳初入衆心未附乘夜攻之中宵而潰齊兵退據相國城及金城
明徹令軍中益脩治攻具又迮肥水以灌城城中苦溼多腹疾手足皆腫死者
十六七會齊遣大將軍皮景和率兵數十萬來援去壽春三十里頓軍不進諸
將咸曰堅城未拔大援在近不審明公計將安出明徹曰兵貴在速而彼結營
不進自挫其鋒吾知其不敢戰明矣於是躬擐甲冑四面疾攻城中震恐一鼓
而克生禽王琳王貴顯扶風王可朱渾孝裕尙書盧潛左丞李騊駼送京師景
和惶懼遁走盡收其駝馬輜重琳之獲也其舊部曲多在軍中琳素得士卒心
見者皆歔欷不能仰視明徹慮其有變遣左右追殺琳傳其首詔曰壽春者古
之都會襟帶淮汝控引河洛得之者安是稱要害侍中使持節都督征討諸軍
事征北大將軍開府儀同三司南平郡開國公明徹雄圖克舉宏略蓋世在昔

屯夷締構皇業乃掩衡岳用清氛沴實呑雲夢即敘上游今茲蕩定恢我王略
風行電掃貔虎爭馳月陣雲梯金湯奪險威陵殊俗惠漸邊坻惟功與能元戎
是屬崇麾廣賦茂典恆宜可都督豫合建光朔北徐六州諸軍事車騎大將軍
豫州刺史增封幷前三千五百戶餘如故詔遣謁者蕭淳風就壽陽冊明徹於
城南設壇士卒二十萬陳旗鼓戈甲明徹登壇拜受成禮而退將卒莫不踴躍
焉初秦郡屬南兗州後隸譙州至是詔以譙之秦盱眙神農三郡還屬南兗州
以明徹故也六年自壽陽入朝輿駕幸其第賜鍾磬一部米一萬斛絹布二千
匹七年進攻彭城軍至呂梁齊遣援兵前後至者數萬明徹又大破之八年進
位司空餘如故又詔曰昔者軍事建旌交鋒作鼓頃日訛替多乖舊章至於行
陣不相甄別今可給司空大都督鈇鉞龍麾其次將各有差尋授都督南北兗
南北青譙五州諸軍事南兗州刺史會周氏滅齊高宗將事徐兗九年詔明徹
進軍北伐令其世子戎昭將軍員外驃騎侍郎惠覺攝行州事明徹軍至呂梁
周徐州總管梁士彥率衆拒戰明徹頻破之因退兵守城不復敢出明徹仍迮

清水以灌其城環列舟艦於城下攻之甚急周遣上大將軍王軌將兵救之軌輕行自清水入淮口橫流豎木以鐵鎖貫車輪遏斷船路諸將聞之甚惶恐議欲破堰拔軍以舫載馬馬主裴子烈議曰若決堰下船船必傾倒豈可得乎不如前遣馬出於事爲允適會明徹苦背疾甚篤知事不濟遂從之乃遣蕭摩訶帥馬軍數千前還明徹仍自決其堰乘水勢以退軍冀其獲濟及至清口水勢漸微舟艦並不得渡衆軍皆潰明徹窮蹙乃就執尋以憂憤遘疾卒於長安時年六十七至德元年詔曰李陵矢竭不免請降于禁水漲猶且生獲固知用兵上術世罕其人故侍中司空南平郡公明徹爰初躡足迄屆元戎百戰百勝之奇決機決死之勇斯亦侔於古焉及拓定淮肥長驅彭汴覆勍寇如舉毛掃銳師同沃雪風威慴於異俗功効著於同文方欲息駕陰山解鞍瀚海旣而師出已老數亦終奇不就結纓之功無辭入褚之屈望封崤之爲易冀平翟之非難雖志在屈伸而奄中霜露埋恨絶域甚可嗟傷斯事已往累逢肆赦凡厥罪戾皆蒙洒濯獨此孤魂未霑寬惠遂使爵土湮没饗醊無主棄瑕錄用宜在茲辰

可追封邵陵縣開國侯食邑一千戶以其息惠覺爲嗣惠覺歷黄門侍郎以平章大寶功授豐州刺史明徹兄子超字逸世少倜儻以幹略知名隨明徹征伐有戰功官至忠毅將軍散騎常侍桂州刺史封汝南縣侯邑一千戶卒贈廣州刺史謚曰節

裴子烈字大士河東聞喜人梁員外散騎常侍猗之子子烈少孤有志氣遇梁末喪亂因習武藝以驍勇聞頻從明徹征討所向必先登陷陳官至電威將軍北譙太守岳陽內史海安縣伯邑五伯戶至德四年卒

史臣曰高祖撥亂創基光啓天歷侯瑱歐陽頠並歸身有道位貴鼎司美矣吳明徹居將帥之任初有軍功及呂梁敗績爲失算也斯以勇非韓白識異孫吳遂使蹙境喪師金陵虛弱禎明淪覆蓋由其漸焉

陳書卷九

陳書卷九考證

侯瑱傳瑱令軍中晨炊蓐食分搥湓頓蕪湖洲尾以待之○南史無分搥湓三字

及與妻妾左右十餘人入齊○上文謂王琳走至湓城衆無附者故遂入齊此及字係乃字之訛也

歐陽頠傳獻大銅鼓○南史作大獻銅鼓

吳明徹傳又迮肥水以灌城○迮南史作遏

詔遣謁者蕭淳風就壽陽冊明徹○高史淳字下無風字冊字主有授字

裴子烈傳梁員外散騎常侍猗之子○猗一本作琦

陳書卷九考證

唐　散騎常侍姚思廉撰

列傳第四

周鐵虎　程靈洗 子文季

周鐵虎不知何許人也梁世南渡語音傖重膂力過人便馬槊事梁河東王蕭譽以勇敢聞譽板爲府中兵參軍譽爲廣州刺史以鐵虎爲興寧令譽遷湘州又爲臨蒸令侯景之亂元帝於荊州遣世子方等代譽且以兵臨之譽拒戰大捷方等死鐵虎功最譽委遇甚重及王僧辯討譽於陣獲鐵虎僧辯命烹之鐵虎呼曰侯景未滅奈何殺壯士僧辯奇其言乃宥之還其麾下及侯景西上鐵虎從僧辯克任約獲宋子仙每戰皆有功元帝承制授仁威將軍潼州刺史封沌陽縣子邑三百戶又從僧辯克定京邑降謝答仁平陸納於湘州承聖二年以前後戰功進爵爲侯增邑幷前五百戶仍爲散騎常侍領信義太守將軍如故高祖誅僧辯鐵虎率所部降因復其本職徐嗣徽引齊寇渡江鐵虎於板橋

浦破其水軍盡獲甲仗船舸又攻歷陽襲齊寇步營並皆克捷嗣徽平紹泰二
年遷散騎常侍嚴威將軍太子左衛率尋隨周文育於南江據蕭勃恆為前軍
文育又命鐵虎偏軍於苦竹灘襲勃前軍歐陽頠又隨文育西征王琳於沌口
敗績鐵虎與文育侯安都並為琳所擒琳引見諸將與之語唯鐵虎辭氣不屈
故琳盡宥文育之徒獨鐵虎見害時年四十九高祖聞之下詔曰天地之寶所
貴曰生形魄之徒所重唯命至如捐生立節效命酬恩追遠懷昔信宜加等散
騎常侍嚴威將軍太子左衛率潼州刺史領信義太守沌陽縣開國侯鐵虎器
局沉厚風力勇壯北討南征竭忠盡力推鋒江夏致陷凶徒神氣彌雄肆言無
撓豈直溫序見害方其理鬚龐德臨危猶能瞋目忠貞如此惻愴兼深可贈侍
中護軍將軍青冀二州刺史加封一千戸并給鼓吹一部侯如故天嘉五年世
祖又詔曰漢室功臣形寫宮觀魏朝猛將名配宗祧功烈所以長存世代因之
不朽故侍中護軍將軍青冀二州刺史沌陽縣開國侯鐵虎誠節鯁亮力用雄
敢王業初基行間累及垂翅賊壘正色寇庭古之遺烈有識同壯隕身不屈雖

隆榮等營魂易遠言追嘉惜宜仰陪壎寢恭頒饗奠可配食高祖廟庭子瑜嗣

時有盱眙馬明字世朗梁世事鄱陽嗣王蕭範侯景之亂據廬江之東界拒賊臨城柵元帝授散騎常侍平北將軍北兗州刺史領廬江太守荊州陷沒歸于高祖紹泰中復官位封西華縣侯邑二千戶亦隨文育西征王琳於沌口軍敗明力戰死之贈使持節征西將軍郢州刺史

程靈洗字玄滌新安海寧人也少以勇力聞步行日二百餘里便騎善游梁末海寧黟歙等縣及鄱陽宣城郡界多盜賊近縣苦之靈洗素為鄉里所畏伏前後守長恆使召募少年逐捕劫盜侯景之亂靈洗聚徒據黟歙以拒景景軍據有新安新安太守湘西鄉侯蕭隱奔依靈洗靈洗奉以主盟梁元帝於荊州承制又遣使間道奉表劉神茂自東陽建義拒賊靈洗攻下新安與神茂相應元帝授持節通直散騎常侍都督新安郡諸軍事雲麾將軍譙州刺史資領新安太守封巴丘縣侯邑五百戶神茂為景所破景偏帥呂子榮進攻新安靈洗退保黟歙及景敗子榮退走靈洗復據新安進軍建德擒賊帥趙桑乾以功授持

節散騎常侍都督青冀二州諸軍事青州刺史增邑并前一千戶將軍太守如故仍令靈洗率所部下揚州助王僧辯鎮防還吳興太守未行僧辯命靈洗從侯瑱西援荊州荊州陷還都高祖誅僧辯靈洗率所領來援其徒力戰於石頭西門軍不利遣使招諭久之乃降高祖深義之紹泰元年授使持節信武將軍蘭陵太守常侍如故助防京口及平徐嗣徽靈洗有功除南丹陽太守封遂安縣侯增邑并前一千五百戶仍鎮采石隨周文育西討王琳於沌口敗績爲琳所拘明年與侯安都等逃歸兼丹陽尹出爲高唐太原二郡太守仍鎮南陵還太子左衞率高祖崩王琳前軍東下靈洗於南陵破之虜其兵士并獲青龍十餘乘以功授持節都督南豫州緣江諸軍事信武將軍南豫州刺史侯瑱等敗王琳于柵口靈洗乘勝逐北據有魯山徵爲衞士將軍餘如故天嘉四年周迪重寇臨川以靈洗爲都督自鄱陽別道擊之迪又走山谷間五年還中護軍常侍如故出爲使持節都督郢巴武三州諸軍事宣毅將軍郢州刺史廢帝即位進號雲麾將軍華皎之反也遣使招誘靈洗靈洗斬皎使以狀聞朝廷深嘉其

忠增其守備給鼓吹一部因推心待之使其子文季領水軍助防是時周遣其將長胡公拓跋定率步騎二萬助皎攻圍靈洗靈洗嬰城固守及皎退乃出軍躡定定不獲濟江以其衆降因進攻周沔州克之擒其刺史裴寬以功進號安西將軍改封重安縣公增邑幷前二千戶靈洗性嚴急御下甚苛刻士卒有小罪必以軍法誅之造次之間便加捶撻而號令分明與士卒同甘苦衆亦以此依附性好播植躬勤耕稼至於水陸所宜刈穫早晚雖老農不能及也伎妾無游手並督之紡績至於散用貲財亦弗儉吝光大二年卒於州時年五十五贈鎮西將軍開府儀同三司諡曰忠壯太建四年詔配享高祖廟庭子文季嗣

文季字少卿幼習騎射多幹略果決有父風弱冠從靈洗征討必前登陷陣靈洗與周文育侯安都等敗於沌口爲王琳所執高祖召陷賊諸將子弟厚遇之文季最有禮容深爲高祖所賞永定中累遷通直散騎侍郎句容令世祖嗣位除宣惠始興王府限內中直兵參軍是時王爲揚州刺史鎮冶城府中軍事悉以委之天嘉二年除貞毅將軍新安太守仍隨侯安都東討留異異黨向文政

據有新安文季率精甲三百輕往攻之文政遣其兄子瓚來拒文季與戰大破瓚軍文政乃降三年始興王伯茂出鎭東州復以文季爲鎭東府中兵參軍帶剡令四年陳寶應與留異連結又遣兵隨周迪更出臨川世祖遣信義太守余孝頃自海道襲晉安文季爲之前軍所向克捷陳寶應平文季戰功居多還轉府諮議參軍領中直兵出爲臨海太守尋乘金翅助父鎭郢城華皎平靈洗及文季並有扞禦之功及靈洗卒文季盡領其衆起爲超武將軍仍助防郢州文季性至孝雖軍旅奪禮而毀瘠甚至太建二年爲豫章內史將軍如故服闋襲封重安縣公隨都督章昭達率軍往荆州征蕭巋巋與周軍多造舟艦置于青泥水中時水長漂疾昭達乃遣文季共錢道戢輕舟襲之盡焚其舟艦昭達因蕭巋等兵稍怠又遣文季夜入其外城殺傷甚衆既而周兵大出巴陵內史雷道勤拒戰死之文季僅以身免以功加通直散騎常侍安遠將軍增邑五百戶五年都督吳明徹北討秦郡秦郡前江浦通塗水齊人並下大柱爲杙柵水中乃前遣文季領驍勇拔開其柵明徹率大軍自後而至攻秦郡克之又別遣文

季圍涇州屠其城進攻盱眙拔之仍隨明徹圍壽陽文季臨事謹急御下嚴整前後所克城壘率皆迮水爲堰土木之功動踰數萬每置陣役人文季必先諸將夜則早起迄暮不休軍中莫不服其勤幹每戰恆爲前鋒齊軍深憚之謂爲程虎以功除散騎常侍明威將軍增邑五百戸又帶新安內史進號武毅將軍八年爲持節都督譙州諸軍事安遠將軍譙州刺史其年又督北徐仁州諸軍事北徐州刺史餘並如故九年又隨明徹北討於呂梁作堰事見明徹傳十年春敗績爲周所囚仍授開府儀同三司十一年自周逃歸至渦陽爲邊吏所執還送長安死于獄中後主是時既與周絕不之知也至德元年後主始知之追贈散騎常侍尋又詔曰故散騎常侍前重安縣開國公文季纂承門緒克荷家聲早歲出軍雖非元帥啓行爲最致果有聞而覆喪車徒允從黜削但靈洗之立功捍禦久而見思文季之埋魂異域有足可憫言念勞舊傷茲廢絕宜存廟食無使餒而可降封重安縣侯邑一千戸以子饗襲封

史臣曰程靈洗父子並御下嚴苛治兵整肅然與衆同其勞苦匪私財利士多

依焉故臨戎克辦矣

陳書卷十

陳書卷十考證

程靈洗傳其徒力戰於石頭西門○徒南史作夜

程靈洗子文季以子饗襲封○饗南史作響

陳書卷十考證

陳書卷十一

唐　散騎常侍姚思廉撰

列傳第五

黃法𣰰　淳于量　章昭達

黃法𣰰字仲昭巴山新建人也少勁捷有膽力步行日三百里距躍三丈頗便書疏閑明簿領出入郡中爲鄉閭所憚侯景之亂於鄉里合徒衆太守賀詡下江州法𣰰監知郡事高祖將踰嶺入援建業李遷仕作梗中途高祖命周文育屯于西昌法𣰰遣兵助文育時法𣰰出頓新淦縣景遣行臺于慶至豫章慶分兵來襲新淦法𣰰拒戰敗之高祖亦遣文育進軍討慶文育疑慶兵彊未敢進法𣰰率衆會之因進克笙屯俘獲甚衆梁元帝承制授超猛將軍交州刺史資領新淦縣令封巴山縣子邑三百戶承聖三年除明威將軍游騎將軍進爵爲侯邑五百戶貞陽侯僭位除左驍騎將軍敬帝卽位改封新建縣侯邑如前太平元年割江州四郡置高州以法𣰰爲使持節散騎常侍都督高州諸軍事信

武將軍高州刺史鎮于巴山蕭勃遣歐陽頠攻法𣰰法𣰰與戰破之永定二年王琳遣李孝欽樊猛余孝頃攻周迪且謀取法𣰰法𣰰率兵援迪擒孝頃等三將進號宣毅將軍增邑幷前一千戶給鼓吹一部又以拒王琳功授平南將軍開府儀同三司熊曇朗於金口反害周文育法𣰰共周迪討平之語在曇朗傳世祖嗣位進號安南將軍天嘉二年周迪反法𣰰率兵會都督吳明徹討迪於工塘迪平法𣰰功居多徵爲使持節散騎常侍都督南徐州諸軍事鎮北大將軍南徐州刺史儀同鼓吹竝如故未拜尋又改授都督江吳二州諸軍事鎮南大將軍江州刺史六年徵爲中衛大將軍廢帝卽位進爵爲公給扶光大元年出爲使持節都督南徐州諸軍事鎮北將軍南徐州刺史二年徙爲都督郢巴武三州諸軍事鎮西將軍郢州刺史持節如故太建元年進號征西大將軍二年徵爲侍中中權大將軍四年出爲使持節散騎常侍都督南豫州諸軍事征南大將軍南豫州刺史五年大舉北伐都督吳明徹出秦郡以法𣰰爲都督出歷陽齊遣其歷陽王步騎五萬來援於小峴築城法𣰰遣左衛將軍樊毅分兵

於大峴禦之大破齊軍盡獲人馬器械於是乃爲拍車及步艦豎拍以逼歷陽
歷陽人窘蹙乞降法氍緩之則又堅守法氍怒親率士卒攻城施拍加其樓堞
時又大雨城崩克之盡誅戍卒進兵合肥望旗降款法氍不令軍士侵掠躬自
撫勞而與之盟並放還北以功加侍中改封義陽郡公邑二千戶其年還都督
合霍二州諸軍事征西大將軍合州刺史增邑五百戶七年徙都督豫建光朔
合北徐六州諸軍事豫州刺史鎭壽陽侍中散騎常侍持節將軍儀同鼓吹扶
並如故八年十月薨時年五十九贈侍中中權大將軍司空諡曰威子玩嗣
淳于量字思明其先濟北人也世居京師父文成仕梁爲將帥官至光烈將軍
梁州刺史量少善自居處偉姿容有幹略便弓馬梁元帝爲荊州刺史文成分
量人馬令往事焉起家湘東王國常侍兼西中郎府中兵參軍累遷府佐常兼
中兵直兵者十餘載兵甲士卒盛於府中荊雍之界蠻左數反山帥文道期積
爲邊患中兵王僧辯征之頻戰不利遣量助之量至與僧辯幷力大破道期斬
其酋長俘虜萬計以功封廣晉縣男邑三百戶授涪陵太守歷爲新興武寧二

郡太守侯景之亂梁元帝凡遣五軍入援京邑量預其一臺城陷量還荆州元帝承制以量爲假節通直散騎常侍都督巴州諸軍事信威將軍巴州刺史侯景西上攻巴州元帝使都督王僧辯入據巴陵量與僧辯幷力拒景大敗景軍擒其將任約進攻郢州獲宋子仙仍隨僧辯克平侯景承聖元年以功授左衞將軍封謝沐縣侯邑五百戸尋出爲持節都督桂定東西寧等四州諸軍事信威將軍安遠護軍桂州刺史荆州陷量保據桂州王琳擁割湘郢累遣召量量外雖與琳往來而別遣使從閒道歸於高祖高祖受禪授持節散騎常侍平西大將軍給鼓吹一部都督刺史並如故尋進號鎮南將軍仍授都督鎮西大將軍開府儀同三司世祖嗣位進號征南大將軍王琳平後頻請入朝天嘉五年徵爲中撫大將軍常侍儀同鼓吹並如故量所部將帥多戀本土並欲逃入山谷不願入朝世祖使湘州刺史華皎征衡州界黃洞且以兵迎量天康元年至都以在道淹留爲有司所奏免儀同餘並如故光大元年給鼓吹一部華皎構逆以量爲使持節征南大將軍西討大都督總率大艦自郢州樊浦拒之皎平

并降周將長胡公拓跋定等以功授侍中中軍大將軍開府儀同三司進封醴陵縣公增邑一千戶未拜出爲使持節都督南徐州諸軍事鎮北將軍南徐州刺史侍中儀同鼓吹並如故大建元年進號征北大將軍給扶三年坐就江陰王蕭季卿買梁陵中樹季卿坐免量免侍中尋復加侍中五年徵爲中護大將軍侍中儀同鼓吹扶並如故吳明徹之西伐也量贊成其事遣第六子岑率所領從軍淮南克定量改封始安郡公增邑一千五百戶六年出爲使持節都督郢巴南司定四州諸軍事征西大將軍郢州刺史侍中儀同鼓吹扶並如故七年徵爲中軍大將軍護軍將軍九年以公事免侍中尋復加侍中十年吳明徹陷沒加量使持節都督水陸諸軍事仍授散騎常侍都督南北兗譙三州諸軍事車騎將軍南兗州刺史餘並如故十三年加左光祿大夫增邑五百戶餘並如故十四年四月薨時年七十二贈司空

章昭達字伯通吳興武康人也祖道蓋齊廣平太守父法尙梁揚州議曹從事昭達性倜儻輕財尙氣少時嘗遇相者謂昭達曰卿容貌甚善須小虧損則當

富貴梁大同中昭達爲東宮直後因醉墜馬鬢角小傷昭達喜之相者曰未也
及侯景之亂昭達率募鄉人援臺城爲流矢所中眇其一目相者見之曰卿相
善矣不久當貴京城陷昭達還鄉里與世祖遊因結君臣之分侯景平世祖爲
吳興太守昭達杖策來謁世祖世祖見之大喜因委以將帥恩寵優渥超於儕
等及高祖討王僧辯令世祖還長城招聚兵衆以備杜龕頻使昭達往京口稟
承計畫僧辯誅後龕遣其將杜泰來攻長城世祖拒之命昭達總知城內兵事
及杜泰退走因從世祖東進軍吳興以討杜龕龕平又從世祖東討張彪於會
稽克之累功除明威將軍定州刺史是時留異擁據東陽私署守宰高祖患之
乃使昭達爲長山縣令居其心腹永定二年除武康令世祖嗣位除員外散騎
常侍天嘉元年追論長城之功封欣樂縣侯邑一千戶尋隨侯安都等拒王琳
于沌口戰于蕪湖昭達乘平虜大艦中流而進先鋒發拍中于賊艦王琳平昭
達冊勳第一二年除使持節散騎常侍都督郢巴武沅四州諸軍事智武將軍
郢州刺史增邑幷前千五百戶尋進號平西將軍周迪據臨川反詔令昭達便

道征之及迪敗走徵爲護軍將軍給鼓吹一部改封邵武縣侯增邑幷前二千戶常侍如故四年陳寶應納周迪復共寇臨川又以昭達爲都督討迪至東興嶺而迪又退走昭達仍踰嶺頓于建安以討陳寶應寶應據建安晉安二郡之界水陸爲柵以拒官軍昭達與戰不利因據其上流命軍士伐木帶枝葉爲筏施拍於其上綴以大索相次列營夾于兩岸寶應數挑戰昭達按甲不動俄而暴雨江水大長昭達放筏衝突寶應水柵水柵盡破又出兵攻其步軍方大合戰會世祖遣余孝頃出自海道適至因幷力乘之寶應大潰遂克定閩中盡擒留異寶應等以功授鎮前將軍開府儀同三司初世祖嘗夢昭達升於台鉉及旦以夢告之至是侍讌世祖顧昭達曰卿憶夢不何以償夢昭達對曰當效犬馬之用以盡臣節自餘無以奉償尋又出爲使持節都督江郢吳三州諸軍事鎮南將軍江州刺史常侍儀同鼓吹如故廢帝卽位遷侍中征南將軍改封邵陵郡公華皎之反也其移書文檄並假以昭達爲辭又頻遣使招之昭達盡執其使送于京師皎平進號征南大將軍增邑幷前二千五百戶秩滿徵爲中撫

大將軍侍中儀同鼓吹如故高宗卽位進號車騎大將軍以還朝遲留爲有司所劾降號車騎將軍歐陽紇據有嶺南反詔昭達都督衆軍討之昭達倍道兼行達于始興紇聞昭達奄至恇擾不知所爲乃出頓洭口多聚沙石盛以竹籠置于水柵之外用遏舟艦昭達居其上流裝艫造拍以臨賊柵又令軍人銜刀潛行水中以斫竹籠籠篾皆解因縱大艦隨流突之賊衆大敗因而擒紇送於京師廣州平以功進車騎大將軍遷司空餘並如故大建二年率師征蕭巋于江陵時蕭巋與周軍大蓄舟艦於青泥中昭達分遣偏將錢道戢程文季等乘輕舟襲之焚其舟艦周兵又於峽下南岸築壘名曰安蜀城於江上橫引大索編葦爲橋以度軍糧昭達乃命軍士爲長戟施於樓船之上仰割其索索斷糧絕因縱兵以攻其城降之三年遘疾薨時年五十四贈大將軍增邑五百戶給班劍二十人昭達性嚴刻每奉命出征必晝夜倍道然有所克捷必推功將帥廚膳飲食並同於羣下將士亦以此附之每飲會必盛設女伎雜樂備盡羌胡之聲音律姿容並一時之妙雖臨對寇敵旗鼓相望弗之廢也四年配享世祖

廟庭子大寶襲封邵陵郡公累官至散騎常侍護軍出爲豐州刺史在州貪縱百姓怨酷後主以太僕卿李暈代之至德三年四月暈將到州大寶乃襲殺暈舉兵反遣其將楊通寇建安建安內史吳慧覺據郡城拒之通累攻不克官軍稍近人情離異大寶計窮乃與通俱逃臺軍主陳景詳率兵追躡大寶大寶既入山山路阻險不復能行通背負之稍進尋爲追兵所及生擒送都於路死傳首梟于朱雀航夷三族

史臣曰黃法𣰰淳于量值梁末喪亂劉項未分其有辯明暗見是非者蓋鮮二公達向背之理位至鼎司亦其智也昭達與世祖鄉壤惟舊義等鄧蕭世祖纂歷委任隆重至於戰勝攻取累平寇難斯亦良臣良將一代之吳耿矣

陳書卷十一

陳書卷十二

唐　散　騎　常　侍　姚　思　廉　撰

列傳第六

胡穎　徐度子敬成　杜稜　沈恪

胡穎字方秀吳興東遷人也其先寓居吳興土斷爲民穎偉姿容性寬厚梁世仕至武陵國侍郎東宮直前出番禺征討俚洞廣州西江督護高祖在廣州穎仍自結高祖高祖與其同郡接遇甚隆及南征交阯穎從行役餘諸將帥皆出其下及平李賁高祖旋師穎隸在西江出兵多以穎留守侯景之亂高祖克元景仲仍渡嶺援臺平蔡路養李遷仕穎皆有功歷平固遂興二縣令高祖進軍頓西昌以穎爲巴丘縣令鎮大皐督糧運下至豫章以穎監豫章郡高祖率衆與王僧辯會於白茅灣同討侯景以穎知留府事梁承聖初元帝授穎假節鐵騎將軍羅州刺史封漢陽縣侯邑五百戶尋除豫章內史隨高祖鎮京口齊遣郭元建出關都督侯瑱率師禦之高祖選府內驍勇三千人配穎令隨瑱於東

闕大破之三年高祖圍廣陵齊人東方光據宿預請降以頴爲五原太守隨杜僧明援光不克退還除曲阿令尋領馬軍從高祖襲王僧辯又隨周文育於吳興討杜龕紹泰元年除假節都督南豫州諸軍事輕車將軍南豫州刺史太平元年除持節散騎常侍仁威將軍尋兼丹陽尹高祖受禪兼左衛將軍餘如故永定三年隨侯安都征王琳於宮亭破賊帥常衆愛等世祖嗣位除侍中都督吳州諸軍事宣惠將軍吳州刺史不行尋爲義興太守將軍如故天嘉元年除散騎常侍吳興太守其年六月卒時年五十四贈侍中中護軍諡曰壯二年配享高祖廟庭子六同嗣頴弟鑠亦隨頴將軍頴卒鑠統其衆歷東海豫章二郡守還員外散騎常侍隨章昭達南平歐陽紇爲廣州東江督護還預北伐除雄信將軍歷陽太守太建六年卒贈桂州刺史

徐度字孝節安陸人也世居京師少倜儻不拘小節及長姿貌瓌偉嗜酒好博恆使僮僕屠酤爲事梁始興內史蕭介之郡度從之將領士卒征諸山洞以驍勇聞高祖征交阯厚禮招之度乃委質侯景之亂高祖克定廣州平蔡路養破

李遷仕計畫多出於度兼統兵甲每戰有功歸至白茅灣梁元帝授寧朔將軍合州刺史侯景平後追錄前後戰功加通直散騎常侍封廣德縣侯邑五百戶遷散騎常侍高祖鎮朱方除信武將軍蘭陵太守高祖遣衡陽獻王平荊州度率所領從焉江陵陷閒行東歸高祖平王僧辯度與侯安都爲水軍紹泰元年高祖東討杜龕奉敬帝幸京口以度領宿衞幷知留府事徐嗣徽任約等來寇高祖與敬帝還都時賊已據石頭城市鄽居民竝在南路去臺遙遠恐爲賊所乘乃使度將兵鎮于冶城寺築壘以斷之賊悉衆來攻不能克高祖尋亦救之大敗約等明年嗣徽等又引齊寇濟江度隨衆軍破之於北郊壇以功除信威將軍郢州刺史兼領吳興太守尋還鎮右將軍領軍將軍徐州緣江諸軍事鎮北將軍南徐州刺史給鼓吹一部周文育侯安都等西討王琳敗績爲琳所拘乃以度爲前軍都督鎮于南陵世祖嗣位遷侍中中撫軍將軍開府儀同三司進爵爲公未拜出爲使持節散騎常侍鎮東將軍吳郡太守天嘉元年增邑千戶以平王琳功改封湘東郡公邑四千戶秩滿爲侍中中軍將軍出爲使持節

都督會稽東陽臨海永嘉新安新寧信安晉安建安九郡諸軍事鎮東將軍會稽太守未行而太尉侯瑱薨于湘州乃以度代瑱爲都督湘沅武巴郢桂六州諸軍事鎮南將軍湘州刺史秩滿爲侍中中軍大將軍儀同鼓吹並如故世祖崩度預顧命以甲仗五十人入殿省廢帝即位進位司空華皎據湘州反引周兵下至沌口與王師相持乃加度使持節車騎將軍總督步軍自安成郡由嶺路出于湘東以襲湘州盡獲其所留軍人家口以歸光大二年薨時年六十贈太尉給班劍二十人謚曰忠肅太建四年配享高祖廟庭子敬成嗣

敬成幼聰慧好讀書少機警善占對結交文義之士以識鑒知名起家著作郎永定九年領度所部士卒隨周文育侯安都征王琳於沌口敗績爲琳所縶二年隨文育安都得歸除太子舍人遷洗馬度爲吳郡太守以敬成監郡天嘉二年還太子中舍人拜湘東郡公世子四年度自湘州還朝士馬精銳敬成盡領其衆隨章昭達征陳寶應晉安平除貞威將軍豫章太守光大元年華皎謀反以敬成爲假節都督巴州諸軍事雲旗將軍巴州刺史尋詔爲水軍隨吳明徹

征華皎皎平還州太建二年以父憂去職尋起爲持節都督南豫州諸軍事壯武將軍南豫州刺史四年襲爵湘東郡公授太子右衛率五年除貞威將軍吳興太守其年隨都督吳明徹北討出秦郡別遣敬成爲都督乘金翅自歐陽引埭上泝江由廣陵齊人皆城守弗敢出自繁梁湖下淮圍淮陰城仍監北兗州淮泗義兵相率響應一二日間衆至數萬遂克淮陰山陽鹽城三郡并連口朐山二戍仍進攻鬱州克之以功加通直散騎常侍雲旗將軍增邑五百戶又進號壯武將軍鎮朐山坐於軍中輒科訂幷誅新附免官尋復爲持節都督安元潼三州諸軍事安州刺史將軍如故鎮宿預七年卒時年三十六贈散騎常侍

謚曰思子敞嗣

杜稜字雄盛吳郡錢塘人也世爲縣大姓稜頗涉書傳少落泊不爲當世所知遂遊嶺南事梁廣州刺史新渝侯蕭暎暎卒從高祖恆典書記侯景之亂命稜將領平蔡路養李遷仕皆有功軍至豫章梁元帝承制授稜仁威將軍石州刺史上陌縣侯邑八百戶侯景平高祖鎮朱方稜監義與瑯邪二郡高祖誅王僧

辯引稜與侯安都等共議稜難之高祖懼其泄已乃以手巾絞稜稜悶絶于地
因閉於別室軍發召與同行及僧辯平後高祖東征杜龕等留稜與安都居守
徐嗣徽任約引齊寇濟江攻臺城安都與稜隨方抗拒稜晝夜巡警綏撫士卒
未常解帶賊平以功除通直散騎常侍右衞將軍丹陽尹永定元年加侍中忠
武將軍尋還中領軍侍中將軍如故三年高祖崩世祖在南皖時內無嫡嗣外
有彊敵侯瑱侯安都徐度等並在軍中朝廷宿將唯稜在都獨典禁兵乃與蔡
景歷等祕不發喪奉迎世祖事見景歷傳世祖即位遷領軍將軍天嘉元年以
預建立之功改封永城縣侯增邑五百戸出爲雲麾將軍晉陵太守加秩中二
千石二年徵爲侍中領軍將軍尋還翊左將軍丹陽尹廢帝即位遷鎮右將軍
特進侍中尹如故光大元年解尹量置佐史給扶重授領軍將軍太建元年出
爲散騎常侍鎮東將軍吳興太守秩中二千石二年徵爲侍中鎮右將軍尋加
特進護軍將軍三年以公事免侍中護軍四年復爲侍中右光祿大夫弁給鼓
吹一部將軍佐史扶並如故稜歷事三帝並見恩寵末年不預征役優遊京師

賞賜優洽頃之卒于官時年七十贈開府儀同三司喪事所須並令資給諡曰
成其年配享高祖廟庭子安世嗣
沈恪字子恭吳興武康人也深沉有幹局梁新渝侯蕭映爲郡將召爲主簿映
遷北徐州恪隨映之鎮映遷廣州以恪兼府中兵參軍常領兵討伐俚洞盧子
略之反也恪拒戰有功除中兵參軍高祖與恪同郡情好甚暱蕭暎卒後高祖
南討李賁仍遣妻子附恪還鄉尋補東宮直後以嶺南勳除員外散騎侍郎仍
令招集宗從子弟侯景圍臺城恪率所領入臺隨例加右軍將軍賊起東西二
土山以逼城城內亦作土山以應之恪爲東土山主晝夜拒戰以功封東興縣
侯邑五百戶遷員外散騎常侍京城陷恪閒行歸鄉里高祖之討侯景遣使報
恪乃於東起兵相應賊平恪謁高祖於京口即日授都軍副尋爲郡司馬及高
祖謀討王僧辯恪預其謀時僧辯女壻杜龕鎮吳興高祖乃使世祖還長城立
柵備龕又使恪還武康招集兵衆及僧辯誅龕果遣副將杜泰率衆襲世祖於
長城恪時已率兵士出縣誅龕黨與高祖尋遣周文育來援長城文育至泰乃

遁走世祖仍與文育進軍出郡恪軍亦至屯于郡南及龕平世祖襲東揚州刺史張彪以恪監吳興郡太平元年除宣猛將軍交州刺史其年遷永嘉太守不拜復令監吳興郡自吳興入朝高祖受禪使中書舍人劉師知引恪令勒兵入因衞敬帝如別宮恪乃排闥入見高祖叩頭謝曰恪身經事蕭家來今日不忍見許事分受死耳決不奉命高祖嘉其意乃不復逼更以盪主王僧志代之高祖踐阼除吳興太守永定二年徙監會稽郡會余孝頃謀應王琳出兵臨川攻周迪以恪爲壯武將軍率兵踰嶺以救迪余孝頃聞恪至退走二年還使持節通直散騎常侍智武將軍吳州刺史便道之鄱陽尋有詔追還行會稽郡事其年除散騎常侍忠武將軍會稽太守世祖嗣位進督會稽東陽新安臨海永嘉建安晉安新寧信安九郡諸軍事將軍太守如故天嘉元年增邑五百戶二年徵爲左衞將軍俄出爲都督郢武巴定四州諸軍事軍師將軍郢州刺史六年徵爲中護軍尋還護軍將軍光大二年遷使持節都督荊武祐三州諸軍事平西將軍荊州刺史未之鎮改爲護軍將軍高宗即位加散騎常侍都督廣衡東

衡交越成定新合羅愛德宜黃利安石雙等十八州諸軍事鎮南將軍平越中郎將廣州刺史恪未至嶺前刺史歐陽紇舉兵拒險恪不得進朝廷遣司空章昭達督衆軍討紇紇平乃得入州州罹兵荒所在殘毀恪綏懷安緝被以恩惠嶺表賴之太建四年徵爲領軍將軍及代還以途遠不時至爲有司所奏免十一年起爲散騎常侍衞尉卿其年授平北將軍假節監南兗州十二年改授散騎常侍翊右將軍監南徐州又遣霆威將軍裴子烈領馬五百匹助恪緣江防戍明年入爲衞尉卿常侍將軍如故尋加侍中還護軍將軍後主卽位以疾改授散騎常侍特進金紫光祿大夫其年卒時年七十四贈翊左將軍詔給東園祕器仍出舉哀喪事所須並令資給諡曰元子法興嗣

史臣曰胡穎徐度杜稜沈恪並附驥驥而騰躍依日月之光輝始覯王佐之才方悟公輔之量生則肉食終以配饗盛矣哉

陳書卷十二

陳書卷十二考證

杜稜傳高祖誅王僧辯○誅字上南史有謀字

沈恪傳仍令招集宗從子弟○招南史作總

陳書卷十二考證

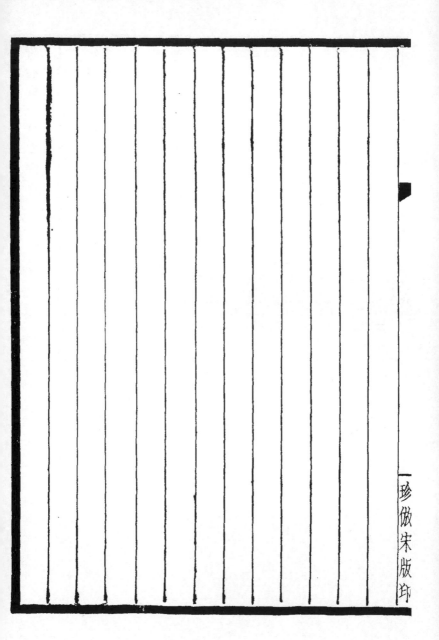

陳書卷十三

唐 散騎常侍姚思廉撰

列傳第七

徐世譜 魯悉達 周敷 荀朗子法尚 周炅

徐世譜字興宗巴東魚復人也世居荊州爲主帥征伐蠻蜒至世譜尤敢勇有膂力善水戰梁元帝之爲荊州刺史世譜將領鄉人事焉侯景之亂因預征討累遷至員外散騎常侍尋領水軍從司徒陸法和討景與景戰於赤亭湖時景軍甚盛世譜乃別造樓船拍艦火舫水車以益軍勢將戰又乘大艦居前大敗景軍生擒景將任約景退走因隨王僧辯攻郢州世譜復乘大艦臨其倉門賊將宋子仙據城降以功除使持節信武將軍信州刺史封魚復縣侯邑五百戶仍隨僧辯東下恆爲軍鋒又破景將侯子鑒於湖熟侯景平後以功除通直散騎常侍衡州刺史資鎮河東太守增邑并前一千戶西魏來寇荊州世譜鎮馬頭岸據有龍州元帝授侍中使持節都督江南諸軍事鎮南將軍護軍將軍給

鼓吹一部江陵陷沒世譜東下依侯瑱紹泰元年徵爲侍中左衞將軍高祖之
拒王琳其水戰之具悉委世譜世譜性機巧諳解舊法所造器械並隨機損益
妙思出人永定二年遷護軍將軍世祖嗣位加特進進號安右將軍天嘉元年
增邑五百戸二年出爲使持節散騎常侍都督宣城郡諸軍事安西將軍宣城
太守秩中二千石還爲安前將軍右光祿大夫尋以疾失明謝病不朝四年卒
時年五十五贈本官謚曰桓侯世譜從弟世休隨世譜自梁征討亦有戰功官
至員外散騎常侍安遠將軍枳縣侯邑八百戸光大二年隸都督淳于量征華
皎卒贈通直散騎常侍謚曰壯
魯悉達字志通扶風郿人也祖斐齊通直散騎常侍安遠將軍衡州刺史陽塘
侯父益之梁雲麾將軍新蔡義陽二郡太守悉達幼以孝聞起家爲梁南平嗣
王中兵參軍侯景之亂悉達糾合鄉人保新蔡力田蓄穀時兵荒饑饉京都及
上川餓死者十八九有得存者皆攜老幼以歸焉悉達分給糧廩其所濟活者
甚衆仍於新蔡置頓以居之招集晉熙等五郡盡有其地使其弟廣達領兵隨

王僧辯討侯景景平梁元帝授持節仁威將軍散騎常侍北江州刺史敬帝即位王琳據有上流留異余孝頃周迪等所在蜂起悉達撫綏五郡甚得民和士卒皆樂爲之用琳授悉達鎮北將軍高祖亦遣趙知禮授征西將軍江州刺史各送鼓吹女樂悉達兩受之遷延顧望皆不就高祖遣安西將軍沈泰潛師襲之不能克齊遣行臺慕容紹宗以衆三萬來攻鬱口諸鎮兵甲甚盛悉達與戰敗齊軍紹宗僅以身免王琳欲圖東下以悉達制其中流恐爲己患頻遣使招誘悉達終不從琳不得下乃連結於齊共爲表裏齊遣清河王高岳助之相持歲餘會裨將梅天養等懼罪乃引齊軍入城悉達勒麾下數千人濟江而歸高祖高祖見之甚喜曰來何遲也悉達對曰臣鎮撫上流願爲蕃屏陛下授臣以官恩至厚矣沈泰襲臣威亦深矣然臣所以自歸於陛下者誠以陛下豁達大度同符漢祖故也高祖嘆曰卿言得之矣授平南將軍散騎常侍北江州刺史封彭澤縣侯世祖即位進號安左將軍悉達雖仗氣任俠不以富貴驕人雅好詞賦招禮才賢與之賞會遷安南將軍吳州刺史遭母憂哀毀過禮因遘疾卒

時年三十八贈安左將軍江州刺史謚曰孝侯子覽嗣弟廣達別有傳
周敷字仲遠臨川人也爲郡豪族敷形貌眇小如不勝衣而膽力勁果超出時
輩性豪俠輕財重士鄉黨少年任氣者咸歸之侯景之亂鄉人周續合徒衆以
討賊爲名梁內史始興藩王蕭毅以郡讓續續所部內有欲侵掠於毅敷擁護
之親率其黨捍衛送至豫章時觀寧侯蕭永長樂侯蕭基豐城侯蕭泰避難流
寓聞敷信義皆往依之敷愍其危懼屈體崇敬厚加給卹送之西上俄而續部
下將帥爭權復反殺續以降周迪迪素無簿閥恐失衆心倚敷族望深求交結
敷未能自固事迪甚恭迪大憑仗之漸有兵衆迪據臨川之工塘敷鎮臨川故
郡侯景平梁元帝授敷使持節通直散騎常侍信武將軍寧州刺史封西豐縣
侯邑一千戶高祖受禪王琳據有上流余孝頃與琳黨李希欽等共圍周迪敷
大致人馬以助於迪迪擒孝頃等敷功居多熊曇朗之殺周文育據豫章將兵
萬餘人襲敷徑至城下敷與戰大敗之追奔五十餘里曇朗單馬獲免盡收其
軍實曇朗走巴山郡收合餘黨敷因與周迪黃法𣰰等進兵圍曇朗屠之王琳

平授散騎常侍平西將軍豫章太守是時南江酋帥並顧戀巢窟私署令長不受召朝廷未遑致討但羈縻之唯敷獨先入朝天嘉二年詣闕進號安西將軍給鼓吹一部賜以女妓一部令還鎭豫章周迪以敷素出己下超致顯貴深不平乃舉兵反遣弟方興以兵襲敷敷與戰大破方興仍率衆從都督吳明徹攻迪破之擒其弟方興幷諸渠帥詔以敷爲安西將軍臨川太守餘並如故尋徵爲使持節都督南豫北江二州諸軍事鎭南將軍南豫州刺史增邑五百戶常侍鼓吹如故五年迪又收合餘衆還襲東興世祖遣都督章昭達征迪敷又從軍至定川縣與迪相對迪紿敷曰吾昔與弟勠力同心宗從匪他豈規相害今願伏罪還朝因弟披露心腑先乞挺身共立盟誓敷許之方登壇爲迪所害時年三十五詔曰使持節散騎常侍都督南豫州緣江諸軍事鎭南將軍南豫州刺史西豐縣開國侯敷受任遐征淹時違律虛衿姦詭遂貽喪身但夙著勤誠亟勞戎旅猶深惻愴愍悼于懷可存其茅賦量所賻卹還葬京邑謚曰脫子智安嗣敷兄象共敷據本鄉亦授臨川太守

荀朗字深明頴川頴陰人也祖延祖梁頴川太守父伯道衞尉卿朗少慷慨有將帥大略起家梁廬陵王行參軍侯景之亂朗招率徒旅據巢湖間無所屬臺城陷後簡文帝密詔授朗雲麾將軍豫州刺史令與外藩討景景使儀同宋子仙任約等頻往征之朗據山立砦自守子仙不能克時京師大饑百姓皆於江外就食朗更招致部曲解衣推食以相賑贍衆至數萬人侯景敗於巴陵朗出自濡須截景破其後軍王僧辯東討朗遣其將范寶勝及弟曉領兵二千助之侯景平後又別破齊將郭元建於踟蹰山梁承聖二年率部曲萬餘家濟江入宣城郡界立頓梁元帝授朗持節通直散騎常侍安南將軍都督南兗州諸軍事南兗州刺史未行而荆州陷高祖入輔齊遣蕭軌東方老等來寇據石頭城朗自宣城來赴因與侯安都等大破齊軍永定元年賜爵興寧縣侯邑二千戶以朗兄昂爲左衞將軍弟晷爲太子右衞率尋遣朗隨世祖拒王琳於南皖高祖崩宣太后與舍人蔡景歷祕不發喪朗弟曉在都微知之乃謀率其家兵襲臺事覺景歷殺曉仍繫其兄弟世祖即位並釋之因厚撫慰朗令與侯安都等

共拒王琳琳平還使持節安北將軍散騎常侍都督霍晉合三州諸軍事合州刺史天嘉六年卒時年四十八贈南豫州刺史諡曰壯子法尚嗣

法尚少倜儻有文武幹略起家江寧令襲爵與寧縣侯太建五年隨吳明徹北伐尋授通直散騎侍郎除涇令歷梁安城太守禎明中爲都督郢巴武三州諸軍事郢州刺史及隋軍濟江法尚降于漢東道元帥秦王入隋歷邵觀綿豐四州刺史巴東燉煌二郡太守

周炅字文昭汝南安成人也祖彊齊太子舍人梁州刺史父靈起梁通直散騎常侍廬桂二州刺史保城縣侯炅少豪俠任氣有將帥才梁大同中爲通直散騎侍郎朱衣直閤太清元年出爲弋陽太守侯景之亂元帝承制改授西陽太守封西陵縣伯景遣兄子思穆據守齊安炅率驍勇襲破思穆擒斬之以功授持節高州刺史是時炅據武昌西陽二郡招聚卒徒甲兵甚盛景將任約來據樊山炅與寧州長史徐文盛擊約斬其部將叱羅子通趙迦婁等因乘勝追之頻克約衆殆盡承聖元年還使持節都督江定二州諸軍事戎昭將軍江州刺

史進爵爲侯邑五百戶高祖踐阼王琳擁據上流炅以州從之及王琳遣其將
曹慶等攻周迪仍使炅將兵掎角而進爲侯安都所敗擒炅送都世祖釋炅授
戎威將軍定州刺史帶西陽武昌二郡太守天嘉二年留異據東陽反世祖召
炅還都欲令討異未至而異平炅還本鎮天康元年預平華皎之功授員外散
騎常侍太建元年遷持節龍驤將軍通直散騎常侍五年進授使持節西道都
督安蘄江衡司定六州諸軍事安州刺史改封龍源縣侯增邑并前一千戶其
年隨都督吳明徹北討所向克捷一月之中獲十二城齊遣尚書左丞陸騫以
衆二萬出自巴蘄與炅相遇炅留羸弱輜重設疑兵以當之身率精銳由間道
邀其後大敗騫軍虜獲器械馬驢不可勝數進攻巴州克之於是江北諸城及
穀陽士民並誅渠帥以城降進號和戎將軍散騎常侍增邑并前一千五百戶
仍敕追炅入朝初蕭督定州刺史田龍升以城降詔以爲振遠將軍定州刺史
封赤亭王及炅入朝龍升以江北六州七鎮叛入于齊齊遣歷陽王高景安帥
師應之於是令炅爲江北道大都督總統衆軍以討龍升龍升使弋陽太守田

龍琰率衆二萬陣於亭川高景安於水陵陰山爲其聲援龍升引軍別營山谷
炅乃分兵各當其軍身率驍勇先擊龍升龍升大敗龍琰望塵而奔並追斬之
高景安遁走盡復江北之地以功增邑幷前二千戶進號平北將軍定州刺史
持節都督如故仍賜女妓一部太建八年卒官時年六十四贈司州刺史封武
昌郡公謚曰壯子法僧嗣官至宣城太守
史臣曰彼數子者或驅馳前代或擁據故鄉並識運知歸因機景附位升列牧
爵致通侯美矣昔張耳陳餘自同於至戚周敷周迪亦誓等暱親尋鋒刃而誅
殘斯甚夫胡越矣釁隙因於勢利何其鄙歟

陳書卷十三

陳書卷十四

唐　散騎常侍　姚思廉　撰

列傳第八

衡陽獻王昌　南康愍王曇朗 子方泰 方慶

衡陽獻王昌字敬業高祖第六子也梁太清末高祖南征李賁命昌與宣后隨沈恪還吳興及高祖東討侯景昌與宣后世祖並爲景所囚景平拜長城國世子吳興太守時年十六昌容貌偉麗神情秀朗雅性聰辯明習政事高祖遣陳郡謝哲濟陽蔡景歷輔昌爲郡又遣吳郡杜之偉授昌以經書昌讀書一覽便誦明於義理剖析如流尋與高祖俱往荆州梁元帝除員外散騎常侍荆州陷又與高祖俱還關右西魏以高祖故甚禮之高祖即位頻遣使請高宗及昌周人許之而未遣及高祖崩乃遣之是時王琳梗於中流昌未得還居于安陸王琳平後天嘉元年二月昌發自安陸由魯山濟江而巴陵王蕭沇等率百僚上表曰臣聞宗子維城隆周之懋軌封建藩屏有漢之弘規是以卜世斯永式資

邢衞鼎命靈長寳賴河楚伏惟陛下神猷光大聖德欽明道高日月德侔造化
往者王業惟始天步方艱參奉權謨匡合義烈威略外舉神武內定故以再康
禹迹大庇生民者矣及聖武升遐王師遠次皇嗣夐隔繼業靡歸宗祧危殆綴
旒非喻既而傳車言反公卿定策纂我洪基光昭景運民心有奉園寢克寧后
來其蘇復在茲日物情天意皎然可求王琳逆命逋誅歲久今者連結犬羊乘
流縱釁舟旗野陣綿江蔽陸兵疲民弊杼軸用空中外騷然藩籬罔固乃旰食
當朝憑流授律蒼兕既馳長虵自翦廓清四表澄滌八紘雄圖遐舉仁聲遠暢
德化所覃風行草偃故以功深於微禹道大於惟堯豈直社稷用寧斯乃黔黎
是賴第六皇弟昌近以妙年出質提契寇手偏隔關徼旋踵未由陛下天倫之
愛既深克讓之懷常切伏以大德無私至公有在豈得狥匹夫之恆情忘王業
之大計憲章故實式遵典禮欽若姬漢建樹賢戚湘中地維形勝控帶川阜扞
城之寄匪親勿居宜啓服衡疑兼崇徽飾臣等參議以昌爲使持節散騎常侍
都督湘州諸軍事驃騎將軍湘州牧封衡陽郡王邑五千戶加給阜輪三望車

後部鼓吹一部班劍二十人啓可奉行詔曰可三月入境詔令主書舍人緣道迎接丙子濟江於中流船壞以溺薨四月庚寅喪柩至京師上親出臨哭乃下詔曰夫寵章所以嘉德禮數所以崇親乃歷代之通規固前王之令典新除使持節散騎常侍都督湘州諸軍事驃騎將軍湘州牧衡陽王昌明哲在躬珪璋早秀孝敬內湛聰睿外宣梁季艱虞宗社顛墜西京淪覆陷身關隴及鼎業初基外蕃逆命聘問斯阻音介莫通睠彼機橋將隣烏白今者羣公戮力多難廓清輕傳入郢無勞假道周朝敦其繼好駿駕歸來欣此朝聞庶歡昏定報施徒語曾莫輔仁人之云亡殄悴斯在奄焉薨殞倍增傷悼津門之慟空在桓岫之切不追靜言念之心焉如割宜隆懋典以協徽猷可贈侍中假黃鉞都督中外諸軍事太宰揚州牧給東園溫明祕器九旒鑾輅黃屋左纛虎賁班劍百人轀輬車前後部羽葆鼓吹葬送之儀一依漢東平憲王齊豫章文獻王故事仍遣大司空持節迎護喪事大鴻臚副其羽衞殯送所須隨由備辦謚曰獻無子世祖以第七皇子伯信爲嗣

南康愍王曇朗高祖母弟忠壯王休先之子也休先少倜儻有大志梁簡文之在東宮深被知遇太清中既納侯景有事北方乃使休先召募得千餘人授文德主帥頃之卒高祖之有天下也每稱休先曰此弟若存河洛不足定也梁景帝即位追贈侍中使持節驃騎將軍南徐州刺史封武康縣公邑一千戶高祖受禪追贈侍中車騎大將軍司徒封南康郡王邑二千戶謚曰忠壯曇朗少孤尤爲高祖所愛寵踰諸子有膽力善綏御侯景平後起家爲著作佐郎高祖北濟江圍廣陵宿預人東方光據鄉建義乃遣曇朗與杜僧明自淮入泗應赴之齊援大至曇朗與僧明築壘抗禦尋奉命班師以宿預義軍三萬家濟江高祖誅王僧辯留曇朗鎮京口知留府事紹泰元年除中書侍郎監南徐州二年徐嗣徽任約引齊寇攻逼京師尋而請和求高祖子姪爲質時四方州郡並多未賓京都虛弱糧運不繼在朝文武咸願與齊和親高祖難之而重違衆議乃言於朝曰孤謬輔王室而使蠻夷猾夏不能戡殄何所逃責今在位諸賢且欲息肩偃武與齊和好以靜邊疆若違衆議必謂孤惜子姪今決遣曇朗棄之寇庭

且齊人無信窺窬不已謂我浸弱必當背盟齊寇若來諸君須爲孤力鬬也高祖慮曇朗憚行或奔竄東道乃自率步騎往京口迎之以曇朗還京師仍使爲質於齊齊果背約復遣蕭軌等隨嗣徽渡江高祖與戰大破之虜蕭軌東方老等齊人請割地幷入馬牛以贖之高祖不許及軌等誅齊人亦害曇朗于晉陽時年二十八是時既與齊絕弗之知也高祖踐阼猶以曇朗襲封南康王奉忠莊王祀禮秩一同皇太子天嘉二年齊人結好方始知之世祖詔曰夫追遠慎終抑聞前誥南康王曇朗明哲懋親蕃維是屬入質北齊用紓時難皇運兆興未獲旋反永言跂予日夜不忘齊使始至凶問奄及追懷痛悼兼倍常情宜隆寵數以光恆序可贈侍中安東將軍開府儀同三司南徐州刺史諡曰愍乃遣兼郎中令隨聘使江德藻劉師知迎曇朗喪柩以三年春至都初曇朗未質於齊生子方泰方慶及將適齊以二妾自隨在北又生兩子方華方曠亦同得還方泰少麤獷與諸惡少年羣聚遊逸無度世祖以南康王故特寬貰之天嘉元年詔曰南康王曇朗出隔齊庭反身莫測國廟方修奠饗須主可以長男方泰

爲南康世子嗣南康王後聞曇朗薨於是襲爵南康嗣王尋爲仁威將軍丹陽
尹置佐史太建四年遷使持節都督廣衡交越成定明新合羅德宜黄利安建
石崖十九州諸軍事平越中郎將廣州刺史爲政殘暴爲有司所奏免官尋起
爲仁威將軍置佐史六年授持節都督豫章郡諸軍事豫章內史在郡不修民
事秩滿之際屢放部曲爲劫又縱火延燒邑居因行暴掠驅錄富人徵求財賄
代至又淹留不還至都詔以爲宗正卿將軍佐史如故未拜爲御史中丞宗元
饒所劾免官以王還第十一年起爲寧遠將軍直殿省尋加散騎常侍量置佐
史其年八月高宗幸大壯觀因大閱武命都督任忠領步騎十萬陳於玄武湖
都督陳景領樓艦五百出於瓜步江高宗登玄武門親宴羣臣以觀之因幸樂
遊苑設絲竹會仍重幸大壯觀集衆軍振旅而還是時方泰當從啓稱所生母
疾不行因與亡命楊鍾期等二十人微服往民間淫人妻爲州所錄又率人仗
抗拒傷禁司爲有司所奏上大怒下方泰獄方泰初但承行淫不承拒格禁司
上曰不承則上刑方泰乃投列承引於是兼御史中丞徐君敷奏曰臣聞王者

之心匪漏網而私物至治之本無屈法而由慈謹案南康王陳方泰宗屬雖遠幸託葭莩刺舉莫成共治罕績聖上弘以悔往許其錄用宮闈寄切宿衞是尸豈有金門旦啓玉輿曉蹕百司馳鶩千隊騰驤憚此翼從之勞妄興晨昏之請飜以危冠淇上袪服桑中臣子之誓莫斯爲大宜從霜簡允寘冬官臣等參議請依見事解方泰所居官下宗正削爵土謹以白簡奏聞上可其奏尋復本官爵禎明初遷侍中將軍如故三年隨師濟江方泰與忠武將軍南豫州刺史樊猛左衞將軍蔣元遜領水軍於白下往來斷遏江路隋遣行軍元帥長史高熲領船艦泝流當之猛及元遜竝降方泰所部將士離散乃棄船走及臺城陷與後主俱入關隋大業中爲掖令

方慶少清警涉獵書傳及長有幹略天嘉中封臨汝縣侯尋爲給事中太子洗馬權兼宗正卿直殿省太建九年出爲輕車將軍假節都督定州諸軍事定州刺史秩滿又爲散騎常侍兼宗正卿至德二年進號智武將軍武州刺史初廣州刺史馬靖久居嶺表大得人心士馬彊盛朝廷疑之至是以方慶爲仁威將

軍廣州刺史以兵襲靖靖誅進號宣毅將軍方慶性清謹甚得民和四年進號雲麾將軍禎明三年隋師濟江衡州刺史王勇遣高州刺史戴智烈將五百騎迎方慶欲令承制總督征討諸軍事是時隋行軍總管韋洸帥兵度嶺宣隋文帝勅云若嶺南平定留勇與豐州刺史鄭萬頃且依舊職方慶聞之恐勇賣己乃不從率兵以拒智烈智烈與戰敗之斬方慶於廣州虜其妻子王勇太建中爲晉陵太守在職有能名方慶之襲馬靖也朝廷以勇爲超武將軍東衡州刺史領始興內史以爲方慶聲勢靖誅以功封龍陽縣子及隋軍臨江詔授勇使持節光勝將軍總督衡廣交桂武等二十四州諸軍事平越中郎將仍入援會京城陷勇因移檄管內徵兵據守使其同產弟鄧暠將兵五千頓于嶺上又遣使迎方慶欲假以爲名而自執兵要及方慶敗績虜其妻子收其貲產分賞將帥又令其將王仲宣曾孝武迎西衡州刺史衡陽王伯信伯信懼奔于清遠郡孝武追殺之是時韋洸兵已上嶺豐州刺史鄭萬頃據州不受勇召而高梁女子浩氏舉兵應隋軍攻陷傍郡勇計無所出乃以其衆降行至荆州道病卒隋

贈大將軍宋州刺史歸仁縣公鄭萬頃榮陽人梁司州刺史紹叔之族子也父旻梁末入魏萬頃通達有材幹周武帝時爲司城大夫出爲温州刺史至德中與司馬消難來奔尋拜散騎常侍昭武將軍豐州刺史在州甚有惠政吏民表請立碑詔許焉初萬頃之在周深被隋文帝知遇及隋文踐阼常思還北及王勇之殺方慶萬頃乃率州兵拒勇遣使由閑道降于隋軍拜上儀同尋卒

史臣曰獻愍二王聯華霄漢或擾子之暱或猶子之寵而機橋爲阻驂駕無由有隔於休辰終之以早世悲夫

陳書卷十四

陳書卷十五

唐散騎常侍姚思廉撰

列傳第九

陳擬　陳詳　陳慧紀

陳擬字公正高祖疎屬也少孤貧性質直彊記高祖南征交趾擬從焉及進討侯景至豫章以擬爲羅州刺史與胡穎共知後事幷應接軍糧高祖作鎮朱方擬除步兵校尉曲阿令紹泰元年授貞威將軍義興太守二年入知衞尉事除員外散騎常侍明威將軍雍州刺史資監南徐州高祖踐阼詔曰維城宗子實固有周盤石懿親用隆大漢故會盟則異姓爲後啓土則非劉勿王所以糾合枝幹廣樹蕃屏前王懋典列代恆規從子持節員外散騎常侍明威將軍雍州刺史監南徐州擬持節通直散騎侍郎貞威將軍北徐州刺史褒從子晃炅從孫假節員外散騎常侍明威將軍詖假節信威將軍北徐州刺史吉陽縣開國侯詛假節通直散騎侍郎信武將軍祏假節散騎侍郎雄信將軍青州刺史廣

梁太守詳貞威將軍通直散騎侍郎慧紀從孫敬雅敬泰並枝戚密近劬勞王室宜列河山以光利建擬可永脩縣開國侯褒鍾陵縣開國侯晃建城縣開國侯炅上饒縣開國侯訬虔化縣開國侯誼仍前封祏豫章縣開國侯詳遂興縣開國侯慧紀宜黃縣開國侯敬雅寧都縣開國侯敬泰平固縣開國侯各邑五百戶擬尋除輕車將軍兼南徐州刺史常侍如故其年授通直散騎常侍中領軍三年復以本官監南徐州世祖嗣位除丹陽尹常侍如故坐事又以白衣知郡尋復本職天嘉元年卒時年五十八贈領軍將軍凶事所須並官資給謚曰定二年配享高祖廟廷子黨嗣

陳詳字文幾少出家爲桑門善書記談論清雅高祖討侯景召詳令反初服配以兵馬從定京邑高祖東征杜龕詳躬下安吉原鄉故鄣三縣龕平以功授散騎侍郎假節雄信將軍青州刺史資割故鄣廣德置廣梁郡以詳爲太守高祖踐阼改廣梁爲陳留又以爲陳留太守永定二年封遂興縣侯食邑五百戶其年除明威將軍通直散騎常侍三年隨侯安都破王琳將常衆愛於宮亭湖世

祖嗣位除宣城太守將軍如故王琳下據柵口詳隨吳明徹襲湓城取琳家口不克因入南湖自鄱陽步道而歸琳平詳與明徹並無功天嘉元年隨例增邑并前一千五百戶仍除通直散騎常侍兼右衞將軍三年出爲假節都督吳州諸軍事仁威將軍吳州刺史周迪據臨川舉兵詳自州從他道襲迪於濡城別營獲其妻子迪敗走詳還復本鎮五年周迪復出臨川乃以詳爲都督率水步討迪軍至南城與賊相遇戰敗死之時年四十二以所統失律無贈諡子正理嗣

陳慧紀字元方高祖之從孫也涉獵書史負才任氣高祖平侯景慧紀從焉尋配以兵馬景平從征杜龕除貞威將軍通直散騎常侍高祖踐阼封宜黃縣侯邑五百戶除黃門侍郎世祖卽位出爲安吉縣令遷明威將軍軍副司空章昭達征安蜀城慧紀爲水軍都督於荊州燒青泥船艦光大元年以功除持節通直散騎常侍宣遠將軍豐州刺史增邑并前一千戶太建十年吳明徹北討敗績以慧紀爲持節智武將軍緣江都督兗州刺史增邑并前二千戶餘如故周

軍乘勝據有淮南江外騷擾慧紀收集士卒自海道還都尋除使持節散騎常侍宣毅將軍都督郢巴二州諸軍事郢州刺史增邑幷前二千五百戶至德二年還使持節散騎常侍雲麾將軍都督荆信二州諸軍事荆州刺史賜女伎一部增邑幷前三千戶禎明元年蕭琮尚書左僕射安平王蕭巖晉熙王蕭瓛等率其部衆男女二萬餘口詣慧紀請降慧紀以兵迎之其年以應接功加侍中金紫光祿大夫開府儀同三司征西將軍增邑幷前六千戶餘如故及隋師濟江元帥清河公楊素下自巴硤慧紀遣其將呂忠肅陸倫等拒之戰敗素進據馬頭是時隋將韓擒虎及賀若弼等已濟江據蔣山慧紀聞之留其長史陳文感等居守身率將士三萬人樓船千餘乘沿江而下欲趣臺城至漢口爲秦王軍所拒不得進因與湘州刺史晉熙王叔文巴州刺史畢寶等請降入隋依例授儀同三司頃之卒子正平頗有文學

史臣曰詩云宗子維城無俾城壞又曰綿綿瓜瓞葛藟纍之西京皆豐沛故人東都亦南陽多顯有以哉

陳書卷十五

陳書卷十五考證

陳慧紀傳增邑幷前二千五百戶○增各本誤贈今改正

慧紀遣其將呂忠肅陸倫等拒之○南史無忠字亦不載陸倫是時隋將韓擒虎及賀若弼等○此下南史較詳

陳書卷十五考證

唐散騎常侍姚思廉撰

列傳第十

趙知禮　蔡景歷　劉師知　謝岐

趙知禮字齊旦天水隴西人也父孝穆梁候官令知禮涉獵文史善隸書高祖之討元景仲也或薦之引爲記室參軍知禮爲文贍速每占授軍書下筆便就率皆稱旨由是恆侍左右深被委任當時計畫莫不預焉知禮亦多所獻替高祖平侯景軍至白茅灣上表梁元帝及與王僧辯論述軍事其文並知禮所製侯景平授中書侍郎封始平縣子邑三百戶高祖爲司空以爲從侍中郎高祖入輔遷給事黃門侍郎兼衞尉卿高祖受命遷通直散騎常侍直殿省尋遷散騎常侍守太府卿權知領軍事天嘉元年進爵爲伯增邑通前七百戶王琳平授持節督吳州諸軍事明威將軍吳州刺史知禮沉靜有謀謨每軍國大事世祖輒令璽書問之秩滿爲明威將軍太子右衞率遷右衞將軍領前軍將軍六

年卒時年四十七詔贈侍中諡曰忠子允恭嗣
蔡景歷字茂世濟陽考城人也祖點梁尚書左民侍郎父大同輕車岳陽王記
室參軍掌京邑行選景歷少俊爽有孝行家貧好學善尺牘工草隸解褐諸王
府佐出爲海陽令爲政有能名侯景亂梁簡文帝爲景所幽景歷與南康嗣王
蕭會理謀欲挾簡文出奔事泄見執賊黨王偉保護之獲免因客遊京口侯景
平高祖鎮朱方素聞其名以書要之景歷對使人答書筆不停綴文不重改曰
蒙降札書曲垂引逮伏覽循回載深欣暢竊以世求名駿行地能致千里時愛
奇寶照車遂有徑寸但雲咸斯奏自輟巴渝杞梓方雕豈盼櫄櫪仰惟明將軍
使君侯節下英才挺茂雄姿秀拔運屬時艱志匡多難振衡嶽而綏五嶺滌瀁
源而登九派帶甲十萬彊弩數千誓勤王之師總義夫之力鯨鯢式翦役不踰
時氛霧廓清士無血刃雖漢誅祿產舉朝實賴絳侯晉討約峻中外一資陶牧
比事論功彼奚足算加以抗威兗服冠蓋通于北門整旆徐方詠歌溢于東道
能使邊亭臥鼓行旅路宿巷不拾遺市無異價洋洋乎功德政化曠古未傳訪

非膚淺所能殫述是以天下之人向風慕義接踵披衿雜遝而至矣或帝室英
賢貴遊令望齊楚秀異荆吳岐嶷武夫則猛氣紛紜雄心四據陸拔山嶽水斷
虬龍六鈞之弓左右馳射萬人之劍短兵交接攻壘若文鴦焚艦如黃蓋百戰
百勝貔貅爲羣文人則通儒博識英才偉器雕麗暉煥摛掞絢藻子雲不能抗
其筆元瑜無以高其記尺翰馳而聊城下清談奮而嬴軍却復有三河辯客改
哀樂於須臾六奇謀士斷變反於倏忽治民如子賤踐境有成折獄如仲由片
詞從理直言如毛遂能厲主威銜使若相如不辱君命懷忠抱義感恩狥己誠
斷黃金精貫白日海內雄賢牢籠斯備明將軍徹鞍下馬推案止食申爵以榮
之築館以安之輕財重氣卑躬厚士盛矣哉盛矣哉抑又聞之戰國將相咸推
引賓遊中代岳牧並盛延僚友濟濟多士所以成將軍之貴但量能校實稱才
任使員行方止各盡其宜受委責成誰不畢力至如走賤妄庸人耳秋冬讀書
終慚專學刀筆爲吏竟闕異等衡門衰素無所聞達薄宦輕資焉能遠大自陽
九遘屯天步艱阻同彼貴仕溺於巨寇亟隣危殆備踐薄冰今王道中興慇憂

啓運獲存微命足爲幸甚方歡飲啄是謂來蘇然皇鑾未反宛洛無曠四壁固三軍之餘長夏無半菽之產遨遊古人聊爲借貸屬此樂土洵美忘歸竊服高義暫謁門下明將軍降以顏色二三士友假其餘論菅蒯不棄折簡賜留欲以鷄鶩廁鴛鴻於池沼將移瓦礫參金碧之聲價昔折脅遊秦忽逢盼採擔簦入趙便致留連今雖羈旅方之非匹樊林之賁何用克堪但眇眇纖蘿憑喬松以自聳蠢蠢輕蚋託驂尾而遠騖竊不自涯願備下走且爲腹背之毛脫充鳴吠之數增容改觀爲幸已多海不厭深山不讓高敢布心腹惟將軍覽焉高祖得書甚加欽賞仍更賜書報答即日板征北府中記室參軍仍領記室衡陽獻王時爲吳興郡昌年尚少吳興王之鄉里父老故人尊卑有數高祖恐昌年少接對乖禮乃遣景歷輔之承聖中授通直散騎侍郎還掌府記室高祖將討王僧辯獨與侯安都等數人謀之景歷弗之知也部分既畢召命草檄景歷援筆立成辭義感激事皆稱旨僧辯誅高祖輔政除從事中郎掌記室如故紹泰元年遷給事黃門侍郎兼掌相府記室高祖受禪遷祕書監中書通事舍人掌詔誥

永定二年坐妻弟劉淹詐受周寶安餉馬爲御史中丞沈炯所劾降爲中書侍郎舍人如故三年高祖崩時外有彊寇世祖鎮于南皖朝無重臣宣后呼景歷及江大權杜稜定議乃祕不發喪疾召世祖景歷躬共宦者及內人密營斂服時既暑熱須治梓宮恐斤斧之聲或聞于外仍以蠟爲祕器文書詔誥依舊宣行世祖卽位復爲祕書監舍人如故以定策功封新豐縣子邑四百戶累遷散騎常侍世祖誅侯安都景歷勸成其事天嘉三年以功遷太子左衞率進爵爲侯增邑百戶常侍舍人如故六年坐妻兄劉洽依倚景歷權勢前後姦訛幷受歐陽武威餉絹百匹免官廢帝卽位起爲鎮東鄱陽王諮議參軍兼太府卿華皎反以景歷爲武勝將軍吳明徹軍司皎平明徹於軍中輒戮安成內史楊文通又受降人馬仗有不分明景歷又坐不能匡正被收付治久之獲宥起爲鎮東鄱陽王諮議參軍高宗卽位遷宣惠豫章王長史帶會稽郡守行東揚州府事秩滿還戎昭將軍宣毅長沙王長史尋陽太守行江州府事以疾辭遂不行入爲通直散騎常侍中書通事舍人掌詔誥仍復封邑遷太子左衞率常侍舍

人如故太建五年都督吳明徹北伐所向克捷與周將梁士彥戰於呂梁大破
之斬獲萬計方欲進圖彭城是時高宗銳意河南以爲指麾可定景歷諫稱師
老將驕不宜過窮遠略高祖惡其沮衆大怒猶以朝廷舊臣不深罪責出爲宣
遠將軍豫章內史未行爲飛章所劾以在省之日贓汙狼藉帝令有司按問景
歷但承其半於是御史中丞宗元饒奏曰臣聞士之行己忠以事上廉以持身
苟違斯道刑茲罔赦謹按宣遠將軍豫章內史新豐縣開國侯景歷因藉多幸
豫奉興王皇運權輿頗參締構天嘉之世贓賄狼藉聖恩錄用許以更鳴裂壤
崇階不遠斯復不能改節自勵以報曲成遂乃專擅貪汙彰於遠近一則已甚
其可再乎宜寘刑書以明秋憲臣等參議以見事免景歷所居官下鴻臚削爵
土謹奉白簡以聞詔曰可於是徙居會稽及吳明徹敗帝思景歷前言即日追
還復以爲征南鄱陽王諮議參軍數日遷員外散騎常侍兼御史中丞復本封
爵入守度支尙書舊式拜官在午後景歷拜日適值輿駕幸玄武觀在位皆侍
宴帝恐景歷不豫特令早拜其見重如此是歲以疾卒官時年六十贈太常卿

諡曰敬十三年改葬重贈中領軍禎明元年配享高祖廟庭二年輿駕親幸其宅重贈景歷侍中中撫將軍諡曰忠敬給鼓吹一部幷於墓所立碑景歷屬文不尚雕靡而長於敍事應機敏速爲當世所稱有文集三十卷

劉師知沛國相人也家世素族祖奚之齊晉安王諮議參軍淮南太守有能政齊武帝手詔頻褒賞父景彥梁尚書左丞司農卿師知好學有當世才博涉書史工文筆善儀體臺閣故事多所詳悉梁世歷王府參軍紹泰初高祖入輔以師知爲中書舍人掌詔誥是時兵亂之後禮儀多闕高祖爲丞相及加九錫幷受禪其儀注並師知所定焉高祖受命仍爲舍人性疎簡與物多忤雖位宦不遷而委任甚重其所獻替皆有弘益及高祖崩六日成服朝臣共議大行皇帝靈座俠御人所服衣服吉凶之制博士沈文阿議宜服吉服師知議云既稱成服本備喪禮靈筵服物皆悉縞素今雖無大行俠御官事按梁昭明太子薨成服俠侍之官悉着縗斬惟着鎧不異此卽可擬愚謂六日成服俠靈座須服縗絰中書舍人蔡景歷亦云雖不悉準按山陵有凶吉羽儀成服唯凶無吉文武

俠御不容獨鳴玉珥貂情禮二三理宜縗斬中書舍人江德藻謝岐等並同師知議文阿重議云檢晉宋山陵儀靈輿梓宮降殿各侍中奏又成服儀稱靈輿梓宮容俠御官及香橙又檢靈輿梓宮進止儀稱直靈俠御吉服在吉鹵簿中又云梓宮俠御縗絰在凶鹵簿中是則在殿吉凶兩俠御也時以二議不同乃啓取左丞徐陵決斷陵云梓宮祔山陵靈筵祔宗廟有此分判便驗吉凶按山陵鹵簿吉部伍中公卿以下導引者爰及武賁鼓吹執蓋奉車並是吉服豈容俠御獨爲縗絰邪斷可知矣若言公卿胥吏並服縗苴此與梓宮部伍有何差別若言文物並吉司事者凶豈容衽絰而奉華蓋縗衣而升玉輅邪同博士議師知又議曰左丞引梓宮祔山陵靈筵祔宗廟必有吉凶二部成服不容上凶博士猶執前斷終是山陵之禮若龍駕啓殯鑾輿兼設吉凶之儀由來本備準之成服愚有未安夫喪禮之制自天子達按王文憲喪服明記云官品第三侍靈人二十官品第四下達士禮侍靈之數並有十人皆白布袴褶著白絹帽內喪女侍數如外而著齊縗或問內外侍靈是同何忽縗服有異答云若依君臣

之禮則外侍斬內侍齊縗世多故禮隨事省諸侯以下臣吏蓋微至於侍奉多出義附君臣之節不全縗冠之費實闕所以因其常服止變幘而已婦人侍者皆是卑隸君妾之道既純服章所以備矣皇朝之典猶自不然以此而推是知服斬彼有侍靈則猶俠御既著白帽理無彤服且梁昭明儀注今則見存二文顯證差爲成準且禮出人情可得消息凡人有喪既陳筵几繐帷靈房變其常儀蘆箔草廬卽其凶禮堂室之內親賓具來齊斬麻緦差池哭次玄冠不弔莫非素服豈見門生故吏綃縠間趨左姬右姜紅紫相揉況四海遏密率土之情是同三軍縞素爲服之制斯一遂使千門旦啓非塗堊於彤闈百僚戾止變服麤於朱軾而耀金在列鳴玉節行求之懷抱固爲未愜準以禮經彌無前事豈可成服之儀譬以山陵之禮葬既始終已畢故有吉凶之儀所謂成服本成喪禮百司外內皆變吉容俠御獨不何謂成服若靈無俠御則已有則必應縗服

謝岐議曰靈筵祔宗廟梓宮祔山陵實如左丞議但山陵鹵簿備有吉凶從靈輿者儀服無變從梓宮者皆服苴縗爰至士禮悉同此制此自是山陵之儀非

闕成服今謂梓宮靈扆共在西階稱爲成服亦無凶簿直是爰自胥吏上至王
公四海之內必備縗絰案梁昭明太子薨略是成例豈容凡百士庶悉皆服重
而侍中至於武衞最是近官反鳴玉紆青與平吉不異左丞旣推以山陵事愚
意或謂與成服有殊若爾日俠御文武不異惟侍靈之人主書宣傳齋幹應敕
悉應不改蔡景歷又議云俠御之官本出五百爾日備服居廬仍於本省引上
登殿豈應變服貂玉若別攝餘官以充簪珥則爾日便有不成服者山陵自有
吉凶二儀成服凶而不吉猶依前議同劉舍人德藻又議云愚謂祖葬之辰始
終永畢達官有追贈須表恩榮有吉凶簿恐由此義私家放斅因以成俗上服
本變吉爲凶理不應猶襲紈綺劉舍人引王衞軍喪儀及檢梁昭明故事此明
據已審博士左丞乃各盡事衷旣未取證須更詢詳宜諮八座詹事太常中丞
及中庶諸通袁樞張種周弘正弘讓沈炯孔奐時八座以下並請案羣議斟酌
舊儀梁昭明太子喪成服儀注明文見存足爲準的成服日侍官理不容猶從
吉禮其葬禮分吉自是山陵之時非關成服之日愚謂劉舍人議於事爲允陵

重答云老病屬纊不能多說古人爭議多成怨府傳玄見尤於晉代王商取陷於漢朝謹自三緘敬同高命若萬一不死猶得展言庶與朝賢更申揚榷文阿猶執所見衆議不能決乃具錄二議奏聞從師知議尋遷鴻臚卿舍人如故天嘉元年坐事免初世祖敕師知撰起居注自永定二年秋至天嘉元年冬爲十卷起爲中書舍人復掌詔誥天康元年世祖不豫師知與尚書僕射到仲舉等入侍醫藥世祖崩預受顧命及高宗爲尚書令入輔光大元年師知與仲舉等遣舍人殷不佞矯詔令高宗還東府事覺於北獄賜死

謝岐會稽山陰人也父達梁太學博士岐少機警好學見稱於梁世爲尚書金部郎山陰令侯景亂岐流寓東陽景平依于張彪彪在吳郡及會稽庶事一以委之彪每征討恆留岐監郡知後事彪敗高祖引岐參預機密以爲兼尚書右丞時軍旅屢興糧儲多闕岐所在幹理深被知遇永定元年爲給事黃門侍郎中書舍人兼右丞如故天嘉二年卒贈通直散騎常侍岐弟嶠篤學爲世通儒

史臣曰高祖開基創業剋定禍亂武猛固其立功文幹亦乃展力趙知禮蔡景

歷早識攀附預締搆之臣焉劉師知博涉多通而闇於機變雖欲存乎節義終

陷極刑斯不智矣

陳書卷十六

陳書卷十六考證

趙知禮傳子允恭嗣○允南史作元

蔡景歷傳卽日板征北府中記室參軍○板南史作授

幷受歐陽武威餉絹百匹○南史無武字

兼太府卿○府監本誤舟今改正

陳書卷十六考證

陳書卷十七

唐　散　騎　常　侍　姚　思　廉　撰

列傳第十一

王沖　王通弟勱　袁敬兄子樞

王沖字長深琅邪臨沂人也祖僧衍齊侍中父茂璋梁給事黃門侍郎沖母梁武帝妹新安穆公主卒於齊世武帝以沖偏孤深所鍾愛年十八起家梁祕書郎尋爲永嘉太守入爲太子舍人以父憂去職服闋除太尉臨川王府外兵參軍東宮領直累遷太子洗馬中舍人出爲招遠將軍衡陽內史還武威將軍安成嗣王長史長沙內史將軍如故王薨於湘州仍以沖監湘州事入爲太子庶子還給事黃門侍郎大同三年以帝甥賜爵安東亭侯邑一百五十戶歷明威將軍南郡太守太子中庶子侍中出監吳郡滿歲即真徵爲通直散騎常侍兼左民尚書出爲明威將軍輕車當陽公府長史江夏太守行郢州事還平西邵陵王長史轉驃騎廬陵王長史南郡太守王薨行州府事梁元帝鎮荊州爲鎮

西長史將軍太守如故沖性和順事上謹肅習於法令政在平理佐藩莅人鮮
有失德雖無赫赫之譽久而見思由是推重累居二千石又曉音樂習歌舞善
與人交貴游之中聲名籍甚侯景之亂梁元帝於荆州承制沖求解南郡以讓
王僧辯幷獻女妓十人以助軍賞元帝授持節督衡桂成合四州諸軍事雲麾
將軍衡州刺史元帝第四子元良爲湘州刺史仍以沖行州事領長沙內史侯
景平授翊左將軍丹陽尹武陵王舉兵至峽口王琳偏將陸納等據湘州應之
沖爲納所拘納降重授侍中中權將軍量置佐史尹如故江陵陷敬帝爲太宰
承制以沖爲左長史紹泰中累遷左光祿大夫尚書右僕射還左僕射開府儀
同三司侍中將軍如故尋復領丹陽尹南徐州大中正給扶高祖受禪解尹以
本官領左光祿大夫未拜改領太子少傅文帝嗣位解少傅加特進左光祿大
夫尋又以本官領丹陽尹參撰律令廢帝卽位給親信十人初高祖以沖前代
舊臣特申長幼之敬文帝卽位益加尊重嘗從文帝幸司空徐度宅宴筵之上
賜以几其見重如此光大元年薨時年七十六贈侍中司空謚曰元簡沖有子

三十人並致通官第十二子瑒別有傳
王通字公達琅邪臨沂人也祖份梁左光祿大夫父琳司空左長史琳齊代娶梁武帝妹義興長公主有子九人並知名通梁世起家國子生舉明經爲祕書郎太子舍人以帝甥封武陽亭侯累遷王府主簿限外記室參軍司徒主簿太子中庶子驃騎廬陵王府給事中郎中權何敬容府長史給事黃門侍郎坐事免侯景之亂奔于江陵元帝以爲散騎常侍遷守太常卿自侯景亂後臺內宮室並皆焚燼以通兼起部尚書歸于京師專掌繕造江陵陷敬帝承制以通爲吏部尚書紹泰元年加侍中尚書如故尋爲尚書右僕射吏部如故高祖受禪遷左僕射侍中如故文帝嗣位領太子少傅天康元年爲翊右將軍右光祿大夫量置佐史廢帝卽位號安右將軍又領南徐州大中正太建元年遷左光祿大夫六年加特進侍中將軍光祿佐史並如故未拜卒時年七十二詔贈本官謚曰成葬日給鼓吹一部弟質弟固各有傳
勱字公濟通之弟也美風儀博涉書史恬然清簡未嘗以利欲干懷梁世爲國

子周易生射策舉高第除祕書郎太子舍人宣惠武陵王主簿輕車河東王功曹史王出鎮京口勱將隨之藩范陽張纘時典選舉勱造纘言别纘嘉其風采乃曰王生才地豈可遊外府乎奏爲太子洗馬遷中舍人司徒左西屬出爲南徐州别駕從事史大同末梁武帝謁園陵道出朱方勱隨例迎候勅勱令從輦側所經山川莫不顧問勱隨事應對咸有故實又從登北顧樓賦詩辭義清典帝甚嘉之時河東王爲廣州刺史乃以勱爲冠軍河東王長史南海太守王至嶺南多所侵掠因懼罪稱疾委州還朝勱行廣州府事越中饒沃前後守宰例多貪縱勱獨以清白著聞入爲給事黄門侍郎侯景之亂西奔江陵元帝承制以爲太子中庶子掌相府管記出爲寧遠將軍晉陵太守時兵饑之後郡中凋弊勱爲政清簡吏民便安之徵爲侍中遷五兵尚書及西魏寇江陵元帝徵湘州刺史宜豐侯蕭循入援以勱監湘州江陵陷敬帝承制以爲中書令紹泰元年加侍中高祖爲司空以勱兼司空長史高祖爲丞相勱兼丞相長史侍中中書令並如故時吳中遭亂民多乏絶乃以勱監吳興郡及蕭勃平後又以勱督

在嶺表早有政勳乃授使持節都督廣州等二十州諸軍事平南將軍平越中郎將廣州刺史未行改爲衡州刺史持節都督並如故王琳據有上流衡廣攜貳勱不得之鎮留于大庾嶺天嘉元年徵爲侍中都官尚書未拜復爲中書令遷太子詹事行東宮事侍中並如故加金紫光祿大夫領度支尚書廢帝即位加散騎常侍太建元年遷尚書右僕射時東境大水百姓饑饉以勱爲仁武將軍晉陵太守在郡甚有威惠郡人表請立碑頌勱政績詔許之徵爲中書監重授尚書右僕射領右軍將軍四年五月卒時年六十七贈侍中中書監諡曰温

袁敬字子恭陳郡陽夏人也祖顗宋侍中吏部尚書雍州刺史父昂梁侍中司空諡穆公敬純孝有風格幼便篤學老而無倦釋褐祕書郎累遷太子舍人洗馬中舍人江陵淪覆流寓嶺表高祖受禪敬在廣州依歐陽頠及頠卒其子紇據州將有異志敬累諫紇爲陳逆順之理言甚切至紇終不從高宗即位遣章昭達率衆討紇紇將敗之時恨不納敬言朝廷義之其年徵爲太子中庶子通直散騎常侍俄轉司徒左長史尋遷左民尚書轉都官尚書領豫州大中正累

遷太常卿散騎常侍金紫光祿大夫加特進至德三年卒時年七十九贈左光
祿大夫謚曰靖德子元友嗣弟淤自有傳兄子樞
樞字踐言梁吳郡太守君正之子也美容儀性沉靜好讀書手不釋卷家世顯
貴貲產充積而樞獨居處率素傍無交往端坐一室非公事未嘗出遊榮利之
懷淡如也起家梁祕書郎歷太子舍人輕車河東王主簿安前邵陵王中軍宣
成王二府功曹史侯景之亂樞往吳郡省父因丁父憂時四方擾亂人求苟免
樞居喪以至孝聞王僧辯平侯景鎮京城衣冠爭往造請樞獨杜門靜居不求
聞達紹泰元年徵爲給事黃門侍郎未拜除員外散騎常侍兼侍中二年兼吏
部尚書其年出爲吳興太守永定二年徵爲左民尚書未至改侍中掌大選事
三年遷都官尚書掌選如故樞博聞彊識明悉舊章初高祖長女永世公主先
適陳留太守錢蒧生子邑主及邑並卒于梁世高祖受命唯公主追封至是將
葬尚書主客請詳議欲加蒧駙馬都尉幷贈邑官樞議曰昔王姬下嫁必適諸
侯同姓爲主聞於公羊之說車服不繫顯於詩人之篇漢氏初與列侯尚主自

斯以後降嬪素族駙馬都尉置由漢武或以假諸功臣或以加於戚屬是以魏曹植表駙馬奉車趣爲一號齊職儀曰凡尙公主必拜駙馬都尉魏晉以來因爲瞻準蓋以王姬之重庶姓之輕若不加其等級寧可合巹而酳所以假駙馬之位乃崇於皇女也今公主早薨伉儷已絕既無禮數致疑何須駙馬之授案杜預尙晉宣帝第二女高陵宣公主晉武踐阼而主已亡泰始中追贈公主元凱無復駙馬之號梁之帝女新安穆公主早薨天監初王氏無追拜之事遠近二例足以據明公主所生既未及成人之禮無勞此授今宜追贈亭侯時以樞議爲長天嘉元年守吏部尙書三年即真尋領右軍將軍又領丹陽尹本官如故五年以葬父拜表自解詔賜絹布五十匹錢十萬令葬訖停宅視郡事葬服闋還復本職其年秩滿解尹加散騎常侍將軍尙書並如故是時僕射到仲舉雖參掌選事銓衡汲引並出於樞其所舉薦多會上旨謹愼周密淸白自居文武職司鮮有遊其門者廢帝即位遷尙書左僕射光大元年卒時年五十一贈侍中左光祿大夫諡曰簡懿有集十卷行於世弟憲自有傳

史臣曰王沖王通並以貴游早升清貫而允蹈禮節篤誠奉上斯爲美焉王勱之襟神夷澹袁樞之端操沉冥雖拘放爲異而勝概一揆古所謂名士者蓋在其人乎

陳書卷十七

陳書卷十七考證

王通傳父琳司空左長史○南史作司徒

王通弟勱乃以勱監吳興郡○監一本作兼

陳書卷十七考證

陳書卷十八

唐　散　騎　常　侍　姚　思　廉　撰

列傳第十二

沈衆　袁泌　劉仲威　陸山才　王質　韋載族弟翽

沈衆字仲師吳興武康人也祖約梁特進父旋梁給事黃門侍郎衆好學頗有文才起家梁鎮衞南平王法曹參軍太子舍人是時梁武帝制千字詩衆爲之注解與陳郡謝景同時召見于文德殿帝令衆爲竹賦賦成奏之帝手勅答曰卿文體翩翩可謂無忝爾祖當陽公蕭大心爲郢州刺史以衆爲限內記室參軍尋除鎮南湘東王記室參軍遷太子中舍人兼散騎常侍聘魏還還驃騎廬陵王諮議參軍舍人如故侯景之亂衆表於梁武帝稱家代所隸故義部曲並在吳興求還召募以討賊梁武許之及景圍臺城衆率宗族及義附五千餘人入援京邑頓于小航對賊東府置陣軍容甚整景深憚之梁武於城內遙授衆爲太子右衞率京城陷衆降於景景平西上荊州元帝以爲太子中庶子本州

大中正尋遷司徒左長史江陵陷爲西魏所虜尋而逃還敬帝承制授御史中丞紹泰元年除侍中還左民尙書高祖受命遷中書令中正如故高祖以衆州里知名甚敬重之賞賜優渥超於時輩衆性吝嗇內治產業財帛以億計無所分遺其自奉養甚薄每於朝會之中衣裳破裂或躬提冠屨永定二年兼起部尙書監起太極殿恆服布袍芒屩以麻繩爲帶又攜乾魚蔬菜飯獨噉之朝士共誚其所爲衆性狷急於是忿恨遂歷詆公卿非毀朝廷高祖大怒以衆素有令望不欲顯誅之後因其休假還武康遂於吳中賜死時年五十六

袁泌字文洋左光祿大夫敬之弟也清正有幹局容體魁岸志行修謹釋褐員外散騎侍郎歷諸王府佐侯景之亂泌欲求爲將是時泌兄君正爲吳郡太守梁簡文板泌爲東宮領直令往吳中召募士卒及景圍臺城泌率所領赴援京城陷退保東陽景使兵追之乃自會稽東嶺出湓城依於鄱陽嗣王蕭範範卒泌乃降景景平王僧辯表泌爲富春太守兼丹陽尹貞陽侯僭位以泌爲侍中奉使於齊高祖受禪王琳據有上流泌自齊從梁永嘉王蕭莊達琳所及莊僭

立以泌爲侍中丞相長史天嘉二年泌與琳輔莊至于柵口琳軍敗衆皆奔散
唯泌獨乘輕舟送莊達于北境屬莊於御史中丞劉仲威令共入齊然後拜辭
而歸詣闕請罪文帝深義之尋授寧遠始興王府法曹參軍轉諮議參軍除通
直散騎常侍兼侍中領豫州大中正聘于周使還授散騎常侍御史中丞其中
正如故高宗入輔以泌爲雲旗將軍司徒左長史光大元年卒年五十八臨終
戒其子蔓華曰吾於朝廷素無功績瞑目之後斂手足旋葬無得輒受贈謚其
子述泌遺意表請之朝廷不許贈金紫光祿大夫謚曰質

劉仲威南陽涅陽人也祖虯齊世以國子博士徵不就父之遴荆州治中從事
史仲威少有志氣頗涉文史梁承聖中爲中書侍郎蕭莊僞署御史中丞隨莊
入齊終於鄴中仲威從弟廣德亦好學負才任氣父之亨梁安西湘東王長史
南郡太守廣德承聖中以軍功官至給事黃門侍郎湘東太守荆州陷後依于
王琳琳平文帝以廣德爲寧遠始興王府限外記室參軍仍領其舊兵尋爲太
尉侯瑱湘州府司馬歷樂山豫章二郡太守新安內史光大中假節員外散騎

常侍雲旗將軍河東太守太建元年卒於郡時年四十三贈左衛將軍
陸山才字孔章吳郡吳人也祖翁寶梁尚書水部郎父泛散騎常侍山才少倜
儻好尚文史范陽張纘纘弟綰並欽重之起家王國常侍遷外兵參軍尋以父
疾東歸侍養承聖元年王僧辯授山才儀同府西曹掾高祖誅僧辯山才奔會
稽依張彪彪敗乃歸高祖紹泰中都督周文育出鎮南豫州不知書疏乃以山
才爲長史政事悉以委之文育南討剋蕭勃擒歐陽頠計畫多出山才及文育
西征王琳留山才監江州事乃鎮豫章文育與侯安都於沌口敗績余孝頃自
新林來寇豫章山才收合餘衆依于周迪擒余孝頃李孝欽等遣山才自都陽
之樂安嶺東道送于京師除中書侍郎復由樂安嶺綏撫南川諸郡文育重鎮
豫章金口山才復爲貞威將軍鎮南長史豫章太守文育爲熊曇朗所害曇朗
因山才等送于王琳未至而侯安都敗琳將常衆愛於宮亭湖由是山才獲反
除貞威將軍新安太守爲王琳未平留鎮富陽以捍東道入爲員外散騎常侍
遷宣惠始興王長史行東揚州事侯安都討留異山才率王府之衆從焉異平

除明威將軍東陽太守入爲鎮東始興王長史帶會稽郡丞行東揚州事未拜改授散騎常侍兼度支尚書滿歲爲真高宗南征周迪以山才爲軍司迪平復職余孝頃自海道襲晉安山才又以本官之會稽指授方略還朝坐侍宴與蔡景歷言語過差爲有司所奏免官尋授散騎常侍遷雲旗將軍西陽武昌二郡太守天康元年卒時年五十八贈右衞將軍諡曰簡子

王質字子貞右光祿大夫通之弟也少慷慨涉獵書史梁世以武帝甥封甲口亭侯補國子周易生射策高第起家祕書郎太子舍人尚書殿中郎遭母憂居喪以孝聞服闋除太子洗馬東宮領直累遷中舍人庶子太清元年除假節寧遠將軍領東宮兵從貞陽侯北伐及貞陽敗績質脫身逃還侯景於壽陽構逆質又領舟師隨衆軍拒之景軍濟江質便退走尋領步騎頓于宣陽門外景軍至京師質不戰而潰乃翦髮爲桑門潛匿人間及柳仲禮等會援京邑軍據南岸質又收合餘衆從之京城陷後西奔荊州元帝承制以質爲右長史帶河東太守俄遷侍中尋出爲持節都督吳州諸軍事寧遠將軍吳州刺史領鄱陽內

史荊州陷侯瑱鎮于湓城與質不協遣偏將羊亮代質且以兵臨之質率所部度信安嶺依于留異文帝鎮會稽以兵助質令鎮信安縣永定二年高祖命質率所部踰嶺出豫章隨都督周文育以討王琳質與琳素善或譖云於軍中潛信交通高祖命周文育殺質文育啓請救之獲免尋授散騎常侍晉陵太守文帝嗣位徵守五兵尚書高宗爲揚州刺史以質爲仁威將軍驃騎府長史天嘉二年除晉安太守高宗輔政以爲司徒左長史將軍如故坐公事免官尋爲通直散騎常侍遷太府卿都官尚書太建二年卒時年六十贈本官諡曰安子

韋載字德基京兆杜陵人也祖叡梁開府儀同三司永昌嚴公父政梁黃門侍郎載少聰慧篤志好學年十二隨叔父稜見沛國劉顯顯問漢書十事載隨問應答曾無疑滯及長博涉文史沉敏有器局起家梁邵陵王法曹參軍遷太子舍人尚書三公郎侯景之亂元帝承制以爲中書侍郎尋爲建威將軍尋陽太守隨都督王僧辯東討侯景是時僧辯軍于湓城而魯悉達樊俊等各擁兵保境觀望成敗元帝以載爲假節都督太原高唐新蔡三郡諸軍事高唐太守仍

銜命喻悉達等令出軍討景及大軍東下載率三郡兵自焦湖出柵口與僧辯會于梁山景平除冠軍將軍琅邪太守尋奉使往東陽晉安招撫留異陳寶應等仍授信武將軍義與太守高祖誅王僧辯乃遣周文育輕兵襲載未至而載先覺乃嬰城自守文育攻之甚急載所屬縣卒並高祖舊兵多善用弩載收得數十人繫以長鏁命所親監之使射文育軍約曰十發不兩中者則死每發輒中所中皆斃文育軍稍却因於城外據水立柵相持數旬高祖聞文育軍不利乃自將征之剋其水柵仍遣載族弟翽賫書喻載以誅王僧辯意幷奉梁敬帝勑勑載解兵載得書乃以衆降于高祖高祖厚加撫慰即以其族弟翽監義與郡所部將帥並隨才任使引載恆置左右與之謀議徐嗣徽任約等引齊軍濟江據石頭城高祖問計於載載曰齊軍若分兵先據三吳之路略地東境則時事去矣今可急於淮南即侯景故壘築城以通東道轉輸別命輕兵絕其糧運使進無所虜退無所資則齊將之首旬日可致高祖從其計永定元年除和戎將軍通直散騎常侍二年進號輕車將軍尋加散騎常侍太子右衛率將軍如

故天嘉元年以疾去官載有田十餘頃在江乘縣之白山至是遂築室而居屏
絶人事吉凶慶弔無所往來不入籬門者幾十載太建中卒於家時年五十八
載族弟翽字子羽少有志操祖愛梁輔國將軍父乾向汝陰太守翽弱冠喪父
哀毀甚至養母撫孤兄弟子以仁孝著稱高祖爲南徐州刺史召爲征北參軍
尋監義興郡永定元年授貞毅將軍步兵校尉遷驍騎將軍領朱衣直閤驍騎
之職舊領營兵兼統宿衞自梁代已來其任踰重出則羽儀清道入則與二衞
通直臨軒則升殿俠侍翽素有名望每大事恆令俠侍左右時人榮之號曰俠
御將軍尋出爲宣城太守天嘉二年預平王琳之功封清源縣侯邑二百戸太
建中卒官贈明霍羅三州刺史子宏字德禮有文學歷官至永嘉王府諮議參
軍陳亡入隋
史臣曰昔鄧禹基於文學杜預出自儒雅卒致軍功名著前代晉氏喪亂播遷
江左顧榮郗鑒之輩溫嶠謝玄之倫莫非巾褐書生搢紳素譽抗敵以衞社稷
立勳而升台鼎自斯以降代有其人但梁室沸騰懦夫立志旣身逢際會見仗

於時主奚矣

陳書卷十八

陳書卷十九

唐　散騎常侍姚思廉撰

列傳第十三

沈炯　虞荔弟寄　馬樞

沈炯字禮明吳興武康人也祖瑀梁尋陽太守父續王府記室參軍炯少有雋才爲當時所重釋褐王國常侍遷爲尚書左民侍郎出爲吳令侯景之難吳郡太守袁君正入援京師以炯監郡京城陷景將宋子仙據吳興遣使召炯委以書記之任炯固辭以疾子仙怒命斬之炯解衣將就戮礙於路間桑樹乃更牽往他所或遽救之僅而獲免子仙愛其才終逼之令掌書記及子仙爲王僧辯所敗僧辯素聞其名於軍中購得之酬所獲者鐵錢十萬自是羽檄軍書皆出於炯及簡文遇害四方岳牧皆上表於江陵勸進僧辯令炯製表其文甚工當時莫有逮者高祖南下與僧辯會于白茅灣登壇設盟炯爲其文及侯景東奔至吳郡獲炯妻虞氏子行簡並殺之炯弟攜其母逃而獲免侯景平梁元帝愍

其妻子嬰戮特封原鄉縣侯邑五百戶僧辯爲司徒以烱爲從事中郎梁元帝徵爲給事黃門侍郎領尚書左丞荊州陷爲西魏所虜魏人甚禮之授烱儀同三司烱以母老在東恆思歸國恐魏人愛其文才而留之恆閉門却掃無所交遊時有文章隨卽棄毀不令流布嘗獨行經漢武通天臺爲表奏之陳己思歸之意其辭曰臣聞喬山雖掩鼎湖之靈可祠有魯既荒大庭之迹無泯伏惟陛下降德猗蘭纂靈豐谷漢道既登神仙可望射之罘於海浦禮日觀而稱功橫中流於汾河指柏梁而高宴何其樂也豈不然歟既而運屬上仙道窮晏駕甲帳珠簾一朝零落茂陵玉椀宛出人閒陵雲故基共原田而膴膴別風餘址對陵阜而茫茫羈旅縲臣能不落淚昔承明既厭嚴助東歸駟馬可乘長卿西返恭聞故實竊有愚心黍稷非馨敢忘徽福奏訖其夜烱夢見有宮禁之所兵衛甚嚴烱便以情事陳訴聞有人言甚不惜放卿還幾時可至少日便與王克等並獲東歸紹泰二年至都除司農卿遷御史中丞高祖受禪加通直散騎常侍中丞如故以母老表請歸養詔不許文帝嗣位又表曰臣嬰生不幸弱冠而孤

母子零丁兄弟相長謹身爲養仕不擇官宦成梁朝命存亂世冒危履險自死輕生妻息誅夷昆季冥滅餘臣母子得逢興運臣母妾劉今年八十有一臣叔母妾丘七十有五臣門弟姪故自無人妾丘兒孫又久亡泯兩家侍養餘臣一人前帝知臣之孤煢養臣以州里不欲使頓居草萊又復矜臣温凊所以一年之內再三休沐臣之屢披丹款頻冒宸鑒非欲苟違朝廷遠離輦轂一者以年將六十湯火居心每跪讀家書前懼後喜温枕扇席無復成童二者職居彝憲邦之司直若自虧身體何間國章前德綢繆始許哀放內侍近臣多悉此旨正以選賢與能廣求明哲趦趄荏苒未始取才而上玄降戾奄至今日德音在耳墳土遽乾悠悠昊天哀此罔極兼臣私心煎切彌迫近時慺慺之祈轉忘塵觸伏惟陛下睿哲聰明嗣興下武刑于四海弘此孝治寸管求天仰歸帷扆有感必應實望聖明特乞霈然申其私禮則王者之德覃及無方矧彼翔沉孰非涵養詔答曰省表具懷鄉譽馳咸維情深宛沛日者理切倚閭言歸異域復牽時役遂乖侍養雖周生之恩每欲棄官戴禮垂文得遺從政前朝光宅四海劬勞

萬幾以卿才爲獨步職居專席方深委任屢屈情禮朕嗣奉洪基思弘景業顧
茲寡薄兼纏哀疚實賴賢哲同致雍熙豈便釋廟南闈解紱東路當令馮親入
舍荀母從官用覩朝榮不虧家禮尋勅所由相迎尊累使卿公私得所並無廢
也初高祖嘗稱烱宜居王佐軍國大政多預謀謨文帝又重其才用欲寵貴之
會王琳入寇大雷留異擁據東境帝欲使烱因是立功乃解中丞加明威將軍
遣還鄉里收合徒衆以疾卒于吳中時年五十九文帝聞之卽日舉哀幷遣弔
祭贈侍中諡曰恭子有集二十卷行於世
虞荔字山披會稽餘姚人也祖權梁廷尉卿永嘉太守父檢平北始興王諮議
參軍荔幼聰敏有志操年九歲隨從伯闡候太常陸倕倕問五經凡有十事荔
隨問輒應無有遺失倕甚異之又嘗詣徵士何胤時太守衡陽王亦造焉胤言
之於王王欲見荔荔辭曰未有板刺無容拜謁王以荔有高尚之志雅相欽重
還郡卽辟爲主簿荔又辭以年小不就及長美風儀博覽墳籍善屬文釋褐梁
西中郎行參軍尋署法曹外兵參軍兼丹陽詔獄正梁武帝於城西置士林館

荔乃製碑奏上帝命勒之于館仍用荔爲士林學士尋爲司文郎遷通直散騎侍郎兼中書舍人時左右之任多參權軸內外機務互有帶掌唯荔與顧協淡然靖退居于西省但以文史見知當時號爲清白尋領大著作及侯景之亂荔率親屬入臺除鎮西諮議參軍舍人如故臺城陷逃歸鄉里侯景平元帝徵爲中書侍郎貞陽侯授揚州別駕並不就張彪之據會稽也荔時在焉及文帝平彪高祖遺荔書曰喪亂已來賢哲凋散君才用有美聲聞許洛當今朝廷維新廣求英儁豈可棲遲東土獨善其身今令兄子將接出都想必副朝廷虛遲也文帝又與書曰君東南有美聲譽洽聞自應翰飛京許共康時弊而削迹丘園保茲獨善豈使稱空谷之望耶必願便爾俶裝且爲出都之計唯遲披覿在於茲日迫切之不得已乃應命至都高祖崩文帝嗣位除太子中庶子仍侍太子讀書尋領大著作東揚揚州二州大中正庶子如故初荔母隨荔入臺卒於臺內尋而城陷情禮不申由是終身蔬食布衣不聽音樂雖任遇隆重而居止儉素淡然無營文帝深器之常引在左右朝夕顧訪荔性沉密少言論凡所獻替

莫有見其際者故不列于後焉時荔第二弟寄寓於閩中依陳寶應荔每言之輒流涕文帝哀而謂曰我亦有弟在遠此情甚切他人豈知乃勅寶應求寄寶應終不遣荔因以感疾帝數往臨視令荔將家口入省荔以禁中非私居之所乞停城外文帝不許乃令住於蘭臺乘輿再三臨問手勅中使相望於道又以荔蔬食積久非羸疾所堪乃勅曰能敦布素乃當爲高卿年事已多氣力稍減方欲仗委良須克壯今給卿魚肉不得固從所執也荔終不從天嘉二年卒時年五十九文帝甚傷惜之贈侍中諡曰德子及喪柩還鄉里上親出臨送當時榮之子世基世南並少知名

寄字次安少聰敏年數歲客有造其父者遇寄於門因嘲之曰郎君姓虞必當無智寄應聲答曰文字不辯豈得非愚客大慚入謂其父曰此子非常人文舉之對不是過也及長好學善屬文性沖靜有棲遁之志弱冠舉秀才對策高第起家梁宣城王國左常侍大同中嘗驟雨殿前往往有雜色寶珠梁武觀之甚有喜色寄因上瑞雨頌帝謂寄兄荔曰此頌典裁清拔卿家之士龍也將如何

擢用寄聞之歎曰美盛德之形容以申擊壤之情耳吾豈買名求仕者乎乃閉門稱疾唯以書籍自娛岳陽王爲會稽太守引寄爲行參軍遷記室參軍領郡五官掾又轉中記室掾如故在職簡略煩苛務存大體曹局之內終日寂然侯景之亂寄隨兄荔入臺除鎮南湘東王諮議參軍加貞威將軍京城陷遁還鄉里及張彪往臨川彊寄俱行寄與彪將鄭瑋同舟而載瑋嘗忤彪意乃劫寄奔于晉安時陳寶應據有閩中得寄甚喜高祖平侯景寄勸令自結寶應從之乃遣使歸誠承聖元年除和戎將軍中書侍郎寶應愛其才託以道阻不遣每欲引寄爲僚屬委以文翰寄固辭獲免及寶應結婚留異潛有逆謀寄微知其意言說之際每陳逆順之理微以諷諫寶應輒引說他事以拒之又嘗令左右誦漢書臥而聽之至蒯通說韓信曰相君之背貴不可言寶應蹶然起曰可謂智士寄正色曰覆酈驕韓未足稱智豈若班彪王命識所歸乎寄知寶應不可諫慮禍及己乃爲居士服以拒絕之常居東山寺僞稱脚疾不復起寶應以爲假託使燒寄所臥室寄安臥不動親近將扶寄出寄曰吾命有所懸避欲安往所

縱火者旋自救之寶應自此方信及留異稱兵寶應資其部曲寄乃因書極諫
曰東山虞寄致書於明將軍使君節下寄流離世故飄寓貴鄉將軍待以上賓
之禮申以國士之眷意氣所感何日忘之而寄沉痼彌留愒陰將盡常恐卒塡
溝壑涓塵莫報是以敢布腹心冒陳丹款願將軍留須臾之慮少思察之則瞑
目之日所懷畢矣夫安危之兆禍福之機匪獨天時亦由人事失之毫釐差以
千里是以明智之士據重位而不傾執大節而不失豈惑於浮辭哉將軍文武
兼資英威不世往因多難杖劍興師援旗誓衆抗威千里豈不以四郊多壘共
謀王室匡時報主寧國庇民乎此所以五尺童子皆願荷戟而隨將軍者也及
高祖武皇肇基草昧初濟艱難于時天下沸騰民無定主豺狼當道鯨鯢橫擊
海內業業未知所從將軍運動微之鑒折從衡之辯策名委質自託宗盟此將
軍妙算遠圖發於衷誠者也及主上繼業欽明睿聖選賢與能羣臣輯睦結將
軍以維城之重崇將軍以裂土之封豈非宏謨廟略推赤心於物也屢申明詔
款篤殷勤君臣之分定矣骨肉之恩深矣不意將軍惑於邪說遽生異計寄所

以疾首痛心泣盡而繼之以血萬全之策竊爲將軍惜之寄雖疾侵耄及言無足採千慮一得請陳愚筭願將軍少戢雷霆賒其晷刻使得盡狂瞽之說披肝膽之誠則雖死之日由生之年也自天厭梁德多難荐臻寰宇分崩英雄互起不可勝紀人人自以爲得之然夷凶翦亂拯溺扶危四海樂推三靈眷命揖讓而居南面者陳氏也豈非曆數有在惟天所授當璧應運其事甚明一也主上承基明德遠被天綱再張地維重紐夫以王琳之彊侯瑱之力進足以搖蕩中原爭衡天下退足以屈強江外雄長偏隅然或命一旅之師或資一士之說琳則瓦解冰泮投身異域瑱則厥角稽顙委命闕庭斯又天假之威而除其患其事甚明二也今將軍以藩戚之重擁東南之衆盡忠奉上戮力勤王豈不勳高竇融寵過吳芮析珪判野南面稱孤其事甚明三也且聖朝棄瑕忘過寬厚得人改過自新咸加敍擢至於余孝頃潘純陁李孝欽歐陽頠等悉委以心腹任以爪牙胸中豁然曾無纖芥況將軍釁非張繡罪異畢諶當何慮於危亡何失於富貴此又其事甚明四也方今周齊隣睦境外無虞并兵一向匪朝伊夕非

劉項競逐之機楚趙連從之勢何得雍容高拱坐論西伯其事甚明五也且留將軍狼顧一隅亟經摧衂聲實虧喪膽氣衰沮高瓌向文政留瑜黃子玉此數人者將軍所知首鼠兩端唯利是視其餘將帥亦可見矣孰能披堅執銳長驅深入繫馬埋輪奮不顧命以先士卒者乎此又其事甚明六也且將軍之彊孰如侯景將軍之衆孰如王琳武皇滅侯景於前今上摧王琳於後此乃天時非復人力且兵革已後民皆厭亂其孰能棄墳墓捐妻子出萬死不顧之計從將軍於白刃之間乎此又其事甚明七也歷觀前古鑒之往事子陽季孟傾覆相尋餘善右渠危亡繼及天命可畏山川難恃況將軍欲以數郡之地當天下之兵以諸侯之資拒天子之命彊弱逆順可得侔乎此又其事甚明八也且非我族類其心必異不愛其親豈能及物留將軍身縻國爵子尚王姬猶且棄天屬而弗顧背明君而孤立危急之日豈能同憂共患不背將軍者乎至於師老力屈懼誅利賞必有韓智晉陽之謀張陳井陘之勢此又其事甚明九也且北軍萬里遠鬭鋒不可當將軍自戰其地人多顧後梁安背向爲心修肸匹夫之力

衆寡不敵將帥不侔師以無名而出事以無機而動以此稱兵未知其利夫以漢朝吳楚晉室穎顒連城數十長戟百萬拔本塞源自圖家國其有成功者乎此又其事甚明十也爲將軍計者莫若不遠而復絶親留氏秦郎快郎隨遣入質釋甲偃兵一遵詔旨且朝廷許以鐵券之要申以白馬之盟朕弗食言誓之宗社寄聞明者鑒未形智者不再計此成敗之效將軍勿疑吉凶之幾間不容髮方今藩維尚少皇子幼沖凡預宗枝皆蒙寵樹況以將軍之地將軍之才將軍之名將軍之勢而能克修藩服北面稱臣寧與劉澤同年而語其功業哉豈不身與山河等安名與金石相敝願加三思慮之無忽寄氣力綿微餘陰無幾感恩懷德不覺狂言鈇鉞之誅甘之如薺寶應覽書大怒或謂寶應曰虞公病勢漸篤言多錯謬寶應意乃小釋亦爲寄有民望且優容之及寶應敗走夜至蒲田顧謂其子扞秦曰早從虞公計不至今日扞秦但泣而已寶應既擒凡諸賓客微有交涉者皆伏誅唯寄以先識免禍初沙門慧摽涉獵有才思及寶應起兵作五言詩以送之曰送馬猶臨水離旗稍引風好看今夜月當入紫微宮

寶應得之甚悅慧標齎以示寄寄一覽便止正色無言標退寄謂所親曰標公旣以此始必以此終後竟坐是誅文帝尋勅都督章昭達以理發遣令寄還朝及至卽日引見謂寄曰管寧無恙其慰勞之懷若此頃之文帝謂到仲舉曰衡陽王旣出閣雖未置府僚然須得一人旦夕遊處兼掌書記宜求宿士有行業者仲舉未知所對文帝曰吾自得之乃手勅用寄寄入謝文帝曰所以屈卿遊藩者非止以文翰相煩乃令以師表相事也尋兼散騎常侍聘齊寄辭老疾不行除國子博士頃之又表求解職歸鄉里文帝優旨報答許其東還仍除東揚州別駕寄又以疾辭高宗卽位徵授揚州治中及尚書左丞並不就乃除東中郎建安王諮議加戎昭將軍又辭以疾不任旦夕陪列王於是特令停王府公事其有疑議就以決之但朔望牋修而已太建八年加太中大夫將軍如故十一年卒時年七十寄少篤行造次必於仁厚雖僮豎未嘗加以聲色至於臨危執節則辭氣凜然白刃不憚也自流寓南土與兄荔隔絕因感氣病每得荔書氣輒奔劇危殆者數矣前後所居官未嘗至秩滿纔期年數月便自求解退

常曰知足不辱吾知足矣及謝病私庭每諸王爲州將下車必造門致禮命釋鞭板以几杖侍坐常出遊近寺閭里傳相告語老幼羅列望拜道左或言誓爲約者但指寄便不欺其至行所感如此所製文筆遭亂多不存

馬樞字要理扶風郿人也祖靈慶齊竟陵王錄事參軍樞數歲而父母俱喪爲其姑所養六歲能誦孝經論語老子及長博極經史尤善佛經及周易老子義梁邵陵王綸爲南徐州刺史素聞其名引爲學士綸時自講大品經令樞講維摩老子周易同日發題道俗聽者二千人王欲極觀優劣乃謂衆曰與馬學士論義必使屈伏不得空立主客於是數家學者各起問端樞乃依次剖判開其宗旨然後枝分流別轉變無窮論者拱默聽受而已綸甚嘉之將引薦於朝廷尋遇侯景之亂綸舉兵援臺乃留書二萬卷以付樞樞肆志尋覽殆將周遍乃喟然歎曰吾聞貴爵位者以巢由爲桎梏愛山林者以伊呂爲管庫束名實則芻芥柱下之言翫清虛則糠粃席上之說稽之篤論亦各從其好也然支父有讓王之介嚴子有傲帝之規千載美談所不廢也比求志之士望塗而息豈天

之不惠高尚何山林之無聞甚乎乃隱于茅山有終焉之志天嘉元年文帝徵
爲度支尚書辭不應命時樞親故並居京口每秋冬之際時往遊焉及鄱陽王
爲南徐州刺史欽其高尚鄙不能致乃卑辭厚意令使者邀之前後數反樞固
辭以疾門人或進曰鄱陽王待以師友非關爵位市朝之間何妨靜默樞不得
已乃行王別築室以處之樞惡其崇麗乃於竹林閒自營茅茨而居焉每王公
餽餉辭不獲已者率十分受一樞少屬亂離每所居之處盜賊不入依託者常
數百家目精洞黃能視闇中物常有白燕一雙巢其庭樹馴狎櫚廡時集几案
春來秋去幾三十年太建十三年卒時年六十撰道覺論二十卷行於世
史臣曰沈炯仕於梁室年在知命冀郎署之薄官止邑宰之卑職及下筆盟壇
屬辭勸表激揚旨趣信文人之偉者歟虞荔之獻籌沉密盡其誠款可謂有益
明時矣

陳書卷十九

陳書卷十九考證

馬樞傳〇臣人龍按南史馬樞載隱逸傳今本卷載沈烱虞荔馬樞三人而下文史臣論止言沈虞不及馬樞未知何故

陳書卷十九考證

陳書卷二十

唐散騎常侍姚思廉撰

列傳第十四

到仲舉　韓子高　華皎

到仲舉字德言彭城武原人也祖坦齊中書侍郎父洽梁侍中仲舉無他藝業而立身耿正釋褐著作佐郎太子舍人王府主簿出爲長城令政號廉平文帝居鄉里嘗詣仲舉時天陰雨仲舉獨坐齋內聞城外有簫鼓之聲俄而文帝至仲舉異之乃深自結託文帝又嘗因飲夜宿仲舉帳中忽有神光五采照于室內由是祗承益恭侯景之亂仲舉依文帝及景平文帝爲吳興郡守以仲舉爲郡丞與穎川庾持俱爲文帝賓客文帝爲宣毅將軍以仲舉爲長史尋帶山陰令文帝嗣位授侍中參掌選事天嘉元年守都官尚書封寶安縣侯邑五百戶三年除都官尚書其年遷尚書右僕射丹陽尹參掌並如故尋改封建昌縣侯仲舉既無學術朝章非所長選舉引用皆出自袁樞性疎簡不干涉世務與朝

士無所親狎但聚財酣飲而已六年秩滿解尹是時文帝積年寢疾不親御萬
機尚書中事皆使仲舉斷決天康元年遷侍中尚書僕射參掌如故文帝疾甚
入侍醫藥及文帝崩高宗受遺詔爲尚書令入輔仲舉與左丞王暹中書舍人
劉師知殷不佞等以朝望有歸乃遣不佞矯宣旨遣高宗還東府事發師知下
北獄賜死暹不佞並付治乃以仲舉爲貞毅將軍金紫光祿大夫初仲舉子郁
尚文帝妹信義長公主官至中書侍郎出爲宣城太守文帝配以士馬是年還
爲南康內史以國哀未之任仲舉既廢居私宅與郁皆不自安時韓子高在都
人馬素盛郁每乘小輿蒙婦人衣與子高謀子高軍主告言其事高宗收子高
仲舉及郁並付廷尉詔曰到仲舉庸力小才坐叨顯貴受任前朝榮寵隆赫父
參王政子據大邦禮威外姻勢均戚里而肆此驕闇凌傲百司遏密之初擅行
國政排黜懿親欺蔑台衮韓子高蕞爾細微擢自卑末入參禁衛委以心腹蜂
蠆有毒敢行反噬仲舉子高共爲表裏陰構姦謀密爲異計安成王朕之叔父
親莫重焉受命導揚稟承顧託以朕沖弱屬當保祐家國安危事歸宰輔伊周

之重物無異議將相舊臣咸知宗仰而率聚凶徒欲相掩襲屯據東城進逼崇禮規樹仲舉以執國權陵斥司徒意在專政潛結黨附方危社稷賴祖宗之靈姦謀顯露前上虞令陸昉等具告其事並有據驗幷剋今月七日縱其凶惡領軍將軍明徹左衞將軍衞尉卿寶安及諸公等又並知其事二三畳迹彰於朝野反道背德事駭聞見今大憝克殲罪人斯得並可收付廷尉肅正刑書罪止仲舉父子及子高三人而已其餘一從曠蕩並所不問仲舉及郁並於獄賜死時年五十一郁諸男女以帝甥獲免

韓子高會稽山陰人也家本微賤侯景之亂寓在京都景平文帝出守吳興子高年十六爲總角容貌美麗狀似婦人於淮渚附部伍寄載欲還鄉文帝見而問之曰能事我乎子高許諾子高本名蠻子文帝改名之性恭謹勤於侍奉恆執備身刀及傳酒炙文帝性急子高恆會意旨及長稍習騎射頗有膽決願爲將帥及平杜龕配以士卒文帝甚寵愛之未嘗離於左右文帝嘗夢見騎馬登山路危欲墮子高推捧而升文帝之討張彪也沈泰等先降文帝據有州城周

文育鎮北鄞香嚴寺張彪自剡縣夜還襲城文帝自北門出倉卒闇夕軍人擾
亂文育亦未測文帝所在唯子高在側文帝乃遣子高自亂兵中往見文育反
命酬答於闇中又往慰勞衆軍文帝散兵稍集子高引導入文育營因共立柵
明日與彪戰彪將申縉復降彪奔松山浙東平文帝乃分麾下多配子高子高
亦輕財禮士歸之者甚衆文帝嗣位除右軍將軍天嘉元年封文招縣子邑三
百戶王琳至于柵口子高宿衞臺內及琳平子高所統益多將士依附之者子
高盡力論進文帝皆任使焉二年遷員外散騎常侍壯武將軍成州刺史及征
留異隨侯安都頓桃支嶺巖下時子高兵甲精銳別御一營單馬入陳傷項之
左一髻半落異平除假節貞毅將軍東陽太守五年章昭達等自臨川征晉安
子高自安泉嶺會于建安諸將中人馬最爲彊盛晉安平以功遷通直散騎常
侍進爵爲伯增邑并前四百戶六年徵爲右衞將軍至都鎮領軍府文帝不豫
入侍醫藥廢帝即位遷散騎常侍右衞如故移頓于新安寺高宗入輔子高兵
權過重深不自安好參訪臺閣又求出爲衡廣諸鎮光大元年八月前上虞縣

令陸昉及子高軍主告其謀反高宗在尚書省因召文武在位議立皇太子子
高預焉平旦入省執之送廷尉其夕與到仲舉同賜死時年三十父延慶及子
弟並原宥延慶因子高之寵官至給事中山陰令

華皎晉陵暨陽人世爲小吏皎梁代爲尚書比部令史侯景之亂事景黨王偉
高祖南下文帝爲景所囚皎遇文帝甚厚景平文帝爲吳興太守以皎爲都錄
事軍府穀帛多以委之皎聰慧勤於簿領及文帝平杜龕仍配以人馬甲仗猶
爲都錄事御下分明善於撫養時兵荒之後百姓饑饉皎解衣推食多少必均
因稍擢爲暨陽山陰二縣令文帝卽位除開遠將軍左軍將軍天嘉元年封懷
仁縣伯邑四百戶王琳東下皎隨侯瑱拒之琳平鎭湓城知江州事時南州守
宰多鄉里酋豪不遵朝憲文帝令皎以法馭之王琳奔散將卒多附於皎三年
除假節通直散騎常侍仁武將軍新州刺史資監江州尋詔督尋陽太原高唐
南北新蔡五郡諸軍事尋陽太守假節將軍州資監如故周迪謀反遣其兄子
伏甲於船中僞稱賈人欲於湓城襲皎未發事覺皎遣人逆擊之盡獲其船仗

其年皎隨都督吳明徹征迪迪平以功授散騎常侍平南將軍臨川太守進爵爲侯增封并前五百戶未拜入朝仍授使持節都督湘巴等四州諸軍事湘州刺史常侍將軍如故皎起自下吏善營產業湘川地多所出所得並入朝廷糧運竹木委輸甚衆至于油蜜脯菜之屬莫不營辦又征伐川洞多致銅鼓生口並送于京師廢帝即位進號安南將軍改封重安縣侯食邑一千五百戶文帝以湘州出杉木舟使皎營造大艦金翅等二百餘艘并諸水戰之具欲以入漢及峽韓子高誅後皎內不自安繕甲聚徒厚禮所部守宰高宗頻命皎送大艦金翅等推遷不至光大元年密啓求廣州以觀時主意高宗僞許之而詔書未出皎亦遣使句引周兵又崇奉蕭巋爲主士馬甚盛詔乃以吳明徹爲湘州刺史實欲以輕兵襲之是時慮皎先發乃前遣明徹率衆三萬乘金翅直趨郢州又遣撫軍大將軍淳于量率衆五萬乘大艦以繼之又令假節冠武將軍楊文通別從安城步道出茶陵又令巴山太守黃法慧別從宜陽出澧陵往掩襲出其不意并與江州刺史章昭達郢州刺史程靈洗等參謀討賊是時蕭巋遣水

軍爲皎聲援周武又遣其弟衛國公宇文直率衆屯魯山又遣其柱國長胡公拓䟦定人馬三萬攻圍郢州蕭巋授皎司空巴州刺史戴僧朔衡陽內史任蠻奴巴陵內史潘智虔岳陽太守章昭裕桂陽太守曹宣湘東太守錢明並隸於皎又長沙太守曹慶等本隸皎下因爲之用帝恐上流宰守並爲皎扇惑乃下詔曰賊皎輿皂微賤特逢獎擢任據藩牧屬當寵寄背斯造育與搆姦謀樹立蕭氏盟約彰露鴆毒存心志危宗社扇結邊境驅逼士庶蟻聚巴湘豕突鄢郢逆天反地人神忿嫉征南將軍量安南將軍明徹郢州刺史靈洗受律專征備盡心力撫勞驍雄舟師俱進義烈爭奮兇惡奔殄獻捷相望重氛載廓言念泣罪思與惟新可曲赦湘巴二州凡厥爲賊所逼制預在凶黨悉皆不問其賊主帥節相並許開恩出首一同曠蕩先是詔又遣司空徐度與楊文通等自安成步出湘東以襲皎後時皎陣于巴州之白螺列舟艦與王師相持未決及聞徐度趨湘州乃率兵自巴郢因便風下戰淳于量吳明徹等募軍中小艦多賞金銀令先出當賊大艦受其拍賊艦發拍皆盡然後官軍以大艦拍之賊艦皆碎

沒于中流賊又以大艦載薪因風放火俄而風轉自焚賊軍大敗皎乃與戴僧朔單舸走過巴陵不敢登城徑奔江陵拓跋定等無復船渡步趨巴陵巴陵城邑爲官軍所據乃向湘州至水口不得濟食且盡詣軍請降俘獲萬餘人馬四千餘匹送于京師皎黨曹慶錢明潘智虔魯閑席慧略等四十餘人並誅唯任蠻奴章昭裕曹宣劉廣業獲免戴僧朔吳郡錢塘人也有膂力勇健善戰族兄右將軍僧錫甚愛之僧錫年老征討恆使僧朔領衆平王琳有功僧錫卒仍代爲南丹陽太守鎮采石從征留異侯安都於巖下出戰爲賊所傷僧朔單刀步援以功除壯武將軍北江州刺史領南陵太守又從征周迪有功遷巴州刺史假節將軍如故至是同皎爲逆伏誅於江陵曹慶本王琳將蕭莊僞署左衛將軍吳州刺史部領亞於潘純陁琳敗文帝以配皎官至長沙太守錢明本高祖主帥後歷湘州諸郡守潘智虔純陁之子少有志氣年二十爲巴陵內史魯閑吳郡錢塘人席慧略安定人閑本張彪主帥慧略王琳部下文帝皆配于皎官至郡守並伏誅章昭裕昭達之弟劉廣業廣德之弟曹宣高祖舊臣任蠻奴嘗

有密啓於朝廷由是並獲宥

史臣曰韓子高華皎雖復瓶筲小器輿臺末品文帝鑒往古之得人救當今之急弊達聰明目之術安黎和衆之宜寄以腹心不論冑閥皎早參近昵嘗預艱虞知其無隱賞以悉力有見信之誠非可疑之地皎據有上游忠於文帝仲舉子高亦無爽於臣節者矣

陳書卷二十

陳書卷二十一

唐 散騎常侍 姚思廉 撰

列傳第十五

謝哲　蕭乾　謝嘏　張種　王固

孔奐　蕭允弟引

謝哲字穎豫陳郡陽夏人也祖朏梁司徒父譓梁右光祿大夫哲美風儀舉止醞藉而襟情豁然爲士君子所重起家梁祕書郎累遷廣陵太守侯景之亂以母老因寓居廣陵高祖自京口渡江應接郭元建哲乃委質深被敬重高祖爲徐州刺史表哲爲長史荊州陷高祖使哲奉表於晉安王勸進敬帝承制徵爲給事黃門侍郎領步兵校尉貞陽侯僭位以哲爲通直散騎常侍侍東宮敬帝卽位還長兼侍中高祖受命遷都官尚書豫州大中正吏部尚書出爲明威將軍晉陵太守入爲中書令世祖嗣位爲太子詹事出爲明威將軍衡陽內史秩中二千石還長沙太守將軍加秩如故還除散騎常侍中書令廢帝卽位以本

官領前將軍高宗爲錄尚書引爲侍中仁威將軍司徒左長史未拜光大元年
卒時年五十九贈侍中中書監謚康子
蕭乾字思惕蘭陵人也祖嶷齊丞相豫章文獻王父子範梁祕書監乾容止雅
正性恬簡善隸書得叔父子雲之法年九歲召補國子周易生梁司空袁昂時
爲祭酒深敬重之十五舉明經釋褐東中郎湘東王法曹參軍遷太子舍人建
安侯蕭正立出鎮南豫州又板錄事參軍累遷中軍宣城王中錄事諮議參軍
侯景平高祖鎮南徐州引乾爲貞威將軍司空從事中郎遷中書侍郎太子家
令永定元年除給事黃門侍郎是時熊曇朗在豫章周迪在臨川留異在東陽
陳寶應在建晉共相連結閩中豪帥往往立砦以自保高祖甚患之乃令乾往
使諭以逆順幷觀虛實將發高祖謂乾曰建晉恃嶮好爲姦宄方今天下初定
難便出兵昔陸賈南征趙佗歸順隨何奉使黥布來臣追想清風髣髴在目況
卿坐鎮雅俗才高昔賢宜勉建功名不煩更勞師旅乾既至曉以逆順所在渠
帥並率部衆開壁款附其年就除貞威將軍建安太守天嘉二年留異反陳寶

應將兵助之又資周迪兵糧出寇臨川因逼建安乾單使臨郡素無士卒力不能守乃棄郡以避寶應時閩中守宰並爲寶應迫脅受其署置乾獨不爲屈徙居郊野屛絕人事及寶應平乃出詣都督章昭達昭達以狀表聞世祖甚嘉之超授五兵尚書光大元年卒謚曰靜子

謝嘏字含茂陳郡夏陽人也祖瀹齊金紫光祿大夫父舉梁中衞將軍開府儀同三司嘏風神清雅頗善屬文起家梁祕書郎稍遷太子中庶子掌東宮管記出爲建安太守侯景之亂嘏之廣州依蕭勃承聖中元帝徵爲五兵尚書辭以道阻轉授智武將軍蕭勃以爲鎮南長史南海太守勃敗還至臨川爲周迪所留久之又度嶺之晉安依陳寶應世祖前後頻召之嘏崎嶇寇虜不能自拔及寶應平嘏方詣闕爲御史中丞江德藻所舉劾世祖不加罪責以爲給事黃門侍郎尋轉侍中天康元年以公事免尋復本職光大元年爲信威將軍中衞始興王長史還中書令豫州大中正都官尚書領羽林監中正如故太建元年卒贈侍中中書令謚曰光子有文集行於世二子儼伸儼官至散騎常侍侍中御

史中丞太常卿出監東揚州禎明二年卒於會稽贈中護軍
張種字士苗吳郡人也祖辯宋司空右長史廣州刺史父略梁太子中庶子臨海太守種少恬靜居處雅正不妄交遊傍無造請時人為之語曰宋稱敷演梁則卷充清虛學尚種有其風仕梁王府法曹遷外兵參軍以父憂去職服闋為中軍宣城王府主簿種時年四十餘家貧求為始豐令入除中衞西昌侯府西曹掾時武陵王為益州刺史重選府僚以種為征西東曹掾種辭以母老抗表陳請為有司所奏坐黜免侯景之亂種奉其母東奔久之得達鄉里俄而母卒種時年五十而毀瘠過甚又迫以凶荒未獲時葬服制雖畢而居處飲食恆若在喪及景平司徒王僧辯以狀奏聞起為貞威將軍治中從事史并為具葬禮葬訖種方卽吉僧辯又以種年老傍無胤嗣賜之以妾及居處之具貞陽侯僭位除廷尉卿太子中庶子敬帝卽位為散騎常侍遷御史中丞領前軍將軍高祖受禪為太府卿天嘉元年除左民尚書二年權監吳郡尋徵復本職遷侍中領步兵校尉以公事免白衣兼太常卿俄而卽真廢帝卽位加領右軍將軍未

拜改領弘善宮衞尉又領揚東揚二州大中正高宗卽位種爲都官尚書領左驍騎將軍還中書令驍騎中正並如故以疾授金紫光祿大夫種沉深虛靜而識量宏博時人皆以爲宰相之器僕射徐陵嘗抗表讓位於種曰臣種器懷沉密文史優裕東南貴秀朝廷親賢克壯其猷宜居左執其爲時所推重如此太建五年卒時年七十贈特進謚曰元子種仁恕寡欲雖歷居顯位而家產屢空終日晏然不以爲病太建初女爲始興王妃以居處僻陋特賜宅一區又累賜無錫嘉興縣侯秩嘗於無錫見有重囚在獄天寒呼出曝日遂失之世祖大笑而不深責有集十四卷種弟稜亦清靜有識度官至司徒左長史太建十一年卒時年七十贈光祿大夫種族子稚才齊護軍孫沖之少孤介特立仕爲尚書金部郎中遷右丞建康令太府卿揚州別駕從事史兼散騎常侍使于周還爲司農廷尉卿所歷並以清白稱

王固字子堅左光祿大夫通之弟也少清正頗涉文史以梁武帝甥封莫口亭侯舉秀才起家梁祕書郎遷太子洗馬掌東宮管記丁所生母憂去職服闋除

丹陽尹丞侯景之亂奔于荆州梁元帝承制以爲相國戶曹屬掌管記尋聘于西魏魏人以其梁氏外戚待之甚厚承聖元年還太子中庶子尋爲貞威將軍安南長史尋陽太守荆州陷固之鄱陽隨兄質度東嶺居信安縣紹泰元年徵爲侍中不就永定中移居吳郡世祖以固清靜且欲申以婚姻天嘉二年至都拜國子祭酒三年遷中書令四年又爲散騎常侍國子祭酒其年以固女爲皇太子妃禮遇甚重廢帝即位授侍中金紫光祿大夫時高宗輔政固以廢帝外戚妳媪恆往來禁中頗宣密旨事洩比將伏誅高宗以固本無兵權且居處清潔止免所居官禁錮太建二年隨例爲招遠將軍宣惠豫章王諮議參軍還太中大夫太常卿南徐州大中正七年卒官時年六十三贈金紫光祿大夫喪事所須隨由資給至德二年改葬諡曰恭子固清虛寡欲居喪以孝聞又崇信佛法及丁所生母憂遂終身蔬食夜則坐禪晝誦佛經兼習成實論義而於玄言非所長嘗聘于西魏因宴饗之際請停殺一羊羊於固前跪拜又宴於昆明池魏人以南人嗜魚大設罟網固以佛法呪之遂一鱗不獲子寬官至司徒左長

史侍中
孔奐字休文會稽山陰人也曾祖琇之齊左民尚書吳興太守祖珝太子舍人尚書三公郎父稚孫梁寧遠枝江公主簿無錫令奐數歲而孤爲叔父虔孫所養好學善屬文經史百家莫不通涉沛國劉顯時稱學府每共奐討論深相歎服乃執奐手曰昔伯喈墳素悉與仲宣吾當希彼蔡君足下無愧王氏所保書籍尋以相付州舉秀才射策高第起家揚州主簿宣惠湘東王行參軍並不就又除鎮西湘東王外兵參軍入爲尚書倉部郎中遷儀曹侍郎時左民郎沈炯爲飛書所謗將陷重辟事連臺閣人懷憂懼奐廷議理之竟得明白丹陽尹何敬容以奐剛正請補功曹史出爲南昌侯相值侯景亂不之官京城陷朝士並被拘縶或薦奐於賊帥侯子鑒子鑒命脫桎梏厚遇之令掌書記時景軍士悉恣其凶威子鑒景之腹心委任又重朝士見者莫不卑俯屈折奐獨敖然自若無所下或諫奐曰當今亂世人思苟免獯羯無知豈可抗之以義奐曰吾性命有在雖未能死豈可取媚凶醜以求全乎時賊徒剝掠子女拘逼士庶奐每保

持之得全濟者甚衆尋遭母憂哀毀過禮時天下喪亂皆不能終三年之喪唯
奐及吳國張種在寇亂中守持法度並以孝聞及景平司徒王僧辯先下辟書
引奐爲左西曹掾又除丹陽尹丞梁元帝於荆州即位徵奐及沈炯並令西上
僧辯累表請留之帝手敕報僧辯曰孔沈二士今且借公其爲朝廷所重如此
仍除太尉從事中郎僧辯爲揚州刺史又補揚州治中從事史時侯景新平每
事草創憲章故事無復存者奐博物彊識甄明故實問無不知儀注體式牋表
書翰皆出於奐高祖作相除司徒右長史遷給事黃門侍郎齊遣東方老蕭軌
等來寇軍至後湖都邑騷擾又四方壅隔糧運不繼三軍取給唯在京師乃除
奐爲貞威將軍建康令時累歲兵荒戶口流散勍敵忽至徵求無所高祖剋日
決戰乃令奐多營麥飯以荷葉裹之一宿之閒得數萬裹軍人旦食訖棄其餘
因而決戰遂大破賊高祖受禪遷太子中庶子永定二年除晉陵太守晉陵自
宋齊以來舊爲大郡雖經寇擾猶爲全實前後二千石多行侵暴奐清白自守
妻子並不之官唯以單船臨郡所得秩俸隨即分贍孤寡郡中大悅號曰神君

曲阿富人殷綺見奐居處素儉乃餉衣一襲氈被一具奐曰太守身居美祿何
爲不能辦此但民有未周不容獨享温飽耳勞卿厚意幸勿爲煩初世祖在吳
中聞奐善政及踐阼徵爲御史中丞領揚州大中正奐性剛直善持理多所糾
劾朝廷甚敬憚之深達治體每所敷奏上未嘗不稱善百司滯事皆付奐決之
遷散騎常侍領步兵校尉中書舍人掌詔誥揚東揚二州大中正天嘉四年重
除御史中丞尋爲五兵尚書常侍中正如故時世祖不豫臺閣衆事並令僕射
到仲舉共奐決之及世祖疾篤奐與高宗及仲舉幷吏部尚書袁樞中書舍人
劉師知等入侍醫藥世祖嘗謂奐等曰今三方鼎峙生民未乂四海事重宜須
長君朕欲近則晉成遠隆殷法卿等須遵此意奐乃流涕歔欷而對曰陛下御
膳違和痊復非久皇太子春秋鼎盛聖德日躋安成王介弟之尊足爲周旦阿
衡宰輔若有廢立之心臣等愚誠不敢聞詔世祖曰古之遺直復見於卿天康
元年乃用奐爲太子詹事二州中正如故世祖崩廢帝卽位除散騎常侍國子
祭酒光大二年出爲信武將軍南中郎康樂侯長史尋陽太守行江州事高宗

即位進號仁威將軍雲麾始興王長史餘並如故奐在職清儉多所規正高宗嘉之賜米五百斛幷累降勅書殷勤勞問太建三年徵爲度支尚書領右軍將軍五年改領太子中庶子與左僕射徐陵參掌尚書五條事六年遷吏部尚書七年加散騎常侍八年改加侍中時有事北討剋復淮泗徐豫酋長降附相繼封賞選敘紛紜重疊奐應接引進門無停賓加以鑒識人物詳練百氏凡所甄拔衣冠縉紳莫不悅伏性耿介絶請託雖儲副之尊公侯之重溺情相及終不爲屈始興王叔陵之在湘州累諷有司固求台鉉奐曰袞章之職本以德舉未必皇枝因抗言於高宗高宗曰始興那忽望公且朕兒爲公須在鄱陽王後奐曰臣之所見亦如聖旨後主時在東宮欲以江總爲太子詹事令管記陸瑜言之於奐奐謂瑜曰江有潘陸之華而無園綺之實輔弼儲宮竊有所難瑜具以白後主後主深以爲恨乃自言於高宗高宗將許之奐乃奏曰江總文華之人今皇太子文華不少豈藉於總如臣愚見願選敦重之才以居輔導帝曰卽如卿言誰當居此奐曰都官尚書王廓世有懿德識性敦敏可以居之後主時亦

在側乃曰廓王泰之子不可居太子詹事奐又奏曰宋朝范曄即范泰之子亦爲太子詹事前代不疑後主固爭之帝卒以總爲詹事由是忤旨其梗正如此初後主欲官其私寵以屬奐奐不從及右僕射陸繕遷職高宗欲用奐已草詔訖爲後主所抑遂不行九年遷侍中中書令領左驍騎將軍揚東揚豐三州大中正十一年轉太常卿侍中中正並如故十四年還散騎常侍金紫光祿大夫領前軍將軍未拜改領弘範宮衛尉至德元年卒時年七十贈散騎常侍本官如故有集十五卷彈文四卷子紹薪紹忠紹忠字孝揚亦有才學官至太子洗馬儀同鄱陽王東曹掾

蕭允字叔佐蘭陵人也曾祖思話宋征西將軍開府儀同三司尚書右僕射封陽穆公祖惠蒨散騎常侍太府卿左民尚書父介梁侍中都官尚書允少知名風神凝遠通達有識鑒容止醖藉動合規矩起家邵陵王法曹參軍轉湘東王主簿遷太子洗馬侯景攻陷臺城百僚奔散允獨整衣冠坐于宮坊景軍人敬而弗之逼也尋出居京口時寇賊縱橫百姓波駭衣冠士族四出奔散允獨不

行人問其故允答曰夫性命之道自有常分豈可逃而獲免乎但患難之生皆生於利苟不求利禍從何生方今百姓爭欲奮臂而論大功一言而取卿相亦何事於一書生哉莊周所謂畏影避迹吾弗爲也乃閉門靜處并日而食卒免於患侯景平後高祖鎮南徐州以書召之允又辭疾永定中侯安都爲南徐州刺史躬造其廬以申長幼之敬天嘉三年徵爲太子庶子三年除棱威將軍丹陽尹丞五年兼侍中聘于周還拜中書侍郎大匠卿高宗即位遷黃門侍郎五年出爲安前晉安王長史六年晉安王爲南豫州允復爲王長史時王尚少未親民務故委允行府州事入爲光祿卿允性敦重未嘗以榮利干懷及晉安出鎮湘州又苦攜允允少與蔡景歷善景歷子徵脩父黨之敬聞允將行乃詣允曰公年德並高國之元老從容坐鎮旦夕自爲列曹何爲方復辛苦在外允答曰已許晉安豈可忘信其恬於榮勢如此至德三年除中衛豫章王長史累遷通直散騎常侍光勝將軍司徒左長史安德宮少府鎮衞鄱陽王出鎮會稽允又爲長史帶會稽郡丞行經延陵季子廟設蘋藻之薦託爲異代之交爲詩以

敘意辭理清典後主嘗問蔡徵曰卿世與蕭允相知此公志操何如徵曰其清虛玄遠殆不可測至於文章可得而言因誦允詩以對後主嗟賞久之其年拜光祿大夫及隋師濟江允遷于關右是時朝士至長安者例並授官唯允與尚書僕射謝伷辭以老疾隋文帝義之並厚賜錢帛尋以疾卒於長安時年八十四弟引

引字叔休方正有器局望之儼然雖造次之閒必由法度性聰敏博學善屬文釋褐著作佐郎轉西昌侯儀同府主簿侯景之亂梁元帝爲荊州刺史朝士多往歸之引曰諸王力爭禍患方始今日逃難未是擇君之秋吾家再世爲始興郡遺愛在民正可南行以存家門耳於是與弟彤及宗親等百餘人奔嶺表時始興人歐陽頠爲衡州刺史引往依焉頠後遷爲廣州病死子紇領其衆引每疑紇有異因事規正由是情禮漸疎及紇舉兵反時京都士人岑之敬公孫挺等並皆惶駭唯引恬然謂之敬等曰管幼安袁曜卿亦但安坐耳君子正身以明道直己以行義亦復何憂懼乎及章昭達平番禺引始北還高宗召引問嶺

表事引具陳始末帝甚悅卽日拜金部侍郎引善隸書爲當時所重高宗嘗披
奏事指引署名曰此字筆勢翩翩似鳥之欲飛引謝曰此乃陛下假其羽毛耳
又謂引曰我每有所忿見卿輒意解何也引曰此自陛下不遷怒臣何預此恩
太建七年加戎昭將軍九年除中衞始興王諮議參軍兼金部侍郎引性抗直
不事權貴左右近臣無所造請高宗每欲遷用輒爲用事者所裁及呂梁覆師
戎儲空匱乃轉引爲庫部侍郎掌知營造弓弩稍箭等事引在職一年而器械
充牣頻加中書侍郎貞威將軍黃門郎十二年吏部侍郎缺所司屢舉王寬謝
燮等帝並不用乃中詔用引時廣州刺史馬靖甚得嶺表人心而兵甲精練每
年深入俚洞又數有戰功朝野頗生異議高宗以引悉嶺外物情且遣引觀靖
審其舉措諷令送質引奉密旨南行外託收督賧物旣至番禺靖卽悟旨盡遣
兒弟下都爲質還至灨水而高宗崩後主卽位轉引爲中庶子以疾去官明年
京師多盜乃復起爲貞威將軍建康令時殿內隊主吳璡及宦官李善度蔡脫
兒等多所請屬引一皆不許引族子密時爲黃門郎諫引曰李蔡之勢在位皆

畏憚之亦宜小爲身計引曰吾之立身自有本末亦安能爲李蔡改行就令不平不過解職耳吳雖竟作飛書李蔡證之坐免官卒於家時年五十八子德言最知名引宗族子弟多以行義知名弟彤以恬靜好學官至太子中庶子南康王長史密字士機幼而聰敏博學有文詞祖琛梁特進父遊少府卿密太建八年兼散騎常侍聘于齊歷位黃門侍郎太子中庶子散騎常侍

史臣曰謝王張蕭咸以清淨爲風文雅流譽雖更多難終克成名奐謇諤在公英飇振俗詳其行事抑古之遺愛矣固之蔬菲蟬蛻斯乃出俗者焉猶且致絓於黜免有懼於傾覆是知上官博陸之權勢閻鄧梁竇之震動吁可畏哉

陳書卷二十一

珍做朱版却

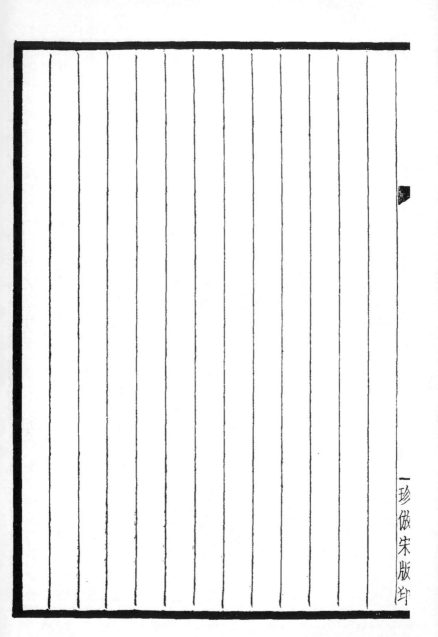

陳書卷二十一考證

蕭允傳蕭允字叔佐○叔一本作升又下文弟引附傳引字叔休亦作升休

陳書卷二十一考證

陳書卷二十二

唐　散　騎　常　侍　姚　思　廉　撰

列傳第十六

陸子隆　錢道戢　駱牙

陸子隆字興世吳郡吳人也祖敞之梁嘉興令父悛封氏令子隆少慷慨有志功名起家東宮直後侯景之亂於鄉里聚徒是時張彪爲吳郡太守引爲將帥彪徙鎮會稽子隆隨之及世祖討彪彪將沈泰吳寶真申縉等皆降而子隆力戰敗績世祖義之復使領其部曲板爲中兵參軍歷始豐永興二縣令世祖嗣位子隆領甲仗宿衞尋隨侯安都拒王琳於沌口王琳平授左中郎將天嘉元年封益陽縣子邑三百戶出爲高唐郡太守二年除明威將軍廬陵太守時周迪據臨川反東昌縣人脩行師應之率兵以攻子隆其鋒甚盛子隆設伏於外仍閉門偃甲示之以弱及行師至腹背擊之行師大敗因乞降子隆許之送于京師四年周迪引陳寶應復出臨川子隆隨都督章昭達討迪迪退走因隨昭

達踰東興嶺討陳寶應軍至建安以子隆監郡寶應據建安之湖際以拒官軍子隆與昭達各據一營昭達先與賊戰不利亡其鼓角子隆聞之率兵來救大破賊徒盡獲昭達所亡羽儀甲仗晉安平子隆功最還假節都督武州諸軍事將軍如故尋改封朝陽縣伯邑五百戶廢帝卽位進號智武將軍加員外散騎常侍餘如故華皎據湘州反以子隆居其心腹皎深患之頻遣使招誘子隆不從皎因遣兵攻之又不能剋及皎敗於郢州子隆出兵以襲其後因與王師相會授持節通直散騎常侍都督武州諸軍事進爵爲侯增邑幷前七百戶尋還都督荊信祐三州諸軍事宣毅將軍荊州刺史持節常侍如故是時荊州新置治于公安城池未固子隆修建城郭綏集夷夏甚得民和當時號爲稱職三年吏民詣都上表請立碑頌美功績詔許之太建元年進號雲麾將軍二年卒時年四十七贈散騎常侍諡曰威子之武嗣之武年十六領其舊軍隨吳明徹北伐有功官至王府主簿弘農太守仍隸明徹明徹於呂梁敗績之武逃歸爲人所害時年二十二子隆弟子才亦有幹略從子隆征討有功除南平太守封始

與縣子邑三百戶從吳明徹北伐監安州鎮于宿預除中衞始興王諮議參軍
遷飈猛將軍信州刺史太建十三年卒時年四十二贈員外散騎常侍
錢道戢字子韜吳興長城人也父景深梁漢壽令道戢少以孝行著聞及長頗
有幹略高祖微時以從妹妻焉從平盧子略於廣州除濱江令高祖輔政遣道
戢隨世祖平張彪于會稽以功拜直閤將軍除員外散騎常侍假節東徐州刺
史封永安縣侯邑五百戶仍領甲卒三千隨侯安都鎮防梁山尋領錢塘餘杭
二縣令永定三年隨世祖鎮于南皖口天嘉元年又領剡令鎮于縣之南巖尋
爲臨海太守鎮巖如故侯安都之討留異也道戢帥軍出松陽以斷其後異平
以功拜持節通直散騎常侍輕車將軍都督東西二衡州諸軍事衡州刺史領
始興內史光大元年增邑幷前七百戶高宗卽位徵歐陽紇入朝紇疑懼乃舉
兵來攻衡州道戢與戰却之及都督章昭達率兵討紇以道戢爲步軍都督由
閼道斷紇之後紇平除左衞將軍太建二年又隨昭達征蕭巋於江陵道戢別
督衆軍與陸子隆焚青泥舟艦仍爲昭達前軍攻安蜀城降之以功加散騎常

侍仁武將軍增邑并前九百戶其年遷仁威將軍吳興太守未行改授使持節
都督郢巴武三州諸軍事郢州刺史王師北討道戢與儀同黃法𣰋圍歷陽歷
陽城平因以道戢鎮之以功加雲麾將軍增邑并前一千五百戶其年十一月
遘疾卒時年六十三贈本官諡曰肅子邈嗣

駱牙字旗門吳興臨安人也祖祕道梁安成王田曹參軍父裕鄱陽嗣王中兵
參軍事牙年十二宗人有善相者云此郎容貌非常必將遠致梁太清末世祖
嘗避地臨安牙母陳覩世祖儀表知非常人賓待甚厚及世祖爲吳興太守引
牙爲將帥因從平杜龕張彪等每戰輒先鋒陷陣勇冠衆軍以功授直閤將軍
太平二年以母憂去職世祖鎮會稽起爲山陰令永定三年除安東府中兵參
軍出鎮冶城尋從世祖拒王琳於南皖世祖卽位授假節威虜將軍員外散騎
常侍封常安縣侯邑五百戶尋爲臨安令遷越州刺史餘並如故初牙母之卒
也于時饑饉兵荒至是始葬詔贈牙母常安國太夫人諡曰恭遷牙爲貞威將
軍晉陵太守三年以平周迪之功還冠軍將軍臨川內史太建三年授安遠將

軍衡陽內史未拜徙爲桂陽太守八年還朝遷散騎常侍入直殿省十年授豐州刺史餘並如故至德二年卒時年五十七贈安遠將軍廣州刺史子義嗣

史臣曰陸子隆錢道戢或舉門願從或舊齒樹勳有統領之才充師旅之寄至於受任藩屏功績並著美矣駱牙識眞有奉知世祖天授之德蓋張良之亞歟牙母智深先覺符柏谷之禮君子知鑒識弘遠其在兹乎

陳書卷二十二

陳書卷二十二考證

錢道戢傳以功拜直閤將軍除員外散騎常侍假節東徐州刺史封永安縣侯

邑五百戸○一本缺將軍至五百戸共二十五字

駱牙傳○南史作駱文牙

牙母陳覩世祖儀表知非常人○陳各本俱誤陵今從南史

陳書卷二十二考證

陳書卷二十三

唐 散 騎 常 侍 姚 思 廉 撰

列傳第十七

沈君理 王瑒 陸繕

沈君理字仲倫吳興人也祖僧旻梁左民尚書父巡素與高祖相善梁太清中爲東陽太守侯景平後元帝徵爲少府卿荆州陷蕭督署金紫光祿大夫君理自美風儀博涉經史有識鑒起家湘東王法曹參軍高祖鎮南徐州巡遣君理自東陽謁于高祖高祖器之命尙會稽長公主辟爲府西曹掾稍遷中衞豫章王從事中郎尋加明威將軍兼尙書吏部侍郎遷給事黃門侍郎監吳郡高祖受禪拜駙馬都尉封永安亭侯出爲吳郡太守是時兵革未寧百姓荒弊軍國之用咸資東境君理招集士卒脩治器械民下悅附深以幹理見稱世祖嗣位徵爲侍中遷守左民尙書未拜爲明威將軍丹陽尹天嘉三年重授左民尙書領步兵校尉尋改前軍將軍四年侯安都徙鎮江州以本官監南徐州六年出爲

仁威將軍東陽太守天康元年以父憂去職君理因自請往荆州迎喪柩朝議以在位重臣難令出境乃令長兄君嚴往焉及還將葬詔贈巡侍中領軍將軍謚曰敬子其年起君理爲信威將軍左衞將軍又起爲持節都督東衡衡二州諸軍事仁威將軍東衡州刺史領始興內史又起爲明威將軍中書令前後奪情者三並不就太建元年服闋除太子詹事行東宮事遷吏部尚書二年高宗以君理女爲皇太子妃賜爵望蔡縣侯邑五百戸四年加侍中五年還尚書右僕射領吏部侍中如故其年有疾輿駕親臨視九月卒時年四十九詔贈侍中太子少傅喪事所須隨由資給重贈翊左將軍開府儀同三司侍中如故謚曰貞憲君理子遵儉早卒以弟君高子遵禮爲嗣君理第五叔邁亦方正有幹局仕梁爲尚書金部郎永定中累遷中書侍郎天嘉中歷太僕廷尉出爲鎮東始興王長史會稽郡丞行東揚州事光大元年除尚書吏部郎太建元年還爲通直散騎常侍侍東宮二年卒時年五十二贈散騎常侍君理第六弟君高字季高少知名性剛直有吏能以家門外戚早居清顯歷太子舍人洗馬中舍人高

宗司空府從事中郎廷尉卿太建元年東境大水百姓饑弊乃以君高爲貞威將軍吳令尋除太子中庶子尚書吏部郎衛尉卿出爲宣遠將軍平南長沙王長史南海太守行廣州事以女爲王妃固辭不行復爲衛尉卿八年詔授持節都督交廣等十八州諸軍事寧遠將軍平越中郎將廣州刺史嶺南俚獠世相攻伐君高本文吏無武幹推心撫御甚得民和十年卒于官時年四十七贈散騎常侍謚曰祁子

王瑒字子璵司空沖之第十二子也沉靜有器局美風儀舉止醞藉梁大同中起家祕書郎遷太子洗馬元帝承制徵爲中書侍郎直殿省仍掌相府管記出爲東宮內史遷太子中庶子丁所生母憂歸于丹陽江陵陷梁敬帝承制除仁威將軍尚書吏部郎中貞陽侯僭位以敬帝爲太子授瑒散騎常侍侍東宮尋遷長史兼侍中高祖入輔以爲司徒左長史永定九年遷守五兵尚書世祖嗣位授散騎常侍領太子庶子侍東宮遷領左驍騎將軍太子中庶子常侍侍中如故瑒爲侍中六載父沖嘗爲瑒辭領中庶子世祖顧謂沖曰所以久留瑒於

承華政欲使太子徽有瑒風法耳廢帝嗣位以侍中領左驍騎將軍光大元年以父憂去職高宗即位太建元年復除侍中領左驍騎將軍遷度支尚書領羽林監出爲信威將軍雲麾始興王長史行州府事未行遷中書令尋加散騎常侍除吏部尚書常侍如故瑒性寬和及居選職務在清靜謹守文案無所抑揚尋授尚書右僕射未拜加侍中遷左僕射參掌選事侍中如故瑒兄弟三十餘人居家篤睦每歲時饋遺遍及近親敦誘諸弟並稟其規訓太建六年卒時年五十四贈侍中特進護軍將軍喪事隨所資給諡曰光子瑒第十三弟瑜字子珪亦知名美容儀早歷清顯年五十官至侍中永定元年使於齊以陳郡袁憲爲副齊以王琳之故執而囚之齊文宣帝每行載死囚以從齊人呼曰供御囚每有他怒則召殺之以快其意瑜及憲並危殆者數矣齊僕射楊遵彥憫其無辜每救護之天嘉二年還朝詔復侍中頃之卒時年四十贈本官諡曰貞子

陸繕字士繻吳郡吳人也祖惠曉齊太常卿父任梁御史中丞繕幼有志尚以雅正知名起家梁宣惠武陵王法曹參軍承聖中授中書侍郎掌東宮管記江

陵陷繕微服遁還京師紹泰元年除司徒右長史御史中丞以父任所終固辭不就高祖引繕爲司徒司馬遷給事黃門侍郎領步兵校尉通直散騎常侍兼侍中永定元年遷侍中時留異擁割東陽新安人向文政與異連結因據本郡朝廷以繕爲貞威將軍新安太守世祖嗣位徵爲太子中庶子領步兵校尉掌東宮管記繕儀表端麗進退閑雅世祖使太子諸王咸取則焉其趨步躡履皆令習繕規矩除尚書吏部郎中步兵如故仍侍東宮陳寶應平後出爲貞毅將軍建安太守秩滿爲散騎常侍御史中丞猶以父之所終固辭不許乃權換廨宇徙居之太建初遷度支尚書侍中太子詹事行東宮事領揚州大中正及太子親莅庶政解行事加散騎常侍改加侍中還尚書右僕射尋遷左僕射參掌選事侍中如故更爲尚書僕射領前將軍重授左僕射領揚州大中正別敕令與徐陵等七人參議政事十二年卒時年六十三贈侍中特進金紫光祿大夫謚曰安子太子以繕東宮舊臣特賜祖奠繕子辯惠年數歲詔引入殿內辯惠應對進止有父風高宗因賜名辯惠字敬仁云繕兄子見賢亦方雅高宗爲揚

州牧乃以爲治中從事史深被知遇歷給事黃門侍郎長沙鄱陽二王長史帶
尋陽太守少府卿太建十年卒時年五十贈廷尉卿諡曰平子
史臣曰夫衣冠雅道廊廟嘉猷諒以操履敦脩局宇詳正經曰容止可觀詩言
其儀罔忒彼三子者其有斯風焉
陳書卷二十三

陳書卷二十三考證

沈君理傳拜駙馬都尉封永安亭侯○亭監本誤定今改從南史

陸繕傳陸繕字士繻○繻一本作儒

父任梁御史中丞○任一本作倕

陳書卷二十三考證

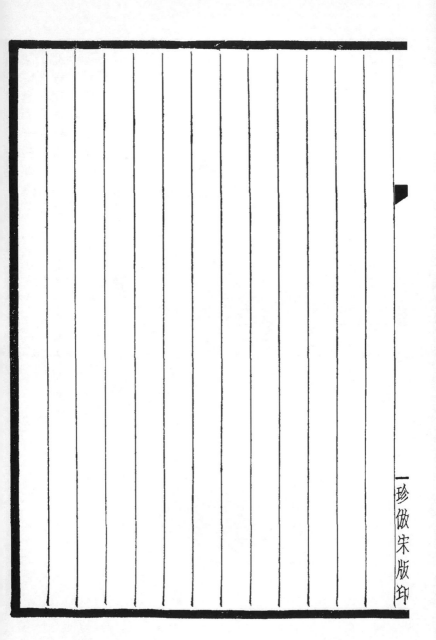

陳書卷二十四

唐　散　騎　常　侍　姚　思　廉　撰

列傳第十八

周弘正 弟弘直 弘直子確　袁憲

周弘正字思行汝南安城人晉光祿大夫顗之九世孫也祖顒齊中書侍郎領著作父寶始梁司徒祭酒弘正幼孤及弟弘讓弘直俱爲叔父侍中護軍捨所養年十歲通老子周易捨每與談論輒異之曰觀汝神情穎晤清理警發後世知名當出吾右河東裴子野深相賞納請以女妻之十五召補國子生仍於國學講周易諸生傳習其義以季春入學孟冬應舉學司以其日淺弗之許焉博士到洽議曰周郎年未弱冠便自講一經雖曰諸生實堪師表無俟策試起家梁太學博士晉安王爲丹陽尹引爲主簿出爲鄮令丁母憂去職服闋歷曲阿安吉令普通中初置司文義郎直壽光省以弘正爲司義侍郎大通二年梁昭明太子薨其嗣華容公不得立乃以晉安王爲皇太子弘正乃奏記曰竊聞撝

謙之象起於羲軒爻畫揖讓之源生於堯舜禪受其來尚矣可得而詳焉夫以
廟堂汾水殊途而同歸稷契巢許異名而一貫出者稱爲元首處者謂之外臣
莫不內外相資表裏成治斯蓋萬代同規百王不易者也曁于三王之世寖以
陵夷各親其親各子其子乃至七國爭雄劉項競逐皇漢扇其俗有晉揚其波
謙讓之道廢多歷年所矣夫文質遞變澆淳相革還樸反古今也其時伏惟明
大王殿下天挺將聖聰明神武百辟冠冕四海歸仁是以皇上發德音下明詔
以大王爲國之儲副乃天下之本焉雖復夏啓周誦漢儲魏兩此數君者安足
爲大王道哉意者願聞殿下抗目夷上仁之義執子臧大賢之節逃玉輿而弗
乘棄萬乘如脫屣庶改澆競之俗以大吳國之風古有其人今聞其語能行之
者非殿下而誰能使無爲之化復興于邃古讓王之道不墜於來葉豈不盛歟
豈不盛歟弘正陋學書生義慚稽古家自汝頴世傳忠烈先人決曹掾燕抗辭
九諫高節萬乘正色三府雖盛德之業將絕而狂直之風未墜是以敢布腹心
肆其愚瞽如使芻言野說少陳於聽覽縱復委身烹鼎之下絕命肺石之上雖

死之日猶生之年其抗直守正皆此類也累遷國子博士時於城西立士林館弘正居以講授聽者傾朝野焉弘正啓梁武帝周易疑義五十條又請釋乾坤二繫曰臣聞易稱立象以盡意繫辭以盡言然後知聖人之情幾可見矣自非含微體極盡化窮神豈能通志成務探賾致遠而宣尼比之桎梏絶韋編於漆字軒轅之所聽瑩遺玄珠於赤水伏惟陛下一日萬機匪勞神於瞬息凝心妙本常自得於天真聖智無以隱其幾深明神無以淪其不測至若爻畫之苞於六經文辭之窮於兩繫名儒劇談以歷載鴻生抵掌以終年莫有試游其藩未嘗一見其涘自制旨降談裁成易道析至微於秋毫渙曾冰於幽谷臣親承音旨職司宣授後進誂誂不無傳業但乾坤之蘊未剖繫表之妙莫詮使一經深致尚多所惑臣不涯庸淺輕率短陋謹與受業諸生清河張譏等三百一十二人於乾坤二繫象爻未啓伏願聽覽之閑曲垂提訓得使微臣鑽仰成其篤習後昆好事專門有奉自惟多幸懽沐道於堯年肄業終身不知老之將至天尊不聞而冒陳請冰谷寘懷罔識攸厝詔答曰設卦觀象事遠文高作繫表言辭

深理奧東魯絶編之思西伯幽憂之作事逾三古人更七聖自商瞿稟承子庸傳授篇簡湮沒歲月遼遠田生表菑川之譽梁丘擅琅邪之學代郡范生山陽王氏人藏荊山之寶各盡玄言之趣說或去取意有詳略近搢紳之學咸有稽疑隨答所問已具別解知與張譏等三百一十二人須釋乾坤文言及二繫萬機小暇試當討論弘正博物知玄象善占候大同末嘗謂弟弘讓曰國家厄運數年當有兵起吾與汝不知何所逃之及梁武帝納侯景弘正謂弘讓曰亂階此矣京城陷弘直爲衡陽內史元帝在江陵遺弘直書曰適有都信賢兄博士平安但京師搢紳無不附逆王克已爲家臣陸緬身充卒伍唯有周生確乎不拔言及西軍潺湲掩淚恆思吾至如望歲焉松柏後凋一人而已王僧辯之討侯景也弘正與弘讓自拔迎軍僧辯得之甚喜即日啓元帝元帝手書與弘正曰獯醜逆亂寒暑亟離海內相識零落略盡韓非之智不免秦獄劉歆之學猶弊亡新音塵不嗣每以耿灼常欲訪山東而尋子雲問關西而求伯起遇有今信力附相聞遲比來郵慰其延佇仍遣使迎之謂朝士曰晉氏平吳喜獲二陸

今我破賊亦得兩周今古一時足爲連類及弘正至禮數甚優朝臣無與比者授黃門侍郎直侍中省俄遷左民尚書尋加散騎常侍元帝嘗著金樓子曰余於諸僧重招提琰法師隱士重華陽陶貞白士大夫重汝南周弘正其於義理清轉無窮亦一時之名士也及侯景平僧辯啓送祕書圖籍敕弘正讎校時朝議遷都朝士家在荆州者皆不欲遷唯弘正與僕射王裒言於元帝曰若東脩以上諸士大夫微見古今者知帝王所都本無定處無所與疑至如黔首萬姓若未見輿駕入建業謂是列國諸王未名天子今宜赴百姓之心從四海之望時荆陝人士咸云王周皆是東人志願東下恐非良計弘正面折之曰若東人勸東謂爲非計君等西人欲西豈成良策元帝乃大笑之竟不還都及江陵陷弘正遁圍而出歸於京師敬帝以爲大司馬王僧辯長史行揚州事太平元年授侍中領國子祭酒遷太常卿都官尚書高祖受禪授太子詹事天嘉元年還侍中國子祭酒往長安迎高宗三年自周還詔授金紫光祿大夫加金章紫綬領慈訓太僕廢帝嗣位領都官尚書總知五禮事仍授太傅長史加明威將軍

高宗卽位遷特進重領國子祭酒豫州大中正加扶太建五年授尚書右僕射祭酒中正如故尋勅侍東宮講論語孝經太子以弘正朝廷舊臣德望素重於是降情屈禮橫經請益有師資之敬焉弘正特善玄言兼明釋典雖碩學名僧莫不請質疑滯六年卒于官時年七十九詔曰追遠襃德抑有恆規故尚書右僕射領國子祭酒豫州大中正弘正識宇凝深藝業通備辭林義府國老民宗道映庠門望高禮閣卒聞殂殞朕用惻然可贈侍中中書監喪事所須量加資給便出臨哭諡曰簡子所著周易講疏十六卷論語疏十一卷莊子疏八卷老子疏五卷孝經疏兩卷集二十卷行于世子墳官至吏部郎弘正二弟弘讓弘直弘讓性簡素博學多通天嘉初以白衣領太常卿光祿大夫加金章紫綬弘直字思方幼而聰敏解褐梁太學博士稍遷西中郎湘東王外兵記室參軍與東海鮑泉南陽宗懔平原劉緩沛郡劉穀同掌書記入爲尚書儀曹郎湘東王出鎮江荊二州累除錄事諮議參軍帶柴桑當陽二縣令及梁元帝承制授假節英果將軍世子長史尋除智武將軍衡陽內史遷貞毅將軍平南長史長

沙內史行湘州府州事湘濱縣侯邑六百戶歷邵陵零陵太守雲麾將軍昌州
刺史王琳之舉兵也弘直在湘州琳敗乃還朝天嘉中歷國子博士廬陵王長
史尙書左丞領羽林監中散大夫祕書監掌國史遷太常卿光祿大夫加金章
紫綬太建七年遇疾且卒乃遺疏勅其家曰吾今年已來筋力減耗可謂衰矣
而好生之情曾不自覺唯務行樂不知老之將至今時制云及將同朝露七十
餘年頗經稱足啓手告全差無遺恨氣絶已後便買市中見材材必須小形者
使易提挈斂以時服古人通制但下見先人必須備禮可著單衣裙衫故履既
應侍養宜備紛悅或逢善友又須香烟棺內唯安白布手巾麤香爐而已其外
一無所用卒于家時年七十六有集二十卷子確
確字士潛美容儀寬大有行檢博涉經史篤好玄言世父弘正特所鍾愛解褐
梁太學博士司徒祭酒晉安王主簿高祖受禪除尙書殿中郎累遷安成王限
內記室高宗即位授東宮通事舍人丁母憂去職及歐陽紇平起爲中書舍人
命於廣州慰勞服闋爲太常卿歷太子中庶子尙書左丞太子家令以父憂去

職尋起爲貞威將軍吳令確固辭不之官至德元年授太子左衞率中書舍人遷散騎常侍加貞威將軍信州南平王府長史行揚州事爲政平允稱爲良吏遷都官尚書禎明初遘疾卒于官時年五十九詔贈散騎常侍太常卿官給喪事

袁憲字德章尚書左僕射樞之弟也幼聰敏好學有雅量梁武帝修建庠序別開五館其一館在憲宅西憲常招引諸生與之談論每有新議出人意表同輩咸嗟服焉大同八年武帝撰孔子正言章句詔下國學宣制旨義憲時年十四被召爲國子正言生謁祭酒到溉溉目而送之愛其神彩在學一歲國子博士周弘正謂憲父君正曰賢子今茲欲策試不君正曰經義猶淺未敢令試居數日君正遣門下客岑文豪與憲候弘正會弘正將登講坐弟子畢集乃延憲入室授以麈尾令憲樹義時謝岐何妥在坐弘正謂曰二賢雖窮奧賾得無憚此後生耶何謝於是遞起義端深極理致憲與往復數番酬對閑敏弘正謂妥曰恣卿所問勿以童稚相期時學衆滿堂觀者重沓而憲神色自若辯論有餘弘

正請起數難終不能屈因告文豪曰卿還咨袁吳郡此郎已堪見代爲博士矣時生徒對策多行賄賂文豪請具束脩君正曰我豈能用錢爲兒買第耶學司銜之及憲試爭起劇難憲隨問抗答剖析如流到溉顧憲曰袁君正其有後矣及君正將之吳郡溉祖道於征虜亭謂君正曰昨策生蕭敏孫徐孝克非不解義至於風神器局去賢子遠矣尋舉高第以貴公子選尚南沙公主即梁簡文之女也大同元年釋褐祕書郎太清二年遷太子舍人侯景寇逆憲東之吳郡尋丁父憂哀毀過禮敬帝承制徵授尚書殿中郎高祖作相除司徒戶曹永定元年授中書侍郎兼散騎常侍與黃門侍郎王瑜使齊數年不遣天嘉初乃還四年詔復中書侍郎直侍中省太建元年除給事黃門侍郎仍知太常事二年轉尚書吏部侍郎尋除散騎常侍侍東宮三年遷御史中丞領羽林監時豫章王叔英不奉法度逼取人馬憲依事劾奏叔英由是坐免黜自是朝野皆嚴憚焉憲詳練朝章尤明聽斷至有獄情未盡而有司具法者即伺閑暇常爲上言之其所申理者甚衆嘗陪醼承香閣賓退之後高宗留憲與衞尉樊俊徙席山

亭談宴終日高宗目憲而謂俊曰袁家故爲有人其見重如此五年入爲侍中六年除吳郡太守以父任固辭不拜改授明威將軍南康內史九年秩滿除散騎常侍兼吏部尚書尋而爲真憲以久居清顯累表自求解任高宗曰諸人在職屢有謗書卿處事已多可謂清白別相甄錄且勿致辭十三年遷右僕射參掌選事先是憲長兄簡懿子爲左僕射至是憲爲右僕射臺省內目簡懿爲大僕射憲爲小僕射朝廷榮之及高宗不豫憲與吏部尚書毛喜俱受顧命始興王叔陵之肆逆也憲指麾部分預有力焉後主被瘡病篤執憲手曰我兒尚幼後事委卿憲曰羣情喁喁冀聖躬康復後事之旨未敢奉詔以功封建安縣伯邑四百戶領太子中庶子餘並如故尋除侍中信威將軍太子詹事至德元年太子加元服二年行釋奠之禮憲於是表請解職後主不許給扶二人進號雲麾將軍置佐史皇太子頗不率典訓憲手表陳諫凡十條皆援引古今言辭切直太子雖外示容納而心無悛改後主欲立寵姬張貴妃子始安王爲嗣嘗從容言之吏部尚書蔡徵順旨稱賞憲厲色折之曰皇太子國家儲嗣億兆宅心

卿是何人輕言廢立夏竟廢太子爲吳興王後主知憲有規諫之事歎曰袁德章實骨鯁之臣卽日詔爲尙書僕射禎明元年隋軍來伐隋將賀若弼進燒宮城北掖門宮衞皆散走朝士稍各引去惟憲衞侍左右後主謂憲曰我從來待卿不先餘人今日見卿可謂歲寒知松柏後凋也後主遑遽將避匿憲正色曰北兵之入必無所犯大事如此陛下安之臣願陛下正衣冠御前殿依梁武見侯景故事後主不從因下榻馳去憲從後堂景陽殿入後主投下井中憲拜哭而出京城陷入于隋隋授使持節昌州諸軍事開府儀同三司昌州刺史開皇十四年詔授晉王府長史十八年卒時年七十贈大將軍安城郡公謚曰簡長子承家仕隋至祕書丞國子司業

史臣曰梁元帝稱士大夫中重汝南周弘正信哉斯言也覩其雅量標舉尤善玄言亦一代之國師矣袁憲風格整峻徇義履道韓子稱爲人臣委質心無有二憲弗渝終始良可嘉焉

陳書卷二十四

陳書卷二十五

唐　散　騎　常　侍　姚　思　廉　撰

列傳第十九

裴忌　孫瑒

裴忌字無畏河東聞喜人也祖髦梁中散大夫父之平倜儻有志略召補文德主帥梁普通中衆軍北伐之平隨都督夏侯亶克定渦潼以功封費縣侯會衡州部民相聚寇抄詔以之平爲假節超武將軍都督衡州五郡征討諸軍事及之平至卽皆平殄梁武帝甚嘉賞之元帝承聖中累遷散騎常侍右衞將軍晉陵太守世祖卽位除光祿大夫慈訓宮衞尉並不就乃築山穿池植以卉木居處其中有終焉之志天康元年卒贈仁威將軍光祿大夫謚曰僖子忌少聰敏有識量頗涉史傳爲當時所稱解褐梁豫章王法曹參軍侯景之亂忌招集勇力隨高祖征討累功爲寧遠將軍及高祖誅王僧辯僧辯弟僧智舉兵據吳郡高祖遣黃他率衆攻之僧智出兵於西昌門拒戰他與相持不能克高祖謂忌

曰三吳奧壤舊稱饒沃雖凶荒之餘猶爲殷盛而今賊徒扇聚天下搖心非公無以定之宜善思其策忌乃勒部下精兵輕行倍道自錢塘直趣吳郡夜至城下鼓譟薄之僧智疑大軍至輕舟奔杜龕忌入據其郡高祖嘉之表授吳郡太守高祖受禪徵爲左衞將軍天嘉初出爲持節南康內史時義安太守張紹賓據郡反世祖以忌爲持節都督嶺北諸軍事率衆討平之還除散騎常侍司徒左長史五年授雲麾將軍衞尉卿封東興縣侯邑六百戶及華皎稱兵上流高宗時爲錄尚書輔政盡命衆軍出討委忌總知中外城防諸軍事及皎平高祖卽位太建元年授東陽太守改封樂安縣侯邑一千戶四年入爲太府卿五年轉都官尚書吳明徹督衆軍北伐詔忌以本官監明徹軍淮南平授軍師將軍豫州刺史忌善於綏撫甚得民和改授使持節都督譙州諸軍事譙州刺史未及之官會明徹受詔進討彭汴以忌爲都督與明徹掎角俱進呂梁軍敗陷于周周授上開府隋開皇十四年卒於長安時年七十三

孫瑒字德璉吳郡吳人也祖文惠齊越騎校尉清遠太守父循道梁中散大夫

以雅素知名瑒少倜儻好謀略博涉經史尤便書翰起家梁輕車臨川嗣王行參軍累遷爲安西邵陵王水曹中兵參軍事王出鎮郢州瑒盡室隨府甚被賞遇太清之難授假節宣猛將軍軍主王僧辯之討侯景也王琳爲前軍琳與瑒同門乃表薦爲戎昭將軍宜都太守仍從僧辯救徐文盛於武昌會郢州陷乃留軍鎮巴陵脩戰守之備俄而侯景兵至日夜攻圍瑒督所部兵悉力拒戰賊衆奔退瑒從大軍沿流而下及克姑孰瑒力戰有功除員外散騎常侍封富陽縣侯邑一千戶尋授假節雄信將軍衡陽內史未及之官仍還衡州平南府司馬破黄洞蠻賊有功除東莞太守行廣州刺史尋除智武將軍監湘州事敬帝嗣位授持節仁威將軍巴州刺史高祖受禪王琳立梁永嘉王蕭莊於郢州徵瑒爲太府卿加通直散騎常侍及王琳入寇以瑒爲使持節散騎常侍都督郢荊巴武湘五州諸軍事安西將軍郢州刺史總留府之任周遣大將史寧率衆四萬乘虛奄至瑒助防張世貴舉外城以應之所失軍民男女三千餘口周軍又起土山高梯日夜攻逼因風縱火燒其內城南面五十餘樓時瑒兵不滿千

人乘城拒守瑒親自撫巡行酒賦食士卒皆爲之用命周人苦攻不能克乃矯授瑒柱國郢州刺史封萬戸郡公瑒僞許以緩之而潛修戰具樓雉器械一朝嚴設周人甚憚焉及聞大軍敗王琳乘勝而進周兵乃解瑒於是盡有中流之地集其將士而謂之曰吾與王公陳力協義同奬梁室亦已勤矣今時事如此天可違乎遂遣使奉表詣闕天嘉元年授使持節散騎常侍安南將軍湘州刺史封定襄縣侯邑一千戸瑒懷不自安乃固請入朝徵爲散騎常侍中領軍未拜而世祖從容謂瑒曰昔朱買臣願爲本郡卿豈有意乎仍改授持節安東將軍吳郡太守給鼓吹一部及將之鎮乘輿幸近畿餞送鄉里榮之秩滿徵拜散騎常侍中護軍鼓吹如故留異之反東陽詔瑒督舟師進討異平還鎮右將軍常侍鼓吹並如故頃之出爲使持節安東將軍建安太守光大中以公事免尋起爲通直散騎常侍高宗卽位以瑒功名素著深委任焉太建四年授都督荊信二州諸軍事安西將軍荊州刺史出鎮公安瑒增脩城池懷服邊遠爲隣境所憚居職六年又以事免更爲通直散騎常侍及吳明徹軍敗呂梁授使持節

督緣江水陸諸軍事鎭西將軍給鼓吹一部尋授散騎常侍都督荆郢巴武湘五州諸軍事郢州刺史持節將軍鼓吹並如故十二年坐壇場交通抵罪後主嗣位復除通直散騎常侍兼起部尚書尋除中護軍復爵邑入爲度支尚書領步兵校尉俄加散騎常侍還侍中祠部尚書後主頻幸其第及著詩賦述勳德之美展君臣之意焉又爲五兵尚書領右軍將軍侍中如故以年老累乞骸骨優詔不許禎明元年卒官時年七十二後主臨哭盡哀贈護軍將軍侍中如故給鼓吹一部朝服一具衣一襲喪事量加資給諡曰桓子瑒事親以孝聞於諸弟甚篤睦性通泰有財物散之親友其自居處頗失於奢豪庭院穿築極林泉之致歌鍾舞女當世罕儔賓客填門軒蓋不絕及出鎭郢州乃合十餘船爲大舫於中立亭池植荷芰每良辰美景賓僚並集泛長江而置酒亦一時之勝賞焉常於山齋設講肆集玄儒之士冬夏資奉爲學者所稱而處己率易不以名位驕物時與皇寺朗法師該通釋典瑒每造講筵時有抗論法侶莫不傾心又巧思過人爲起部尚書軍國器械多所創立有鑒識男女婚姻皆擇素貴及卒

尚書令江總爲其誌銘後主又題銘後四十字遣左民尚書蔡徵宣敕就宅鐫之其詞曰秋風動竹煙水驚波幾人樵徑何處山阿今時日月宿昔綺羅天長路遠地久靈多功臣未勒此意如何時論以爲榮瑒二十一子咸有父風世子讓早卒第二子訓頗知名歷臨湘令直閤將軍高唐太守陳亡入隋

史臣曰在梁之季寇賊實繁高祖建義杖旗將寧區夏裴忌早識攀附每預戎麾摧鋒却敵立功者數矣孫瑒有文武幹略見知時主及行軍用兵師司馬之法至於戰勝攻取屢著勳庸加以好施接物士咸慕向然性不循恆頗以罪免蓋亦陳湯之徒焉

陳書卷二十五

陳書卷二十五考證

孫瑒傳孫瑒字德璉○瑒一本作陽

陳書卷二十五考證

唐散騎常侍姚思廉撰

列傳第二十

徐陵子儉 份 儀 弟孝克

徐陵字孝穆東海郯人也祖超之齊鬱林太守梁員外散騎常侍父摛梁戎昭將軍太子左衞率贈侍中太子詹事謚貞子母臧氏嘗夢五色雲化而爲鳳集左肩上已而誕陵焉時寶誌上人者世稱其有道陵年數歲家人攜以候之寶誌手摩其頂曰天上石麒麟也光宅惠雲法師每嗟陵早成就謂之顏回八歲能屬文十二通莊老義既長博涉史籍縱橫有口辯梁普通二年晉安王爲平西將軍寧蠻校尉父摛爲王諮議王又引陵參寧蠻府軍事大通二年王立爲皇太子東宮置學士陵充其選稍遷尚書度支郎出爲上虞令御史中丞劉孝儀與陵先有隙風聞劾陵在縣贓汙因坐免久之起爲南平王府行參軍遷通直散騎侍郎梁簡文在東宮撰長春殿義記使陵爲序又令於少傅府述所製

莊子義尋還鎮西湘東王中記室參軍太清二年兼通直散騎常侍使魏魏人授館宴賓是日甚熱其主客魏收嘲陵曰今日之熱當由徐常侍來陵卽答曰昔王肅至此爲魏始制禮儀今來我聘使卿復知寒暑收大慚及侯景寇京師陵父摛先在圍城之內陵不奉家信便蔬食布衣若居憂恤會齊受魏禪梁元帝承制於江陵復通使於齊陵累求復命終拘留不遣陵乃致書於僕射楊遵彥曰夫一言所感凝暉照於魯陽一志冥通飛泉涌於疏勒況復元首康哉股肱良哉鄰國相聞風教相期者也天道窮剝鍾亂本朝情計馳惶公私哽懼而骸骨之請徒淹歲寒顛沛之祈空盈卷軸是所不圖也非所仰望也執事不聞之乎昔分鼇命鳫之世觀河拜洛之年則有日烏流災風禽騁暴天傾西北地缺東南盛旱坼三川長波含五嶽我大梁應金圖而有亢纂玉鏡而猶屯何則聖人不能爲時斯固窮通之恆理也至於荊州刺史湘東王機神之本無寄名言陶鑄之餘猶爲堯舜雖復六代之舞陳於總章九州之歌登於司樂虞夔拊石晉曠調鍾未足頌此英聲無以宣其盛德者也若使郊禋楚翼寧非祀夏之

君哉定艱難便是匡周之霸豈徒豳王徙雍朞月爲都姚帝遷河周年成邑方今越裳藐藐馴雉北飛肅昚茫茫風牛南偃吾君之子含識知歸而答旨云何所投身斯其未喻一也又晉熙等郡皆入貴朝去我尋陽經途何幾至於鐳鐳曉漏的的宵烽隔溆浦而相聞臨高臺而可望泉流寶盌遙憶溢城峯號香鑪依然廬嶽日者鄱陽嗣王治兵匯派屯戍淪波朝夕牋書春秋方物吾無從以躡屩彼何路而齊鑣豈其然乎斯不然矣又近者邵陵王通和此國郢中上客雲聚魏都鄴下名卿風馳江浦豈盧龍之徑於彼新開銅駞之街於我長閉何彼途甚易非勞於五丁我路爲難如登於九折地不私載何其爽歟而答旨云還路無從斯所未喻二也晉熙廬江義陽安陸皆云款附非復危邦計彼中途便當靜晏自斯以北桴鼓不鳴自此以南封疆未壹如其境外脫殞輕軀幸非邊吏之羞何在匹夫之命又此賓遊通無貨殖忝非韓起聘鄭私買玉環吳札過徐躬要寶劍由來宴錫凡厥囊裝行役淹留皆已虛罄散有限之微財供無期之久客斯可知矣且據圖刎首愚者不爲運斧全身庸流所鑒何則生輕一

髮自重千鈞不以賈盜明矣骨肉不任充鼎俎皮毛不足入貨財盜有道焉吾無憂矣又公家遺使脫有資須本朝非隆平之時遊客豈皇華之勢輕裝獨宿非勞聚橐之儀微騎間行寧望輶軒之禮歸人將從私具驢騾緣道亭郵唯希蔬粟若曰留之無煩於執事遣之有費於官司或以顛沛為言或云資裝可懼固非通論皆是外篇斯所未喻三也又若以吾徒應還侯景侯景凶逆殲我國家天下含靈人懷憤厲既不獲投身社稷衛難乘輿四冢磔蚩尤千刃剸王莽安所謂俛首頓膝歸奉寇讎佩弭腰鞬為其皁隸日者通和方敦曩睦凶人狙詐遂駭狼心頗疑宋萬之誅彌懼荀罃之請所以奔蹄勁角專恣憑陵凡我行人偏膺讎憾政復葅筋醢骨抽舌探肝於彼凶情猶當未雪海內之所知也君侯之所具焉又聞本朝公主都人士女風行雨散東播西流京邑丘墟姦蓬藋瑟偃師還望咸為草萊霸陵回首俱霑霜露此又君之所知也彼以何義爭免寇讎我以何親爭歸委質昔鉅平貴將縣重於陸公叔向名流深知於鬷蔑吾雖不敏常慕前修不圖明庶有懷翻其以此量物昔魏氏將亡羣凶挺爭諸賢

戮力想得其朋爲葛榮之黨邪爲邢杲之徒邪如曰不然斯所未喻四也假使吾徒還爲凶黨侯景生於趙代家自幽恆居則台司行爲連率山川形勢軍國彝章不勞請箸爲籌便當屈指能算景以逋逃小醜羊豕同羣身寓江臯家留河朔春春井井如鬼如神其不然乎抑又君之所知也且夫宮闈祕事並若雲霄英俊訏謨寧非帷幄或陽驚以定策或焚藁而奏書朝廷之士猶難參預爵旅之人何階耳目至於禮樂沿革刑政寬猛則謳歌已遠萬舞成風不知手之舞之足之蹈之也安在搖其牙齒爲閒諜者哉若謂復命西朝終奔東虜雖齊梁有隔尉候奚殊豈以河曲之難浮而曰江關之可濟河橋馬度寧非宋典之姦關路雞鳴皆曰田文之客何其通蔽乃爾相妨斯所未喻五也又兵交使在雖著前經儻同徇僕之尤追肆寒山之怒則凡諸元帥並釋縲囚爰及偏裨同無翦馘乃至鍾儀見赦朋笑遵途襄老蒙歸虞歌引路吾等張旃拭玉修好尋盟涉泗之與浮河郊勞至于贈賄公恩既被賓敬無違今者何儻翻蒙貶責若以此爲言斯所未喻六也若曰祆氛永久喪亂悠然哀我奔波存其形魄固已

銘茲厚德戴此洪恩譬渤澥而俱深方嵩華而猶重但山梁飲啄非有意於籠樊江海飛浮本無情於鍾鼓況吾等營魂已謝餘息空留悲默爲生何能支久是則雖蒙養護更夭天年若以此爲言斯所未喻七也若云逆豎殲夷當聽反命高軒繼路飛蓋相隨未解其言何能善謔夫屯亨治亂豈有意於前期謝常侍今年五十有一吾今年四十有四介已知命賓又杖鄉計彼侯生肩隨而已豈銀臺之要彼未從師金竈之方吾知其訣政恐南陽菊水竟不延齡東海桑田無由可望若以此爲言斯所未喻八也足下清襟勝託書圃文林凡自洪荒終乎幽厲如吾今日寧有其人爰至春秋微宜商略夫宗姬殄墜霸道昏凶或執政之多門或陪臣之涼德故臧孫有禮翻因與國之賓周伯無愆空怒天王之使遷箕卿於兩館縶驥子於三年斯匪貪亂之風邪寧當今之高例也至於雙崤且帝四海爭雄或構趙而侵燕或連韓而謀魏身求盟於楚殿躬奪璧於秦庭輸寶鼎以託齊王馳安車而誘梁客其外膏脣販舌分路揚鑣無罪無辜如兄如弟逮乎中陽受命天下同規巡省諸華無聞幽辱及三方之霸也孫甘

言以娬媚曹屈詐以羈縻旍軫歲到於句吳冠蓋年馳於庸蜀則客嘲殊險賓戲已深共盡遊談誰云猜忤若使搜求故實脫有前蹤恐是叔世之姦謀而非爲邦之勝略也抑又聞之雲師火帝澆淳乃異其風龍躍麟驚王霸雖殊其道莫不從君親以銘物敦敬養以治民預有邦司曾無隆替吾奉違溫凊仍屬亂離寇虜猖狂公私播越蕭軒靡御王舫誰持瞻望鄉關何心天地自非生憑廩竹源出空桑行路含情猶其相愍常謂擇官而仕非曰孝家擇事而趨非云忠國況乎欽承有道驂駕前王郎吏明經鴟鳶知禮巡省方化咸問高年東序西膠皆尊耆耋吾以圭璋玉帛通聘來朝屬世道之屯期鍾生民之否運兼年累載無申元直之祈銜泣吞聲長對公閭之怒情禮之訴將同逆鱗忠孝之言皆應齰舌是所不圖也非所仰望也且天倫之愛何得忘懷妻子之情誰能無累夫以清河公主之貴餘姚書佐之家莫限高卑皆被驅略自東南醜虜抄販饑民臺署郎官俱餧牆壁況吾生離死別多歷暄寒孀室嬰兒何可言念如得身還鄉土躬自推求猶冀提攜俱免凶虐夫四聰不達華陽君所謂亂臣百姓無

寃孫叔敖稱爲良相足下高才重譽參贊經綸非豹非貔聞詩聞禮而中朝大議曾未矜論清禁嘉謀安能相及諤諤非周舍容容類胡廣何其無諍臣哉歲月如流平生何幾晨看旅鴈心赴江淮昏望牽牛情馳揚越朝千悲而掩泣夜萬緒而回腸不自知其爲生不自知其爲死也足下素挺詞鋒兼長理窟匡丞相解頤之說樂令君清耳之談向所諮疑誰能曉喻若鄙言爲謬來旨必通分請灰釘甘從斧鑊何但規規默默齰舌低頭而已哉若一理存焉猶希矜眷何必期令我等必死齊都足趙魏之黃塵加幽并之片骨遂使東平拱樹長懷向漢之悲西洛孤墳恆表思鄉之夢千祈以屢哽慟增深遵彥竟不報書及江陵陷齊送貞陽侯蕭淵明爲梁嗣乃遣陵隨還太尉王僧辯初拒境不納淵明往復致書皆陵詞也及淵明之入僧辯得陵大喜接待饋遺其禮甚優以陵爲尚書吏部郎掌詔誥其年高祖率兵誅僧辯仍進討韋載時任約除嗣徽乘虛襲石頭陵感僧辯舊恩乃往赴約及約等平高祖釋陵不問尋以爲貞威將軍尚書左丞紹泰二年又使于齊還除給事黃門侍郎祕書監高祖受禪加散騎常

侍左丞如故天嘉初除太府卿四年遷五兵尚書領大著作六年除散騎常侍御史中丞時安成王頊爲司空以帝弟之尊勢傾朝野直兵鮑叔叡假王威權抑塞辭訟大臣莫敢言者陵聞之乃爲奏彈導從南臺官屬引奏案而入世祖見陵服章嚴肅若不可犯爲斂容正坐陵進讀奏版時安成王殿上侍立仰視世祖流汗失色陵遣殿中御史引王下殿遂劾免侍中中書監自此朝廷肅然天康元年遷吏部尚書領大著作陵以梁末以來選授多失其所於是提舉綱維綜覈名實時有冒進求官諠競不已者陵乃爲書宣示曰自古吏部尚書者品藻人倫簡其才能尋其門冑逐其大小量其官爵梁元帝承侯景之凶荒王太尉接荊州之禍敗爾時喪亂無復典章故使官方窮此紛雜永定之時聖朝草創干戈未息亦無條序府庫空虛賞賜懸乏白銀難得黃札易營權以官階代於錢絹義存撫接無計多少致令員外常侍路上比肩諮議參軍市中無數豈是朝章應其如此今衣冠禮樂日富年華何可猶作舊意非理望也所見諸君多踰本分猶言太屈未喻高懷若問梁朝朱領軍异亦爲卿相此不踰其本

分邪此是天子所拔非關選序梁武帝云世間人言有目色我特不目色范悌
宋文帝亦云人世豈無運命每有好官缺輒憶羊玄保此則清階顯職不由選
也秦有車府令趙高直至丞相漢有高廟令田千秋亦爲丞相此復可爲例邪
既忝衡流應須粉墨所望諸賢深明鄙意自是衆咸服焉時論比之毛玠廢帝
即位高宗入輔謀黜異志者引陵預其議高宗纂曆封建昌縣侯邑五百戶太
建元年除尚書右僕射二年遷尚書左僕射陵抗表推周弘正王勱等高宗召
陵入內殿曰卿何爲固辭此職而舉人乎陵曰周弘正從陛下西還舊藩長史
王勱太平相府長史張種帝鄉賢戚若選賢與舊臣宜居後固辭累日高宗苦
屬之陵乃奉詔及朝議北伐高宗曰朕意已決卿可舉元帥衆議咸以中權將
軍淳于量位重共署推之陵獨曰不然吳明徹家在淮左悉彼風俗將略人才
當今亦無過者於是爭論累日不能決都官尚書裴忌曰臣同徐僕射陵應聲
曰非但明徹良將裴忌即良副也是日詔明徹爲大都督令忌監軍事遂克淮
南數十州之地高宗因置酒舉杯屬陵曰賞卿知人陵避席對曰定策出自聖

衷非臣之力也其年加侍中餘並如故七年領國子祭酒南徐州大中正以公事免侍中僕射尋加侍中給扶又除領軍將軍八年加翊右將軍太子詹事置佐史俄還右光祿大夫餘並如故十年重爲領軍將軍尋還安右將軍丹陽尹十三年爲中書監領太子詹事給鼓吹一部侍中將軍右光祿中正如故陵以年老累表求致仕高宗亦優之乃詔將作爲造大齋令陵就第攝事後主即位遷左光祿大夫太子少傅餘如故至德元年卒時年七十七詔曰慎終有典抑乃舊章令德可甄諒宜追遠侍中安右將軍左光祿大夫太子少傅南徐州大中正建昌縣開國侯陵弱齡學尙登朝秀穎業高名輩文曰詞宗朕近歲承華特相引狎雖多臥疾方期克壯奄然殞逝震悼于懷可贈鎭右將軍特進其侍中左光祿鼓吹侯如故幷出舉哀喪事所須量加資給謚曰章陵器局深遠容止可觀性又清簡無所營樹祿俸與親族共之太建中食建昌邑邑戶送米至于水次陵親戚有貧匱者皆令取之數日便盡陵家尋致乏絕府僚怪而問其故陵云我有車牛衣裳可賣餘家有可賣不其周給如此少而崇信釋教經論

多所精解後主在東宮令陵講大品經義學名僧自遠雲集每講筵商較四座莫能與抗目有青睛時人以爲聰惠之相也自有陳創業文檄軍書及禪授詔策皆陵所製而九錫尤美爲一代文宗亦不以此矜物未嘗詆訶作者其於後進之徒接引無倦世祖高宗之世國家有大手筆皆陵草之其文頗變舊體緝裁巧密多有新意每一文出手好事者已傳寫成誦遂被之華夷家藏其本後逢喪亂多散失存者三十卷有四子儉份儀傳

儉一名衆幼而修立勤學有志操汝南周弘正重其爲人妻以女梁太清初起家豫章王府行參軍侯景亂陵使魏未反儉時年二十一攜老幼避于江陵梁元帝聞其名召爲尚書金部郎中嘗侍宴賦詩元帝歎賞曰徐氏之子復有文矣江陵陷復還於京師永定初爲太子洗馬遷鎮東從事中郎天嘉三年遷中書侍郎太建初廣州刺史歐陽紇舉兵反高宗令儉持節喻旨紇初見儉盛列仗衛言辭不恭儉曰呂嘉之事誠當已遠將軍獨不見周迪陳寶應乎轉禍爲福未爲晚也紇默然不答懼儉沮其衆不許入城置儉於孤園寺遣人守衛累

旬不得還紇嘗出見儉儉謂之曰將軍業已舉事儉須還報天子儉之性命雖在將軍將軍成敗不在於儉幸不見留紇於是乃遣儉從間道馳還高宗乃命章昭達率衆討紇仍以儉悉其形勢勑儉監昭達軍紇平高宗嘉之賜奴婢十人米五百斛除鎮北鄱陽王諮議參軍兼中書舍人累遷國子博士大匠卿餘並如故尋遷黃門侍郎轉太子中庶子加通直散騎常侍兼尚書左丞以公事免尋起爲中衞始興王限外諮議參軍兼中書舍人又爲太子中庶子還貞威將軍太子左衞率舍人如故後主立授和戎將軍宣惠晉熙王長史行丹陽郡國事俄以父憂去職尋起爲和戎將軍累遷尋陽內史爲政嚴明盜賊靜息還散騎常侍襲封建昌侯入爲御史中丞儉性公平無所阿附尚書令江總望重一時亦爲儉所糾劾後主深委任焉又領右軍禎明二年卒份少有父風年九歲爲夢賦陵見之謂所親曰吾幼屬文亦不加此解褐爲祕書郎轉太子舍人累遷豫章王主簿太子洗馬出爲海鹽令甚有治績秩滿入爲太子洗馬份性孝悌陵嘗遇疾甚篤份燒香泣涕跪誦孝經晝夜不息如此者三日陵疾豁然

而愈親戚皆謂份孝感所致太建二年卒時年二十二儀少聰警以周易生舉
高第爲祕書郎出爲烏傷令禎明初遷尚書殿中郎尋兼東宮學士陳亡入隋
開皇九年隱于錢塘之赭山煬帝召爲學士尋除著作郎大業四年卒
孝克陵之第三弟也少爲周易生有口辯能談玄理既長遍通五經博覽史籍
亦善屬文而文不逮義梁太清初起家爲太學博士性至孝遭父憂殆不勝喪
事所生母陳氏盡就養之道梁末侯景寇亂京邑大饑餓死者十八九孝克養
母饘粥不能給妻東莞臧氏領軍將軍臧盾之女也甚有容色孝克乃謂之曰
今饑荒如此供養交闕欲嫁卿與富人望彼此俱濟於卿意如何臧氏弗之許
也時有孔景行者爲侯景將富於財孝克密因媒者陳意景行多從左右逼而
迎之臧涕泣而去所得穀帛悉以供養孝克又剃髮爲沙門改名法整兼乞食
以充給焉臧氏亦深念舊恩數私致饋餉故不乏絕後景行戰死臧伺孝克於
途中累日乃見謂孝克曰往日之事非爲相負今既得脫當歸供養孝克默然
無答於是歸俗更爲夫妻後東遊居于錢塘之佳義里與諸僧討論釋典遂通

三論每日二時講旦講佛經晚講禮傳道俗受業者數百人天嘉中除郯令非
其好也尋復去職太建四年徵爲祕書丞不就乃蔬食長齋持菩薩戒晝夜講
誦法華經高宗甚嘉其操行六年除國子博士遷通直散騎常侍兼國子祭酒
尋爲真孝克每侍宴無所食噉至席散當其前膳羞損減高宗密記以問中書
舍人管斌斌不能對自是斌以意伺之見孝克取珍果內紳帶中斌當時莫識
其意後更尋訪方知還以遺母斌以實啓高宗嗟歎良久乃勑所司自今宴享
孝克前饌並遣將還以餉其母時論美之至德中皇太子入學釋奠百司陪列
孝克發孝經題後主詔皇太子北面致敬禎明元年入爲都官尚書自晉以來
尚書官僚皆攜家屬居省省在臺城內下舍門中有閤道東西跨路通于朝堂
其第一卽都官之省西抵閤道年代久遠多有鬼怪每昏夜之際無故有聲光
或見人著衣冠從井中出須臾復沒或門閤自然開閉居省者多死亡尚書周
確卒於此省孝克代確便卽居之經涉兩載妖變皆息時人咸以爲貞正所致
孝克性清素而好施惠故不免飢寒後主勑以石頭津稅給之孝克悉用設齋

寫經隨得隨盡二年爲散騎常侍侍東宮陳亡隨例入關家道壁立所生母患欲粳米爲粥不能常辦母亡之後孝克遂常噉麥有遺粳米者孝克對而悲泣終身不復食之焉開皇十年長安疾疫隋文帝聞其名行召令於尚書都堂講金剛般若經尋授國子博士後侍東宮講禮傳十九年以疾卒時年七十三臨終正坐念佛室內有非常異香氣鄰里皆驚異之子萬載仕至晉安王功曹史太子洗馬

史臣曰徐孝穆挺五行之秀稟天地之靈聰明特達籠罩今古及締構興王遭逢泰運位隆朝宰獻替謀猷蓋亮直存矣孝克砥身厲行養親逾禮亦參閔之志歟

陳書卷二十六

陳書卷二十六考證

徐陵傳述所製莊子義○義一本誤二

徐陵子儉一名衆○衆南史作報

徐陵弟孝克妻東莞臧氏領軍將軍臧盾之女也○盾一本作質

陳書卷二十六考證

陳書卷二十七

唐　散　騎　常　侍　姚　思　廉　撰

列傳第二十一

江總　姚察

江總字總持濟陽考城人也晉散騎常侍統之十世孫五世祖湛宋左光祿大夫開府儀同三司忠簡公祖蒨梁光祿大夫有名當代父紑本州迎主簿少居父憂以毀卒在梁書孝行傳總七歲而孤依于外氏幼聰敏有至性舅吳平光侯蕭勱名重當時特所鍾愛嘗謂總曰爾操行殊異神采英拔後之知名當出吾右及長篤學有辭采家傳賜書數千卷總晝夜尋讀未嘗輟手年十八解褐宣惠武陵王府法曹參軍中權將軍丹陽尹何敬容開府置佐史並以貴胄充之仍除敬容府主簿遷尚書殿中郎梁武帝撰正言始畢製述懷詩總預同此作帝覽總詩深降嗟賞仍轉侍郎尚書僕射范陽張纘度支尚書琅邪王筠都官尚書南陽劉之遴並高才碩學總時年少有名纘等雅相推重爲忘年友會

之遴嘗酬總詩其略曰上位居崇禮寺署隣栖息忌聞曉騶唱每畏晨光艶高
談意未窮晤對賞無極探急共遨遊休沐忘退食曷用銷鄙吝枉趾覯顏色下
上數千載揚搉吐胸臆其爲通人所欽挹如此還太子洗馬又出爲臨安令還
爲中軍宣城王府限內錄事參軍轉太子中舍人及魏國通好勑以總及徐陵
攝官報聘總以疾不行侯景寇京都詔以總權兼太常卿守小廟臺城陷總避
難崎嶇累年至會稽郡憩於龍華寺乃製修心賦略序時事其辭曰太清四年
秋七月避地于會稽龍華寺此伽藍者余六世祖宋尚書右僕射州陵侯元嘉
二十四年之所構也侯之王父晉護軍將軍彪昔莅此邦卜居山陰都陽里貽
厥子孫有終焉之志寺域則宅之舊基左江右湖面山背壑東西連跨南北紆
縈聊與苦節名僧同銷日用曉脩經戒夕覽圖書寢處風雲憑棲水月不意華
戎莫辨朝市傾淪以此傷情情可知矣啜泣濡翰豈攄鬱結庶後生君子憫余
此概焉嘉南斗之分次肇東越之靈祕表檜風於韓什著鎮山於周記蘊大禹
之金書鐫暴秦之在字太史來而探穴鍾離去而開笥信竹箭之爲珍何球玞

之罕值奉慼德之鴻祀寓安禪之古寺寔豫章之舊圃成黃金之勝地遂寂默之幽心若鏡中而遠尋面曾阜之超忽邇平湖之迥深山條偃蹇水葉侵淫挂猿朝落飢鼯夜吟蕈叢藥苑桃蹊橘林捎雲拂日結暗生陰保自然之雅趣鄙人間之荒雜望島嶼之邅回面江原之重沓泛流月之夜迥曳光煙之曉匝風引蜩而嘶譟雨鳴林而修颯鳥稍狎而知來雲無情而自合爾迺野開靈塔地築禪居喜園迢遰樂樹扶疎經行藉草宴坐臨渠持戒振錫度影甘蔬堅固之林可喻寂滅之場暫如異曲終而悲起非木落而悲始豈降志而辱身不露才而揚己鍾風雨之如晦倦雞鳴之聒耳幸避地而高棲憑調御之遺旨折四辯之微言悟三乘之妙理遣十纏之繫縛祛五惑之塵滓久遺榮於勢利庶忘累於妻子感意氣於疇日寄知音於來祀何遠客之可悲知自憐其何已總第九舅蕭勃先據廣州總又自會稽往依焉梁元帝平侯景徵總爲明威將軍始興內史以郡秩米八百斛給總行裝會江陵陷遂不行總自此流寓嶺南積歲天嘉四年以中書侍郎徵還朝直侍中省累遷司徒右長史掌東宮管記給事黃

門侍郎領南徐州大中正授太子中庶子通直散騎常侍東宮中正如故還左民尚書轉太子詹事中正如故以與太子爲長夜之飲養良娣陳氏爲女太子微行總舍上怒免之尋爲侍中領左驍騎將軍復爲左民尚書領左軍將軍未拜又以公事免尋起爲散騎常侍明烈將軍司徒左長史遷太常卿後主即位除祠部尚書又領左驍騎將軍參掌選事轉散騎常侍吏部尚書尋遷尚書僕射參掌如故至德四年加宣惠將軍量置佐史尋授尚書令給鼓吹一部加扶餘並如故策曰於戲夫文昌政本司會治經韋彪謂之樞機李固方之斗極況其五曹斯綜百揆是諧同冢宰之司專臺閣之任惟爾道業標峻寓量弘深勝範清規風流以爲准的辭宗學府衣冠以爲領袖故能師長六官具瞻允塞明府八座儀形載遠其端朝握揆朕所望焉往欽哉懋建爾徽猷亮采我邦國可不慎歟禎明二年進號中權將軍京城陷入隋爲上開府開皇十四年卒於江都時年七十六總嘗自敘其略曰歷升清顯備位朝列不邀世利不涉權幸嘗撫躬仰天太息曰莊青翟位至丞相無迹可紀趙元叔爲上計吏光乎列傳官

陳以來未嘗逢迎一物干預一事悠悠風塵流俗之士頗致怨憎榮枯寵辱不以介意太建之世權移羣小諂嫉作威屢被摧黜奈何命也後主昔在東朝留意文藝夙荷昭晉恩紀契闊嗣位之日時寄謬隆儀形天府釐正庶績八法六典無所不統昔晉武帝策荀公曾曰周之冢宰今之尚書令也況復才未半古尸素若茲晉太尉陸玩云以我爲三公知天下無人矣軒冕儻來之一物豈是預要乎弱歲歸心釋教年二十餘入鍾山就靈曜寺則法師受菩薩戒暮齒官陳與攝山布上人遊款深悟苦空更復練戒運善於心行慈於物頗知自勵而不能蔬菲尚染塵勞以此負愧平生耳總之自敘時人謂之實錄總篤行義寬和溫裕好學能屬文於五言七言尤善然傷於浮豔故爲後主所愛幸多有側篇好事者相傳諷翫于今不絕後主之世總當權宰不持政務但日與後主遊宴後庭共陳暄孔範王瑗等十餘人當時謂之狎客由是國政日頹綱紀不立有言之者輒以罪斥之君臣昏亂以至于滅有文集三十卷並行於世焉長子溢字深源頗有文辭性傲誕恃勢驕物雖近屬故友不免詆欺歷官著作佐郎

太子舍人洗馬中書黃門侍郎太子中庶子入隋爲秦王文學第七子濯駙馬都尉祕書郎隋給事郎直祕書省學士

姚察字伯審吳興武康人也九世祖信吳太常卿有名江左察幼有至性事親以孝聞六歲誦書萬餘言弱不好弄博奕雜戲初不經心勤苦厲精以夜繼日年十二便能屬文父上開府僧垣知名梁武代二宮禮遇優厚每得供賜皆回給察兄弟爲遊學之資察並用聚蓄圖書由是聞見日博年十三梁簡文帝時在東宮盛脩文義卽引於宣猷堂聽講論難爲儒者所稱及簡文嗣位尤加禮接起家南海王國左常侍兼司文侍郎除南郡王行參軍兼尚書駕部郎值梁室喪亂於金陵隨二親還鄉里時東土兵荒人飢相食告糴無處察家口既多並採野蔬自給察每崎嶇艱阻求請供養之資糧粒恆得相繼又常以己分減推諸弟妹乃至故舊乏絶者皆相分卹自甘唯藜藿而已在亂離之閒篤學不廢元帝於荆州卽位父隨朝士例往赴西臺元帝授察原鄉令時邑境蕭條流亡不反察輕其戰役勸以耕種於是戶口殷盛民至今稱焉中書侍郎領著作

杜之偉與察深相眷遇表用察佐著作仍撰史永定初拜始興王府功曹參軍尋補嘉德殿學士轉中衛儀同始興王府記室參軍吏部尚書徐陵時領著作復引爲史佐及陵讓官致仕等表並請察製焉陵見歎曰吾弗逮也太建初補宣明殿學士除散騎侍郎左通直尋兼通直散騎常侍報聘于周江左耆舊先在關右者咸相傾慕沛國劉臻竊于公館訪漢書疑事十餘條並爲剖析皆有經據臻謂所親曰名下定無虛士著西聘道里記所敘事甚詳使還補東宮學士于時濟陽江總吳國顧野王陸瓊從弟瑜河南褚玠北地傅縡等皆以才學之美晨夕娛侍察每言論製述咸爲諸人宗重儲君深加禮異情越羣僚宮內所須方幅手筆皆付察立草又數令共野王遞相策問恆蒙賞激遷尚書祠部侍郎此曹職司郊廟昔魏王肅奏祀天地設宮縣之樂八佾之舞爾後因循不革梁武帝以爲事人禮縟事神禮簡古無宮縣之文陳初承用莫有損益高宗欲設備樂付有司立議以梁武帝爲非時碩學名儒朝端在位者咸希上旨並即注同察乃博引經籍獨違羣議據梁樂爲是當時驚駭莫不慚服僕射徐陵

因改同察議其不順時隨俗皆此類也拜宣惠宣都王中錄事參軍帶東宮學士歷仁威淮南王平南建安王二府諮議參軍丁內憂去職俄起爲戎昭將軍知撰梁史事固辭不允後主纂業敕兼東宮通事舍人將軍知撰史如故又敕專知優冊諡議等文筆至德元年除中書侍郎轉太子僕餘並如故初梁季淪沒父僧坦入于長安察蔬食布衣不聽音樂至是凶問因聘使到江南時察母韋氏喪制適除後主以察羸瘠慮加毀頓乃密遣中書舍人司馬申就宅發哀仍敕申專加譬抑爾後又遣申宣旨誡喻曰知比哀毀過禮甚用爲憂卿迥然一身宗奠是寄毀而滅性聖教所不許宜微自遣割以存禮制憂懷既深故有此及尋以忠毅將軍起兼東宮通事舍人察志在終喪頻有陳讓並抑而不許又推表其略曰臣私門釁禍併罹殃罰偷生晷漏冀申情禮而侹疹相仍苴藁穢質非復人流將畢苦壞豈期朝恩曲覃被之纓紱尋斯寵服彌見慚靦且宮闈祕奧趨奏便繁寧可以茲荒毀所宜叨預伏願至德孝治矜其理奪使殘魂喘息以遂餘生詔答曰省表具懷卿行業淳深聲譽素顯理徇情禮未膺刀筆

但參務承華良所期寄允茲抑奪不得致辭也俄勑知著作郎事服闋除給事黃門侍郎領著作察既累居憂服兼齋素日久自免憂後因加氣疾後主嘗別召見見察柴瘠過甚爲之動容乃謂察曰朝廷惜卿卿宜自惜既蔬菲歲久可停持長齋又遣度支尚書王瑗宣旨重加慰喻令從晚食手勑曰卿羸瘠如此齋菲累年不宜一飯有乖將攝若從所示甚爲佳也察雖奉此勑而猶敦宿誓又詔授祕書監領著作如故乃累進讓並優答不許察在祕書省大加刪正又奏撰中書表集拜散騎常侍尋授度支尚書旬月遷吏部尚書領著作並如故察既博極墳素尤善人物至於姓氏所起枝葉所分官職姻娶興衰高下舉而論之無所遺失且澄鑒之職時人久以梓匠相許及遷選部雅允朝望初吏部尚書蔡徵移中書令後主方擇其人尚書令江總等咸共薦察勑答曰姚察非唯學藝優博亦是操行清修典選難才今得之矣乃神筆草詔讀以示察察辭讓甚切別日召入論選事察垂涕拜請曰臣東皋賤族身才庸近情忘遠致念絕脩途頃來忝竊久知逾分特以東朝攀奉恩紀謬加今日叨濫非由才舉縱

陛下特升庸薄其如朝序何臣九世祖信名高往代當時纔居選部自後罕有
繼蹤臣遭逢成擢沐浴恩造累致非據每切妨賢目雖無識頗知審己言行所
踐無期榮貴豈意銓衡之重妄委非才且皇明御曆事高昔代羽儀世胄帷幄
名臣若授受得宜方爲稱職臣夙陶教義必知不可後主曰選衆之舉僉議所
歸昔毛玠雅量清恪盧毓心平體正王蘊銓量得地山濤舉不失才就卿而求
必兼此矣且我與卿雖君臣禮隔情分殊常藻鏡人倫良所期寄亦以無慚則
悊也察自居顯要甚勵清潔且稟錫以外一不交通嘗有私門生不敢厚餉止
送南布一端花練一匹察謂之曰吾所衣著止是麻布蒲練此物於吾無用既
欲相款接幸不煩爾此人遜請猶冀受納察厲色驅出因此伏事者莫敢饋遺
陳滅入隋開皇九年詔授祕書丞別勑成梁陳二代史又勑於朱華閣長參文
帝知察蔬菲別日乃獨召入內殿賜菓菜乃指察謂朝臣曰聞姚察學行當今
無比我平陳唯得此一人十三年襲封北絳郡公察往歲之聘周也因得與父
僧坦相見將別之際絕而復蘇至是承襲愈更悲感見者莫不爲之歔欷察幼

年嘗就鍾山明慶寺尚禪師受菩薩戒及官陳祿俸皆捨寺起造犴追爲禪師樹碑文甚遒麗及是遇見梁國子祭酒蕭子雲書此寺禪齋詩覽之愴然乃用蕭韻述懷爲詠詞又哀切法俗益以此稱之丁後母杜氏喪解職在服制之中有白鳩巢于戶上仁壽二年詔曰前祕書丞北絳郡開國公姚察彊學待問博極羣典脩身立德白首不渝雖在哀疚宜奪情禮可員外散騎常侍封如故又勑侍晉王昭讀煬帝初在東宮數被召見訪以文籍卽位之始詔授太子內舍人餘並如故車駕巡幸恆侍從焉及改易衣冠刪正朝式切問近對察一人而已年七十四大業二年終于東都遺命薄葬務從率儉其略曰吾家世素士自有常法吾意斂以法服並宜用布上周於身又恐汝等不忍行此必不爾須松板薄棺纔可周身土周於棺而已葬日止麤車卽送厝舊塋北吾在梁世當時年十四就鍾山明慶寺尚禪師受菩薩戒自爾深悟苦空頗知回向矣嘗得留連山寺一去忘歸及仕陳代諸名流遂許與聲價兼時主恩遇官途遂至通顯自入朝來又蒙恩渥既牽纏人世素志弗從且吾習蔬菲五十餘年既歷歲時

循而不失瞑目之後不須立靈置一小牀每日設清水六齋日設齋食菓菜任
家有無不須別經營也初察願讀一藏經並已究竟將終曾無痛惱但西向坐
正念云一切空寂其後身體柔軟顏色如恆兩宮悼惜賵賻甚厚察性至孝有
人倫鑒識沖虛謙遜不以所長矜人終日恬靜唯以書記爲樂於墳籍無所不
覩每有製述多用新奇人所未見咸重富博且專志著書白首不倦手自抄撰
無時蹔輟尤好研覈古今譔正文字精采流贍雖老不衰兼諳識內典所撰寺
塔及衆僧文章特爲綺密在位多所稱引一善可錄無不賞薦若非分相干咸
以理遣盡心事上知無不爲侍奉機密未嘗洩漏且任遇已隆衣冠攸屬深懷
退靜避於聲勢清潔自處貲產每虛或有勸營生計笑而不答穆於親屬篤於
舊故所得祿賜咸充周卹後主所製文筆卷軸甚多乃別寫一本付察有疑悉
令刊定察亦推心奉上事在無隱後主嘗從容謂朝士曰姚察達學洽聞手筆
典裁精當自古猶難輩匹在於今世足爲師範且訪對甚詳明聽之使人忘倦
察每製文筆勑便索本上曰我于姚察文章非唯翫味無已故是一宗匠徐陵

名高一代每見察製述尤所推重嘗謂子儉曰姚學士德學無前汝可師之也
尙書令江總與察尤篤厚善每有製作必先以簡察然後施用總爲詹事時嘗
製登宮城五百字詩當時副君及徐陵以下諸名賢並同此作徐公後謂江曰
我所和弟五十韻寄弟集內及江編次文章無復察所和本述徐此意謂察曰
高才碩學庶光拙文今須公所和五百字用偶徐侯章也察謙遜未付江曰若
不得公此製僕詩亦須棄本復乖徐公所寄豈得見令兩失察不獲已乃寫本
付之爲通人推挹例皆如此所著漢書訓纂三十卷說林十卷西聘玉璽建康
三鍾等記各一卷悉窮該博幷文集二十卷並行於世察所撰梁陳史雖未畢
功隋文帝開皇之時遣內史舍人虞世基索本且進上今在內殿梁陳二史本
多是察之所撰其中序論及紀傳有所闕者臨亡之時仍以體例誡約子思廉
博訪撰續思廉泣涕奉行思廉在陳爲衡陽王府法曹參軍轉會稽王主簿入
隋補漢王府行參軍掌記室尋除河間郡司法大業初內史侍郎虞世基奏思
廉踵成梁陳二代史自爾以來稍就補續

史臣曰江總持清標簡貴加潤以辭采及師長六官雅允朝望史臣先臣稟茲令德光斯百行可以厲風俗可以厚人倫至於九流七略之書名山石室之紀汲郡孔堂之書玉箱金板之文莫不窮研旨奧遍探坎井故道冠人師縉紳以爲準的旣歷職貴顯國典朝章古今疑議後主皆取先臣斷決焉

陳書卷二十七

陳書卷二十七考證

江總傳蘊大禹之金書鐫暴秦之在字○在字疑誤

總之自敘時人謂之實錄○時人謂之實錄南史作時人譏其言跡之乖

姚察傳乃神筆草詔讀以示察○神疑伸字之訛

陳書卷二十七考證

陳書卷二十八

唐　散　騎　常　侍　姚　思　廉　撰

列傳第二十二

世祖九王　高宗二十九王　後主十一子

世祖十三男沈皇后生廢帝始興王伯茂嚴淑媛生鄱陽王伯山晉安王伯恭潘容華生新安王伯固劉昭華生衡陽王伯信王充華生廬陵王伯仁張脩容生江夏王伯義韓脩華生武陵王伯禮江貴妃生永陽王伯智孔貴妃生桂陽王伯謀其伯固犯逆別有傳二男早卒本書無名

始興王伯茂字鬱之世祖第二子也初高祖兄始興昭烈王道談仕於梁世爲東宮直閣將軍侯景之亂領弩手二千援臺於城中中流矢卒紹泰二年追贈侍中使持節都督南兗州諸軍事南兗州刺史封義興郡公謚曰昭烈高祖受禪重贈驃騎大將軍太傅揚州牧改封始興郡王邑二千戸王生世祖及高宗高宗以梁承聖末遷于關右至是高祖遙以高宗襲封始興嗣王以奉昭烈王

祀永定三年六月高祖崩是月世祖入纂帝位時高宗在周未還世祖以本宗乏饗其年十月下詔曰日者皇基肇建封樹枝戚朕親地攸在特啓大邦弟頊嗣承門祀雖土宇開建薦饗莫由重以遭家不造閔凶夙遘儲貳遐隔轄車未返猥以眇身膺茲景命式循龜鼎冰谷載懷今旣入奉太宗事絶藩祼始興國廟烝嘗無主瞻言霜露感尋慟絶其徙封嗣王頊爲安成王封第二子伯茂爲始興王以奉昭烈王祀賜天下爲父後者爵一級庶申罔極之情永保山河之祚舊制諸王受封未加戎號者不置佐史於是尙書八座奏曰夫增崇徽號飾表車服所以闡彰厥德下變民望第二皇子新除始興王伯茂體自尊極神姿明穎玉瑛觿辰蘭芬綺歲清暉美譽日茂月升道鬱平河聲超袞植皇情追感聖性大深以本宗闕緒纂承藩嗣雖珪社是膺而戎章未襲豈所以光崇睿哲寵樹皇枝臣等參議宜加寧遠將軍置佐史詔曰可尋除使持節都督南琅邪彭城二郡諸軍事彭城太守天嘉二年進號宣惠將軍揚州刺史伯茂性聰敏好學謙恭下士又以太子母弟世祖深愛重之是時征北軍人於丹徒盜發晉

郗曇墓大獲晉右將軍王羲之書及諸名賢遺跡事覺其書並沒縣官藏于祕府世祖以伯茂好古多以賜之由是伯茂大工草隸甚得右軍之法三年除鎮東將軍開府儀同三司東揚州刺史廢帝卽位時伯茂在都劉師知等矯詔出高宗也伯茂勸成之師知等誅後高宗恐伯茂扇動朝廷光大元年乃進號中衞將軍令入居禁中專與廢帝遊處是時四海之望咸歸高宗伯茂深不平日夕憤怨數肆惡言高宗以其無能不以爲意及建安人蔣裕與韓子高等謀反伯茂並陰豫其事二年十一月皇太后令黜廢帝爲臨海王其日又下令曰伯茂輕薄爰自弱齡辜負嚴訓彌肆凶狡常以次居介弟宜秉國權不涯年德逾逞狂躁圖爲禍亂扇動宮闈要招麤險覬望臺閣嗣君喪道由此亂階是諸凶德咸作謀主允宜罄彼司甸刑斯剭人言念皇支尙懷悲懣可特降爲溫麻侯宜加禁止別遣就第不意如此言增泫歎時六門之外有別館以爲諸王冠婚之所名爲婚第至是命伯茂出居之於路遇盜殞于車中時年十八

鄱陽王伯山字靜之世祖第三子也偉容儀舉止閑雅喜愠不形於色世祖深

器之初高祖時天下草創諸王受封儀注多闕及伯山受封世祖欲重其事天
嘉元年七月丙辰尙書八座奏曰臣聞本枝惟允宗周之業以弘盤石既建皇
漢之基斯遠故能協宣五運規範百王式固靈根克隆卜世第三皇子伯山發
睿德於齠年表岐姿於丱日光昭丹掖暉映青闈而玉圭未秉金錫靡駕豈所
以敦序維翰建樹藩戚臣等參議宜封鄱陽郡王詔曰可乃遣散騎常侍度支
尙書蕭睿持節兼太宰告于太廟又遣五兵尙書王質持節兼太宰告于大社
其年十月上臨軒策命之曰於戲夫建樹藩屛翼奬王室欽若前典咸必由之
惟爾夙挺珪璋坐知孝敬令德茂親僉譽所集啓建大邦寔惟倫序是用敬遵
民瞻錫此圭瑞往欽哉其勉樹聲業永保宗社可不愼歟策訖敕令王公已下
並醼於王第仍授東中郎將吳郡太守六年爲緣江都督平北將軍南徐州刺
史天康元年進號鎭北將軍高宗輔政不欲令伯山處邊光大元年徙爲鎭東
將軍東揚州刺史太建元年徵爲中衞將軍中領軍六年又爲征北將軍南徐
州刺史尋爲征南將軍江州刺史十一年入爲護軍將軍加開府儀同三司仍

給鼓吹幷扶後主卽位進號中權大將軍至德四年出爲持節都督東揚豐二州諸軍事東揚州刺史加侍中餘並如故禎明元年丁所生母憂去職明年起爲鎭衞大將軍開府儀同三司給班劍十人三年正月薨時年四十伯山性寬厚美風儀又於諸王最長後主深敬重之每朝廷有冠婚饗醮之事恆使伯山爲主及丁所生母憂居喪以孝聞後主嘗幸吏部尚書蔡徵宅因往弔之伯山號慟殆絕因起爲鎭衞將軍仍謂羣臣曰鄱陽王至性可嘉又是西第之長豫章已兼司空其亦須遷太尉未及發詔而伯山薨尋值陳亡遂無贈謚長子君範太建中拜鄱陽國世子尋爲貞威將軍晉陵太守未襲爵而隋師至是時宗室王侯在都者百餘人後主恐其爲變乃並召入令屯朝堂使豫章王叔英總督之而又陰爲之備及六軍敗績相率出降因從後主入關至長安隋文帝並配于隴右及河西諸州各給田業以處之初君範與尚書僕射江總友善至是總贈君範書五言詩以敘他鄉離別之意辭甚酸切當世文士咸諷誦之大業二年隋煬帝以後主第六女女婤爲貴人絕愛幸因召陳氏子弟盡還京師隨

才敘用由是並爲守宰徧於天下其年君範爲溫令
晉安王伯恭字肅之世祖第六子也天嘉六年立爲晉安王尋爲平東將軍吳郡太守置佐史時伯恭年十餘歲便留心政事官曹治理太建元年入爲安前將軍中護軍遷中領軍尋爲中衞將軍揚州刺史以公事免四年起爲安左將軍尋爲鎭右將軍特進給扶六年出爲安南將軍南豫州刺史九年入爲安前將軍祠部尚書十一年進號軍師將軍尚書右僕射十二年遷僕射十三年遷左僕射十四年出爲安南將軍湘州刺史未拜至德元年爲侍中中衞將軍光祿大夫丁所生母憂去職禎明元年起爲中衞將軍右光祿大夫置佐史扶並如故三年入關隋大業初爲成州刺史太常卿
衡陽王伯信字孚之世祖第七子也天嘉元年衡陽獻王昌自周還朝於道薨其年世祖立伯信爲衡陽王奉獻王祀尋爲宣惠將軍丹陽尹置佐史太建四年爲中護軍六年爲宣毅將軍揚州刺史尋加侍中散騎常侍十一年進號鎭前將軍太子詹事餘並如故禎明元年出爲鎭南將軍西衡州刺史三年隋軍

濟江與臨汝侯方慶並爲西衡州刺史王勇所害事在方慶傳
廬陵王伯仁字壽之世祖第八子也天嘉六年立爲廬陵王太建初爲輕車將軍置佐史七年遷冠軍將軍中領軍尋爲平北將軍南徐州刺史十二年爲翊左將軍中領軍禎明元年加侍中國子祭酒領太子中庶子三年入關卒于長安長子番先封湘濱侯隋大業中爲資陽令
江夏王伯義字堅之世祖第九子也天嘉六年立爲江夏王太建初爲宣惠將軍東揚州刺史置佐史尋爲宣毅將軍持節散騎常侍都督合霍二州諸軍事合州刺史十四年徵爲侍中忠武將軍金紫光祿大夫禎明三年入關遷于瓜州於道卒長子元基先封湘潭侯隋大業中爲穀熟縣令
武陵王伯禮字用之世祖第十子也天嘉六年立爲武陵王太建初爲雲旗將軍持節都督吳興諸軍事吳興太守在郡恣行暴掠驅錄民下逼奪財貨前後委積百姓患之太建九年爲有司所劾上曰王年少未達治道皆由佐史不能匡弼所致特降軍號後若更犯必致之以法有司不言與同罪十一年春被代

徵還伯禮遂遷延不發其年十月散騎常侍御史中丞徐君敷奏曰臣聞車屨不俟君命之通規夙夜匪懈臣子之恆節謹案雲旗將軍持節都督吳興諸軍事吳興太守武陵王伯禮昔擅英猷久馳令問惟良寄重枌鄉是屬聖上愛育黔黎留情政本共化求瘼早赴皇心遂復稽緩歸驂取移涼燠遲回去鷁空淹載路淑慎未彰違惰斯在繩愆檢迹以爲懲戒臣等參議以見事免伯禮所居官以王還第謹以白簡奏聞詔曰可禎明三年入關隋大業中爲散騎侍郎臨洮太守

永陽王伯智字策之世祖第十二子也少敦厚有器局博涉經史太建中立爲永陽王尋爲侍中加明威將軍置佐史尋加散騎常侍累遷尚書左僕射出爲使持節都督東揚豐二州諸軍事平東將軍領會稽內史至德二年入爲侍中翊左將軍加特進禎明三年入關隋大業中爲岐州司馬遷國子司業

桂陽王伯謀字深之世祖第十三子也太建中立爲桂陽王七年爲明威將軍置佐史尋爲信威將軍丹陽尹十年加侍中出爲持節都督吳興諸軍事東中

郎將吳興太守十一年加散騎常侍至德元年薨子鄴嗣大業中爲番禾令

高宗四十二男柳皇后生後主彭貴人生始興王叔陵曹淑華生豫章王叔英何淑儀生長沙王叔堅宜都王叔明魏昭容生建安王叔卿錢貴妃生河東王叔獻劉昭儀生新蔡王叔齊袁昭容生晉熙王叔文義陽王叔達新會王叔坦王姬生淮南王叔彪巴山王叔雄吳姬生始興王叔重徐姬生尋陽王叔儼淳于姬生岳陽王叔愼王修華生武昌王叔虞韋修容生湘東王叔平施姬生臨賀王叔敖沅陵王叔興曾姬生陽山王叔宣楊姬生西陽王叔穆申婕妤生南安王叔儉南郡王叔澄岳山王叔韶太原王叔匡袁姬生新興王叔純吳姬生巴東王叔謨劉姬生臨海王叔顯秦姬生新寧王叔隆新昌王叔榮其皇子叔叡叔忠叔弘叔毅叔訓叔武叔處叔封等八人並未及封叔陵犯逆別有傳三子早卒本書無名

豫章王叔英字子烈高宗第三子也少寬厚仁愛天嘉元年封建安侯太建元年改封豫章王仍爲宣惠將軍都督東揚州諸軍事東揚州刺史五年進號平

北將軍南豫州刺史十一年爲鎭前將軍江州刺史後主即位進號征南將軍
尋加開府儀同三司中衛大將軍餘並如故四年進號驃騎大將軍禎明元年
給鼓吹一部班劍十人其年遷司空三年隋師濟江叔英知石頭軍戍事尋令
入屯朝堂及六軍敗績降于隋將韓擒虎其年入關隋大業中爲涪陵太守長
子弘至德元年拜豫章國世子
長沙王叔堅字子成高宗第四子也母本吳中酒家隸高宗微時嘗往飲遂與
通及貴召拜淑儀叔堅少傑黠凶虐使酒尤好數術卜筮祝禁鎔金琢玉並究
其妙天嘉中封豐城侯太建元年立爲長沙王仍爲東中郎將吳郡太守四年
爲宣毅將軍江州刺史置佐史七年進號雲麾將軍郢州刺史未拜轉爲平越
中郎將廣州刺史尋爲平北將軍合州刺史八年復爲平西將軍郢州刺史十
一年入爲翊左將軍丹陽尹初叔堅與始興王叔陵並招聚賓客各爭權寵甚
不平每朝會鹵簿不肯爲先後必分道而趨左右或爭道而鬭至有死者及高
宗弗豫叔堅叔陵等並從後主侍疾叔陵陰有異志乃命典藥吏曰切藥刀甚

鈍可礪之及高宗崩倉卒之際又命其左右於外取劍左右弗悟乃取朝服所佩木劍以進叔陵怒叔堅在側聞之疑有變伺其所爲及翌日小斂叔陵袖剉藥刀趨進斫後主中項後主悶絶于地皇太后與後主乳母樂安君吳氏俱以身捍之獲免叔堅自後扼叔陵擒之幷奪其刀將殺之問後主曰卽盡之爲待也後主不能應叔陵舊多力須臾自奮得脫出雲龍門入于東府城召左右斷青溪橋道放東城囚以充戰士又遣人往新林追其所部兵馬仍自被甲着白布帽登城西門招募百姓是時衆軍並緣江防守臺內空虛叔堅乃白太后使太子舍人司馬申以後主命召蕭摩訶令討之卽日擒其將戴溫譚騏驎等送臺斬于尚書閣下持其首徇于東城叔陵惶擾不知所爲乃盡殺其妻妾率左右數百人走趨新林摩訶追之斬于丹陽郡餘黨悉擒其年以功進號驃騎將軍開府儀同三司揚州刺史尋遷司空將軍刺史如故是時後主患創不能視事政無大小悉委叔堅決之於是勢傾朝廷叔堅因肆驕縱事多不法後主由是踈而忌之孔範管斌施文慶之徒並東宮舊臣日夜陰持其短至德元年乃

詔令卽本號用三司之儀出爲江州刺史未發尋有詔又以爲驃騎將軍重爲司空實欲去其權勢叔堅不自安稍怨望乃爲左道厭魅以求福助刻木爲偶人衣以道士之服施機關能拜跪晝夜於日月下醮之祝詛於上其年冬有人上書告其事案驗並實後主召叔堅囚于西省將殺之其夜令近侍宣敕數之以罪叔堅對曰臣之本心非有他故但欲求親媚耳臣旣犯天憲罪當萬死臣死之日必見叔陵願宣明詔責於九泉之下後主感其前功乃赦之特免所居官以王還第尋起爲侍中鎭左將軍二年又給鼓吹油幢車三年出爲征西將軍荊州刺史四年進號中軍大將軍開府儀同三司禎明二年秩滿還都三年入關遷于瓜州更名叔賢叔賢素貴不知家人生產至是與妃沈氏酤酒以傭保爲事隋大業中爲遂寧郡太守

建安王叔卿字子弼高宗第五子也性質直有材器容貌甚偉太建四年立爲建安王授東中郎將東揚州刺史七年爲雲麾將軍郢州刺史置佐史九年進號平南將軍湘州刺史後主卽位進號安南將軍又爲侍中鎭右將軍中書令

遷中書監禎明三年入關隋大業中爲都官郎上黨通守
宜都王叔明字子昭高宗第六子也儀容美麗舉止和弱狀似婦人太建五年
立爲宜都王尋授宣惠將軍置佐史七年授東中郎將東揚州刺史尋爲輕車
將軍衛尉卿十三年出爲使持節雲麾將軍南徐州刺史又爲侍中翌右將軍
至德四年進號安右將軍禎明三年入關隋大業中爲鴻臚少卿
河東王叔獻字子恭高宗第九子也性恭謹聰敏好學太建五年立爲河東王
七年授宣毅將軍置佐史尋爲散騎常侍軍師將軍都督南徐州諸軍事南徐
州刺史十二年薨年十三贈侍中中撫將軍司空謚曰康簡子孝寬嗣孝寬以
至德元年襲爵河東王禎明三年入關隋大業中爲汶城令
新蔡王叔齊字子肅高宗第十一子也風彩明贍博涉經史善屬文太建七年
立爲新蔡王尋爲智武將軍置佐史出爲東中郎將東揚州刺史至德二年入
爲侍中將軍佐史如故禎明元年除國子祭酒侍中將軍佐史如故三年入關
隋大業中爲尙書主客郎

晉熙王叔文字子才高宗第十二子也性輕險好虛譽頗涉書史太建七年立
爲晉熙王尋爲侍中散騎常侍宣惠將軍置佐史進號輕車將軍揚州刺史至
德元年授持節都督江州諸軍事江州刺史二年還信威將軍督湘衡武桂四
州諸軍事湘州刺史禎明二年秩滿徵爲侍中宣毅將軍佐史如故未還而隋
軍濟江破臺城隋漢東道行軍元帥秦王至于漢口時叔文自湘州還朝至巴
州乃率巴州刺史畢寶等請降致書於秦王曰竊以天無二日晦明之序不差
土無二王尊卑之位乃別今車書混壹文軌大同敢披丹款申其屈膝秦王得
書因遣行軍吏部柳莊與元帥府僚屬等往巴州迎勞叔文叔文於是與畢寶
荆州刺史陳紀及文武將吏赴于漢口秦王並厚待之置于賓館隋開皇九年
三月衆軍凱旋文帝親幸溫湯勞之叔文與陳紀周羅睺荀法尚等幷諸降人
見于路次數日叔文從後主及諸王侯將相幷乘輿服御天文圖籍等並以次
行列仍以鐵騎圍之隨晉王秦王等獻凱而入列于廟庭明日隋文帝坐于廣
陽門觀叔文又從後主至朝堂南文帝使內史令李德林宣旨責其君臣不能

相弼以致喪亡後主與其羣臣並慚懼拜伏莫能仰視叔文獨欣然而有自得之志旬有六日乃上表曰昔在巴州已先送款乞知此情望異常例文帝雖嫌其不忠而方欲懷柔江表乃授開府拜宜州刺史

淮南王叔彪字子華高宗第十三子也少聰慧善屬文太建八年立爲淮南王尋位侍中仁威將軍置佐史禎明三年入關卒于長安

始興王叔重字子厚高宗第十四子也性質朴無伎藝高宗崩始興王叔陵爲逆誅死其年立叔重爲始興王以奉昭烈王後至德元年爲仁威將軍揚州刺史置佐史二年加使持節都督江州諸軍事江州刺史禎明三年入關隋大業中爲太府少卿卒

尋陽王叔儼字子思高宗第十五子也性凝重舉止方正後主即位立爲尋陽王至德元年爲侍中仁武將軍置佐史禎明三年入關尋卒

岳陽王叔慎字子敬高宗第十六子也少聰敏十歲能屬文太建十四年立爲岳陽王時年十一至德四年拜侍中智武將軍丹陽尹是時後主尤愛文章叔

愼與衡陽王伯信新蔡王叔齊等日夕陪侍每應詔賦詩恆被嗟賞禎明元年
出爲使持節都督湘衡桂武四州諸軍事智武將軍湘州刺史三年隋師濟江
破臺城前刺史晉熙王叔文還至巴州與巴州刺史畢寶荊州刺史陳紀並降
隋行軍元帥清河公楊素兵下荊門別遣其將龐暉將兵略地南至湘州城內
將士莫有固志剋日請降叔愼乃置酒會文武僚吏酒酣叔愼歎曰君臣之義
盡於此乎長史謝基伏而流涕湘州助防遂興侯正理在坐乃起曰主辱臣死
諸君獨非陳國之臣乎今天下有難實是致命之秋也縱其無成猶見臣節青
門之外有死不能今日之機不可猶豫後應者斬衆咸許諾乃刑牲結盟仍遣
人詐奉降書於龐暉暉信之克期而入叔愼伏甲待之暉令數百人屯于城門
自將左右數十人入于廳事俄而伏兵發縛暉以徇盡擒其黨皆斬之叔愼坐
于射堂招合士衆數日之中兵至五千人衡陽太守樊通武州刺史鄔居業皆
請赴難未至隋遣中牟公薛胄爲湘州刺史聞龐暉死乃益請兵隋又遣行軍
總管劉仁恩救之未至薛胄兵次鵝羊山叔愼遣正理及樊通等拒之因大合

戰自旦至于日昃隋軍迭息迭戰而正理兵少不敵於是大敗冑乘勝入城生擒叔慎是時鄖居業率其衆自武州來赴出橫橋江聞叔慎敗績乃頓于新康口隋總管劉仁恩兵亦至橫橋據水置營相持信宿因合戰居業又敗仁恩虜叔慎正理居業及其黨與十餘人秦王斬之于漢口叔慎時年十八

義陽王叔達字子聰高宗第十七子也太建十四年立爲義陽王尋拜仁武將軍置佐史禎明元年除丹陽尹三年入關隋大業中爲內史至絳郡通守

巴山王叔雄字子猛高宗第十八子也太建十四年立爲巴山王禎明三年入關卒于長安

武昌王叔虞字子安高宗第十九子也太建十四年立爲武昌王尋爲壯武將軍置佐史禎明三年入關隋大業中爲高苑令

湘東王叔平字子康高宗第二十子也至德元年立爲湘東王禎明三年入關隋大業中爲湖蘇令

臨賀王叔敖字子仁高宗第二十一子也至德元年立爲臨賀王尋爲仁武將

軍置佐史禎明三年入關隋大業初拜儀同三司
陽山王叔宣字子通高宗第二十二子也至德元年立爲陽山王禎明三年入
關隋大業中爲涇城令
西陽王叔穆字子和高宗第二十三子也至德元年立爲西陽王禎明三年入
關卒于長安
南安王叔儉字子約高宗第二十四子也至德元年立爲南安王禎明三年入
關卒于長安
南郡王叔澄字子泉高宗第二十五子也至德元年立爲南郡王禎明三年入
關隋大業中爲靈武令
沅陵王叔興字子推高宗第二十六子也至德元年立爲沅陵王禎明三年入
關隋大業中爲給事郎
岳山王叔韶字子欽高宗第二十七子也至德元年立爲岳山王尋爲智武將
軍置佐史四年除丹陽尹禎明三年入關卒于長安

新興王叔純字子共高宗第二十八子也至德元年立爲新興王禎明三年入

關隋大業中爲河北令

巴東王叔謨字子軌高宗第二十九子也至德四年立爲巴東王禎明三年入

關隋大業中爲汧陽令

臨海王叔顯字子明高宗第三十子也至德四年立爲臨海王禎明三年入關

隋大業中爲鶉觚令

新會王叔坦字子開高宗第三十一子也至德四年立爲新會王禎明三年入

關隋大業中爲涉令

新寧王叔隆字子遠高宗第三十二子也至德四年立爲新寧王禎明三年入

關卒于長安

新昌王叔榮字子徹高宗第三十三子也禎明二年立爲新昌王三年入關隋

大業中爲內黃令

太原王叔匡字子佐高宗第三十四子也禎明二年立爲太原王三年入關隋

大業中爲壽光令
後主二十二男張貴妃生皇太子深會稽王莊孫姬生吳興王胤高昭儀生南平王嶷呂淑媛生永嘉王彥邵陵王兢龔貴嬪生南海王虔錢塘王恬張淑華生信義王祗徐淑儀生東陽王怡孔貴人生吳郡王蕃其皇子總觀明綱統沖洽紹綽威辯十一人並未及封
皇太子深字承源後主第四子也少聰慧有志操容止儼然雖左右近侍未嘗見其喜慍以母張貴妃故特爲後主所愛至德元年封始安王邑二千戶尋爲軍師將軍揚州刺史置佐史禎明二年皇太子胤廢後主乃立深爲皇太子三年隋師濟江六軍敗績隋將韓擒虎自南掖門入百僚逃散深時年十餘歲閉閤而坐舍人孔伯魚侍焉隋軍排閤而入深使宣令勞之曰軍旅在途不乃勞也軍人咸敬焉其年入關隋大業中爲枹罕太守
吳興王胤字承業後主長子也太建五年二月乙丑生于東宮母孫姬因產卒沈皇后哀而養之以爲己子時後主年長未有胤嗣高宗因命以爲嫡孫其日

下詔曰皇孫初誕國祚方熙思與羣臣共同斯慶內外文武賜帛各有差爲父後者賜爵一級十年封爲永康公後主卽位立爲皇太子胤性聰敏好學執經肄業終日不倦博通大義兼善屬文至德二年躬出太學講孝經講畢又釋奠於先聖先師其日設金石之樂於太學王公卿士及太學生並預宴是時張貴妃孔貴嬪並愛幸沈皇后無寵而近侍左右數於東宮往來太子亦數使人至后所後主疑其怨望甚惡之而張孔二貴妃又日夜構成后及太子之短孔範之徒又於外合成其事禎明二年廢爲吳興王仍加侍中中衞將軍三年入關卒于長安

南平王嶷字承嶽後主第二子也方正有器局年數歲風采舉動有若成人至德元年立爲南平王尋除信武將軍南琅邪彭城二郡太守置佐史還揚州刺史進號鎭南將軍尋爲使持節都督郢荊湘三州諸軍事征西將軍郢州刺史未行而隋軍濟江禎明三年入關卒于長安

永嘉王彥字承懿後主第三子也至德元年立爲永嘉王尋爲忠武將軍南徐

州刺史進號安南將軍授散騎常侍使持節都督江巴東衡三州諸軍事平南將軍江州刺史未行隋師濟江禎明三年入關隋大業中爲襄武令

南海王虔字承恪後主第五子也至德元年立爲南海王尋爲武毅將軍置佐史進號軍師將軍禎明二年出爲平北將軍南徐州刺史三年入關隋大業中爲涿令

信義王祗字承敬後主第六子也至德元年立爲信義王尋爲壯武將軍置佐史授使持節都督智武將軍琅邪彭城二郡太守禎明三年入關隋大業中爲通議郎

邵陵王兢字承檢後主第七子也禎明元年立爲邵陵王邑一千戶尋爲仁武將軍置佐史三年入關隋大業中爲國子監丞

會稽王莊字承肅後主第八子也容貌最陋性嚴酷數歲左右有不如意輒剟刺其面或加燒爇以母張貴妃有寵後主甚愛之至德四年立爲會稽王尋爲翊前將軍置佐史除使持節都督揚州諸軍事揚州刺史禎明三年入關隋大

業中爲會昌令

東陽王怪字承厚後主第九子也禎明二年立爲東陽王邑一千戶未拜三年入關隋大業中爲通議郎

吳郡王蕃字承廣後主第十子也禎明二年封吳郡王三年入關隋大業中爲涪城令

錢塘王恬字承惔後主第十一子也禎明二年立爲錢塘王邑一千戶三年入關卒于長安

江左自西晉相承諸王開國並以戶數相差爲大小三品大國置上中下三將軍又置司馬一人次國置中下二將軍小國置將軍一人餘官亦准此爲差高祖受命自永定訖于禎明唯衡陽王昌特加殊寵至五千戶其餘大國不過二千戶小國卽千戶而舊史殘缺不能別知其國戶數故綴其遺事附于此

史臣曰世祖高宗後主並建藩屏以樹懿親固乃本根隆斯盤石鄱陽王伯山有風采德器亦一代令藩矣岳陽王叔慎屬社稷傾危情哀家國竭誠赴敵志

不圖生嗚呼古之忠烈致命斯之謂也

陳書卷二十八

陳書卷二十八考證

始興王伯茂傳時高宗在周未還○宗監本譌祖今從本紀改正

陳書卷二十八考證

陳書卷二十九

唐　散騎常侍姚思廉撰

列傳第二十三

宗元饒　司馬申　毛喜　蔡徵

宗元饒南郡江陵人也少好學以孝敬聞仕梁世解褐本州主簿遷征南府行參軍仍轉外兵參軍及司徒王僧辯幕府初建元饒與沛國劉師知同爲主簿高祖受禪除晉陵令入爲尚書功論郎使齊還爲廷尉正遷大僕卿領本邑大中正中書通事舍人尋轉廷尉卿加通直散騎常侍兼尚書左丞時高宗初即位軍國務廣事無巨細一以咨之臺省號爲稱職遷御史中丞知五禮事時合州刺史陳裒贓汙狼籍遣使就渚斂魚又於六郡乞米百姓甚苦之元饒劾奏曰臣聞建旟求瘼實寄廉平褰帷恤隱本資仁恕如或貪汙是肆徵賦無厭天網雖疎茲焉弗漏謹案鍾陵縣開國侯合州刺史臣裒因藉多幸預逢抽擢爵由恩被官以私加無德無功坐尸榮貴譙肥之地久淪非所皇威剋復物仰仁

風新邦用輕彌佚寬惠應斯作牧其寄尤重爰降曲恩祖行宣室親承規誨事等言提雖廉潔之懷誠無素蓄而稟茲嚴訓可以厲精遂乃擅行賦斂專肆貪取求粟不厭愧王沉之出賑徵魚無限異羊續之懸枯寘以嚴科實惟明憲臣等參議請依旨免官所應復除官其應禁錮及後選左降本資悉依免官之法遂可其奏吳興太守武陵王伯禮豫章內史南康嗣王方泰並驕蹇放橫元饒案奏之皆見削黜元饒性公平善持法諳曉故事明練治體吏有犯法政不便民及於名教不足者隨事糾正多所裨益遷貞威將軍南康內史以秩米三千餘斛助民租課存問高年拯救乏絕百姓甚賴焉以課最入朝詔加散騎常侍荆雍湘巴武五州大中正尋以本官重領尚書左丞又為御史中丞歷左民尚書右衛將軍領前將軍吏部尚書太建十三年卒時年六十四詔贈侍中金紫光祿大夫官給喪事

司馬申字季和河內溫人也祖慧遠梁都水使者父玄通梁尚書左民郎申早有風概十四便善弈棋嘗隨父候吏部尚書到仲舉時梁州刺史陰子春領軍

朱异在焉子春素知申即於坐所呼與對弈申每有妙思异觀而奇之因引申遊處梁邵陵王爲丹陽尹以申爲主簿屬太清之難父母俱沒因此自誓菜食終身梁元帝承制起爲開遠將軍遷鎮西外兵記室參軍及侯景寇郢州申隨都督王僧辯據巴陵每進籌策皆見行用僧辯歎曰此生要鞬汗馬或非所長若使撫衆守城必有奇績僧辯之討陸納也申在軍中于時賊衆奄至左右披靡申躬蔽僧辯蒙楯而前會裴之横救至賊乃退僧辯顧申而笑曰仁者必有勇豈虛言哉除散騎侍郎紹泰初遷儀同侯安都從事中郎高祖受禪除安東臨川王諮議參軍天嘉三年遷征北諮議參軍兼廷尉監五年除鎮東諮議參軍兼起部郎出爲戎昭將軍江乘令甚有治績入爲尚書金部郎遷左民郎以公事免太建初起爲貞威將軍征南鄱陽王諮議參軍九年除秣陵令在職以清能見紀有白雀巢于縣庭秩滿頃之預東宮賓客尋兼東宮通事舍人遷員外散騎常侍舍人如故及叔陵之肆逆也事既不捷出據東府申馳召右衛蕭摩訶帥兵先至追斬之因入城中收其府庫後主深嘉之以功除太子左衛率

封文始縣伯邑四百戶兼中書通事舍人尋遷右衛將軍加通直散騎常侍以
疾還第就加散騎常侍右衛舍人如故至德四年卒後主嗟悼久之下詔曰愼
終追遠欽若舊則闔棺定謚抑乃前典故散騎常侍右衛將軍文始縣開國伯
申忠肅在公淸正立己治繁處約投軀殉義朕任寄情深方康庶績奄然化往
傷惻于懷可贈侍中護軍將軍進爵爲侯增邑爲五百戶謚曰忠給朝服一具
衣一襲克日舉哀喪事所須隨由資給及葬後主自製誌銘辭情傷切卒章曰
嗟乎天不與善殲我良臣其見幸如此申歷事三帝內掌機密至於倉卒之閒
軍國大事指麾斷決無有滯留子琇嗣官至太子舍人
毛喜字伯武滎陽陽武人也祖稱梁散騎侍郎父栖忠梁尙書比部侍郎中權
司馬喜少好學善草隸起家梁中衛西昌侯行參軍尋遷記室參軍高祖素知
於喜及鎭京口命喜與高宗俱往江陵仍勑高宗曰汝至西朝可諮稟毛喜喜
與高宗同謁梁元帝卽以高宗爲領直喜爲尙書功論侍郎及江陵陷喜及高
宗俱遷關右世祖卽位喜自周還進和好之策朝廷乃遣周弘正等通聘及高

宗反國喜於郢州奉迎又遣喜入關以家屬爲請周冢宰宇文護執喜手曰能結二國之好者卿也仍迎柳皇后及後主還天嘉三年至京師高宗時爲驃騎將軍仍以喜爲府諮議參軍領中記室府朝文翰皆喜詞也世祖嘗謂高宗曰我諸子皆以伯爲名汝諸兒宜用叔爲稱高宗以訪于喜喜卽條牒自古名賢杜叔英虞叔卿等二十餘人以啓世祖世祖稱善世祖崩廢帝沖昧高宗錄尚書輔政僕射到仲舉等知朝望有歸乃矯太后令遣高宗還東府當時疑懼無敢措言喜卽馳入謂高宗曰陳有天下日淺海內未夷兼國禍併鍾萬邦危懼皇太后深惟社稷至計令王入省方當共康庶績比德伊周今日之言必非太后之意宗社之重願加三思以喜之愚須臾聞奏無使姦賊得肆其謀竟如其策右衞將軍韓子高始與仲舉通謀其事未發喜請高宗曰宜簡選人馬配與子高幷賜鐵炭使修器甲高宗驚曰子高謀反卽欲收執何爲更如是邪喜答曰山陵始畢邊寇尚多而子高受委前朝名爲杖順然甚輕狷恐不時授首脫其稽誅或愆王度宜推心安誘使不自疑圖之一壯士之力耳高宗深然之卒

行其計高宗卽位除給事黃門侍郎兼中書舍人典軍國機密高宗將議北伐勑喜撰軍制凡十三條詔頒天下文多不載尋遷太子右衛率右衛將軍以定策功封東昌縣侯邑五百戶又以本官行江夏武陵桂陽三王府國事太建三年丁母憂去職詔追贈喜母庾氏東昌國太夫人賜布五百匹錢三十萬官給喪事又遣員外散騎常侍杜緬圖其墓田高宗親與緬案圖指畫其見重如此尋起爲明威將軍右衛舍人如故改授宣遠將軍義興太守尋以本號入爲御史中丞服闋加散騎常侍五兵尚書參掌選事及衆軍北伐得淮南地喜陳安邊之術高宗納之卽日施行又問喜曰我欲進兵彭汴於卿意如何喜對曰臣實才非智者安敢預兆未然竊以淮左新平邊民未乂周氏始吞齊國難與爭鋒豈以弊卒疲兵復加深入且棄舟檝之工踐車騎之地去長就短非吳人所便臣愚以爲不若安民保境寢兵復約然後廣募英奇順時而動斯久長之術也高宗不從後吳明徹陷周高宗謂喜曰卿之所言驗於今矣十二年加侍中十三年授散騎常侍丹陽尹遷吏部尚書常侍如故及高宗崩叔陵構逆勑中

庶子陸瓊宣旨令南北諸軍皆取喜處分賊平又加侍中增封并前九百戸至德元年授信威將軍永嘉內史加秩中二千石初高宗委政於喜喜亦勤心納忠多所匡益數有諫諍事並見從由是十餘年閒江東狹小遂稱全盛唯略地淮北不納喜謀而吳明徹竟敗高宗深悔之謂袁憲曰不用毛喜計遂令至此朕之過也喜既益親乃言無回避而皇太子好酒德每共幸人爲長夜之宴喜嘗爲言高宗以誡太子太子陰患之至是稍見疏遠初後主爲始興王所傷及瘡愈而自慶置酒於後殿引江總以下展樂賦詩醉而命喜于時山陵初畢未及踰年喜見之不懌欲諫而後主已醉喜升階佯爲心疾仆于階下移出省中後主醒乃疑之謂江總曰我悔召毛喜知其無疾但欲阻我懽宴非我所爲故姦詐耳乃與司馬申謀曰此人負氣我欲將乞鄱陽兄弟聽其報讎可乎對曰終不爲官用願如聖旨傅縡爭之曰不然若許報讎欲置先皇何地後主曰當乞一小郡勿令見人事耳乃以喜爲永嘉內史喜至郡不受俸秩政弘清靜民吏便之遇豐州刺史章大寶舉兵反郡與豐州相接而素無備禦喜乃修治城

隍嚴飾器械又遣所部松陽令周磻領千兵援建安賊平授南安內史禎明元年徵爲光祿大夫領左驍騎將軍喜在郡有惠政乃徵入朝道路追送者數百里其年道病卒時年七十二有集十卷子處沖嗣官至儀同從事中郎中書侍郎

蔡徵字希祥侍中中撫軍將軍景歷子也幼聰敏精識彊記年六歲詣梁吏部尙書河南褚翔翔字仲舉嗟其穎悟七歲丁母憂居喪如成人禮繼母劉氏性悍忌視之不以道徵供持益謹初無怨色徵本名覽景歷以爲有王祥之性更名徵字希祥梁承聖初高宗爲南徐州刺史召補迎主簿尋授太學博士天嘉初遷始興王府法曹行參軍歷外兵參軍尙書主客郎所居以幹理稱太建初遷太子少傅丞新安王主簿通直散騎侍郎晉安王功曹史太子中舍人兼東宮領直中舍人如故丁父憂去職服闋襲封新豐縣侯授戎昭將軍鎮右新安王諮議參軍至德二年遷廷尉卿尋爲吏部郎還太子中庶子中書舍人掌詔誥尋授左民尙書與僕射江總知撰五禮事尋加寧遠將軍後主器其才幹任

寄日重還吏部尚書安右將軍每十日一往東宮於太子前論述古今得喪及
當時政務又勑以廷尉寺獄事無大小取徵議決俄有勑遣徵收募兵士自爲
部曲徵善撫卹得物情旬月之閒衆近一萬徵位望旣重兼聲勢熏灼物議咸
忌憚之尋徙爲中書令將軍如故中令清簡無事或云徵有怨言事聞後主後
主大怒收奪人馬將誅之有固諫者獲免禎明三年隋軍濟江後主以徵有幹
用權知中領軍日夜勤苦備盡心力後主嘉焉謂曰事寧有以相報及決戰於
鍾山南崗勑徵守宮城西北大營尋令督衆軍戰事城陷隨例入關徵美容儀
有口辯多所詳究至於士流官宦皇家戚屬及當朝制度憲章儀軌戶口風俗
山川土地問無不對然性頗便佞進取不能以退素自業初拜吏部尚書啓後
主借鼓吹後主謂所司曰鼓吹軍樂有功乃授蔡徵不自量揆紊我朝章然其
父景歷旣有締構之功宜且如所啓拜訖卽追還徵不修廉隅皆此類也隋文
帝聞其敏贍召見顧問言輒會旨然累年不調久之除太常丞歷尚書民部儀
曹郎轉給事卒時年六十七子翼治尚書官至司徒屬德教學士入隋爲東宮

學士

史臣曰宗元饒夙夜匪懈濟務益時司馬申清恪在朝攻苦立行加之以忠節美矣毛喜深達事機匡贊時主蔡徵聰敏才贍而擅權自蹟惜哉

陳書卷二十九

唐　散騎常侍姚思廉撰

列傳第二十四

蕭濟　陸瓊子從典　顧野王　傅縡章華

蕭濟字孝康東海蘭陵人也少好學博通經史諮梁武帝左氏疑義三十餘條尚書僕射范陽張纘太常卿南陽劉之遴並與濟討論纘等莫能抗對解褐梁祕書郎還太子舍人預平侯景之功封松陽縣侯邑五百戶及高祖作鎮徐方以濟爲明威將軍征北長史承聖二年徵爲中書侍郎轉通直散騎常侍世祖爲會稽太守又以濟爲宣毅府長史遷司徒左長史世祖卽位授侍中尋還太府卿丁所生母憂不拜濟毗佐二主恩遇甚篤賞賜加於凡等歷守蘭陵陽羨臨津臨安等郡所在皆著聲績太建初入爲五兵尚書與左僕射徐陵特進周弘正度支尚書王瑒散騎常侍袁憲俱侍東宮復爲司徒長史尋授度支尚書領羽林監遷國子祭酒領羽林如故加金紫光祿大夫兼安德宮衞尉尋遷仁

威將軍揚州長史高宗嘗勅取揚州曹事躬自省覽見濟條理詳悉文無滯害乃顧謂左右曰我本期蕭長史長於經傳不言精練繁劇乃至於此遷祠部尚書加給事中復爲金紫光祿大夫未拜而卒時年六十六詔贈本官官給喪事

陸瓊字伯玉吳郡吳人也祖完梁琅邪彭城二郡丞父雲公梁給事黃門侍郎掌著作瓊幼聰惠有思理六歲爲五言詩頗有詞采大同末雲公受梁武帝詔校定棋品到溉朱异以下並集瓊時年八歲於客前覆局由是京師號曰神童异言之武帝有勅召見瓊風神警亮進退詳審帝甚異之十一丁父憂毀瘠有至性從祖襄歎曰此兒必荷門基所謂一不爲少及侯景作逆攜母避地于縣之西鄉勤苦讀書晝夜無怠遂博學善屬文永定中州舉秀才天嘉元年爲寧遠始興王府法曹行參軍尋以本官兼尚書外兵郎以文學轉兼殿中郎滿歲爲真瓊素有令名深爲世祖所賞及討周迪陳寶應等都官符及諸大手筆並中勅付瓊遷新安王文學掌東宮管記及高宗爲司徒妙簡僚佐吏部尚書徐陵薦瓊於高宗曰新安王文學陸瓊見識優敏文史足用進居郎署歲月過淹

左西掾缺允膺玆選階次小踰其屈滯已積乃除司徒左西掾尋兼通直散騎
常侍聘齊太建元年重以本官掌東宮管記除太子庶子兼通事舍人轉中書
侍郎太子家令長沙王爲江州刺史不循法度高宗以王年少授瓊長史行江
州府國事帶尋陽太守瓊以母老不欲遠出太子亦固請留之遂不行累遷給
事黃門侍郎領羽林監轉太子中庶子領步兵校尉又領大著作撰國史後主
卽位直中書省掌詔誥俄授散騎常侍兼度支尚書領揚州大中正至德元年
除度支尚書參掌詔誥幷判廷尉建康二獄事初瓊父雲公奉梁武帝勅撰嘉
瑞記瓊述其旨而續焉自永定訖于至德勒成一家之言遷吏部尚書著作如
故瓊詳練譜牒雅鑒人倫先是吏部尚書宗元饒卒右僕射袁憲舉瓊高宗未
之用也至是居之號爲稱職後主甚委任焉瓊性謙儉不自封植雖位望日隆
而執志愈下園池室宇無所改作車馬衣服不尚鮮華四時祿俸皆散之宗族
家無餘財暮年深懷止足思避權要恆謝病不視事俄丁母憂去職初瓊之侍
東宮也母隨在官舍後主賞賜優厚及喪柩還鄉詔加賻贈幷遣謁者黃長貴

持冊奠祭後主又自製誌銘朝野榮之瓊哀慕過毀以至德四年卒時年五十
詔贈領軍將軍官給喪事有集二十卷行於世長子從宜仕至武昌王文學第
三子從典字由儀幼而聰敏八歲讀沈約集見回文硏銘從典援筆擬之便有
佳致年十三作柳賦其詞甚美瓊時爲東宮管記宮僚並一時俊偉瓊示以此
賦咸奇其異才從父瑜特所賞愛及瑜將終家中墳籍皆付從典從典乃集瑜
文爲十卷仍製集序其文甚工從典篤好學業博涉羣書於班史尤所屬意年
十五本州舉秀才解褐著作佐郎轉太子舍人時後主賜僕射江總幷其父瓊
詩總命從典爲謝啓俄頃便就文華理暢總甚異焉尋授信義王文學轉太子
洗馬又遷司徒左西掾兼東宮學士丁父憂去職尋起爲德教學士固辭不就
後主勑留一員以待從典俄屬金陵淪沒隨例遷關右仕隋爲給事郎兼東宮
學士又除著作佐郎右僕射楊素奏從典續司馬遷史記迄于隋其書未就值
隋末喪亂寓居南陽郡以疾卒時年五十七
顧野王字希馮吳郡吳人也祖子喬梁東中郎武陵王府參軍事父烜信威臨

賀王記室兼本郡五官掾以儒術知名野王幼好學七歲讀五經略知大旨九
歲能屬文嘗製日賦領軍朱异見而奇之年十二隨父之建安撰建安地記二
篇長而遍觀經史精記嘿識天文地理蓍龜占候蟲篆奇字無所不通梁大同
四年除太學博士遷中領軍臨賀王府記室參軍宣城王爲揚州刺史野王及
琅邪王褒並爲賓客王甚愛其才野王又善丹青王於東府起齋乃令野王畫
古賢命王褒書贊時人稱爲二絶及侯景之亂野王丁父憂歸本郡乃召募鄉
黨數百人隨義軍援京邑野王體素清羸裁長六尺又居喪過毀殆不勝衣及
杖戈被甲陳君臣之義逆順之理抗辭作色見者莫不壯之京城陷野王逃會
稽尋往東陽與劉歸義合軍據城拒賊侯景平太尉王僧辯深嘉之使監海鹽
縣高祖作宰爲金威將軍安東臨川王府記室參軍尋轉府諮議參軍天嘉元
年敕補撰史學士尋加招遠將軍光大元年除鎮東鄱陽王諮議參軍太建二
年遷國子博士後主在東宮野王兼東宮管記本官如故六年除太子率更令
尋領大著作掌國史知梁史事兼東宮通事舍人時宮僚有濟陽江總吳國陸

瓊北地傅縡吳興姚察並以才學顯著論者推重焉還黃門侍郎光祿卿知五禮事餘官並如故十三年卒時年六十三詔贈祕書監至德二年又贈右衞將軍野王少以篤學至性知名在物無過辭失色觀其容貌似不能言及其勵精力行皆人所莫及第三弟充國早卒野王撫養孤幼恩義甚厚其所撰著玉篇三十卷輿地志三十卷符瑞圖十卷顧氏譜傳十卷分野樞要一卷續洞冥紀一卷玄象表一卷並行於世又撰通史要略一百卷國史紀傳二百卷未就而卒有文集二十卷

傅縡字宜事北地靈州人也父彝梁臨沂令縡幼聰敏七歲誦古詩賦至十餘萬言長好學能屬文梁太淸末攜母南奔避難俄丁母憂在兵亂之中居喪盡禮哀毀骨立士友以此稱之後依湘州刺史蕭循循頗好士廣集墳籍縡肆志尋閱因博通羣書王琳聞其名引爲府記室琳敗隨琳將孫瑒還都時世祖使顏晃賜瑒雜物瑒託縡啓謝詞理優洽文無加點晃還言之世祖召爲撰史學士除司空府記室參軍遷驃騎安成王中記室撰史如故縡篤信佛教從興皇

寺惠朗法師受三論盡通其學時有大心暠法師著無諍論以詆之綽乃爲明道論用釋其難其略曰無諍論言比有弘三論者雷同訶詆恣言罪狀歷毀諸師非斥衆學論中道而執偏心語忘懷而競獨勝方學數論更爲讐敵讐敵既搆諍鬭大生以此之心而成罪業罪業不止豈不重增生死大苦聚集答曰三論之興爲日久矣龍樹創其源除內學之偏見提婆揚其旨蕩外道之邪執欲使大化流而不擁玄風闡而無墜其言曠其意遠其道博其流深斯固龍象之騰驤鯤鵬之搏運蹇乘決羽豈能觖望其間哉頃代澆薄時無曠士苟習小學以化蒙心漸染成俗遂迷正路唯競穿鑿各肆營造枝葉徒繁本源日翳一師解釋復異一師更改舊宗各立新意同學之中取寤復別如是展轉添糅倍多總而用之心無的准擇而行之何者爲正豈不渾沌傷竅嘉樹弊牙雖復人說非馬家握靈蛇以無當之卮同畫地之餅矣其於失道不亦宜乎攝山之學則不如是守一遵本無改作之過約文申意杜臆斷之情言無預說理非宿構覩緣爾乃應見敵然後動縱橫絡繹忽恍杳冥或彌綸而不窮或消散而無所煥

乎有文章蹤朕不可得深乎不可量卽事而非遠凡相酬對隨理詳覈有何嫉詐干犯諸師且諸師所說爲是可毀爲不可毀若可毀者毀故爲衰若不可毀毀自不及法師何獨蔽護不聽毀乎且教有大小備在聖誥大乘之文則指斥小道今弘大法寧得不言大乘之意耶斯則褒貶之事從弘放學與奪之辭依經議論何得見佛說而信順在我語而忤逆無諍平等心如是耶且忿恚煩惱凡夫恆性失理之徒率皆有此豈可以三修未愜六師懷恨而蘊涅槃妙法永不宣揚但冀其忿憤之心既極恬淡之寤自成耳人面不同其心亦異或有辭意相反或有心口相符豈得必謂他人說中道而心偏執己行無諍外不違而內平等讐敵鬭訟豈我事焉罪業聚集鬭諍者所畏耳無諍論言攝山大師誘進化導則不如此卽習行於無諍者也導悟之德既往淳一之風已澆競勝之心阿毀之曲盛於茲矣吾願息諍以通道讓勝以忘德何必排拂異家生其恚怒者乎若以中道之心行於成實亦能不諍若以偏著之心說於中論亦得有諍固知諍與不諍偏在一法答曰攝山大師實無諍矣但法師所賞未衷其節

彼靜守幽谷寂爾無爲凡有訓勉莫匪同志從容語嘿物無間然故其意雖深其言甚約今之敷暢地勢不然處王城之隅居聚落之內呼吸顧望之客脣吻縱横之士奮鋒穎勵羽翼明目張膽被堅執銳騁異家衒別解窺伺閒隙邀冀長短與相酬對撝其輕重豈得默默無言唯唯應命必須掎摭同異發擿玭瑕忘身而弘道忤俗而通教以此爲病益知未達若令大師當此之地亦何必默已而爲法師所貴耶法師又言吾願息諍以通道讓勝以忘德道德之事不止在諍與不諍讓與不讓也此語直是人間所重法師慕而言之竟未知勝若爲可讓也若他人道高則自勝不勞讓矣他人道劣則雖讓而無益矣欲讓之辭將非虛設中道之心無處不可成實三論何事致乖但須息守株之解除膠柱之意是事皆中也來旨言諍與不諍偏在一法何爲獨褒無諍耶詎非矛楯無諍論言邪正得失勝負是非必生於心矣非謂所說之法而有定相論勝劣也若異論是非以偏著爲失言無是無非消彼得失以此論爲勝妙者他論所不及此亦爲失也何者凡心所破豈無心於能破則勝負之心不忘寧不存勝者

乎斯則矜我爲得棄他之失卽有取舍大生是非便是增諍答曰言爲心使心受言詮和合根塵鼓動風氣故成語也事必由心實如來說至於心造僞以使口口行詐以應心外和而內險言隨而意逆求利養引聲名入道之人在家之士斯輩非一聖人所以曲陳教誡深致防杜說見在之殃咎敘將來之患害此文明著甚於日月猶有忘愛軀冒峻制蹈湯炭甘虀粉必行而不顧也豈能悅無諍之作而回首革音耶若弘道之人宣化之士心知勝也口言勝也心知劣也口言劣也亦無所苞藏亦無所忌憚但直心而行之耳他道雖劣聖人之教也己德雖優亦聖人之教也我勝則聖人勝他劣則聖人劣聖人之優劣蓋根緣所宜爾於彼於此何所厚薄哉雖復終日按劍極夜擊柝瞋目以爭得失作氣以求勝負在誰處乎有心之與無心徒欲分別虛空耳何意不許我論說而使我謙退此謂鷦鵬已翔於寥廓而虞者猶窺藪澤而求之嗟乎丈夫當弘斯道矣無諍論言無諍之道通於內外子所言須諍者此用末而救本失本而營末者也今爲子言之何則若依外典尋書契之前至淳之世朴質其心行不言

之教當于此時民至老死不相往來而各得其所復有何諍乎固知本來不諍
是物之真矣答曰諍與無諍不可偏執本之與末又安可知由來不諍寧知非
末於今而諍何驗非本夫居後而望前則爲前居前而望後則爲後而前後之
事猶如彼此彼呼此爲彼此呼彼爲彼彼此之名的居誰處以此言之萬事可
知矣本末前後是非善惡可恆守邪何得自信聰明廢他耳目夫水泡生滅火
輪旋轉入牢穽受羈紲生憂畏起煩惱其失何哉不與道相應而起諸見故也
相應者則不然無爲也無不爲也善惡不能偕而未曾離善惡生死不能至亦
終然在生死故得永離而任放焉是以聖人念繞桎之不脫愍黏膠之難離故
殷勤教示備諸便巧希向之徒涉求有類雖麟角難成象形易失寧得不髣髴
遐路勉勵短晨且當念己身之善惡莫揣他物而欲分別而言我聰明我知見
我計校我思惟以此而言亦爲疎矣他人者實難測或可是凡夫真爾亦可是
聖人俯同時俗所宜見果報所應覩安得肆胸衿盡情性而生譏誚乎正應虛
己而遊乎世俛仰於電露之間耳明月在天衆水咸見清風在林羣籟畢響吾

豈逆物哉不入鮑魚不甘腐鼠吾豈同物哉誰能知我共行斯路浩浩堂堂乎豈復見有諍爲非無諍爲是此則諍者自諍無諍者自無諍吾俱取而用之寧勞法師費功夫點筆紙但申於無諍弟子疲脣舌消晷漏唯對於明道戲論於糟粕哉必欲且考眞僞暫觀得失無過依賢聖之言檢行藏之理始終研究表裏綜覈使浮辭無所用詐道自然消請待後筵以觀其妙矣尋以本官兼通直散騎侍郎使齊還除散騎侍郎鎭南始興王諮議參軍兼東宮管記歷太子庶子僕兼管記如故後主卽位遷祕書監右衞將軍兼中書通事舍人掌詔誥綽爲文典麗性又敏速雖軍國大事下筆輒成未嘗起草沉思者亦無以加焉甚爲後主所重然性木彊不持檢操負才使氣陵侮人物朝士多銜之會施文慶沈客卿以便佞親幸專制衡軸而綽益疎文慶等因共譖綽受高麗使金後主收綽下獄綽素剛因憤恚乃於獄中上書曰夫君人者恭事上帝子愛下民省嗜欲遠諂佞未明求衣日旰忘食是以澤被區宇慶流子孫陛下頃來酒色過度不虔郊廟之神專媚淫昏之鬼小人在側宦豎弄權惡忠直若仇讎視生民

如草芥後宮曳綺繡廄馬餘菽粟百姓流離僵尸蔽野貨賂公行帑藏損耗神
怒民怨衆叛親離恐東南王氣自斯而盡書奏後主大怒頃之意稍解遣使謂
綽曰我欲赦卿卿能改過不綽對曰臣心如面臣面可改則臣心可改後主於
是益怒令宦者李善慶窮治其事遂賜死獄中時年五十五有集十卷行於世
時有吳興章華字仲宗家世農夫至華獨好學與士君子遊處頗覽經史善屬
文侯景之亂乃遊嶺南居羅浮山寺專精習業歐陽頠爲廣州刺史署爲南海
太守及歐陽紇敗乃還京師太建中高宗使吏部侍郎蕭引喻廣州刺史馬靖
令入子爲質引奏華與俱行使還而高祖崩後主卽位朝臣以華素無伐閱競
排抵之乃除大市令既雅非所好乃辭以疾鬱鬱不得志禎明初上書極諫其
大略曰昔高祖南平百越北誅逆虜世祖東定吳會西破王琳高宗克復淮南
辟地千里三祖之功亦至勤矣陛下卽位于今五年不思先帝之艱難不知天
命之可畏溺於嬖寵惑於酒色祀七廟而不出拜妃嬪而臨軒老臣宿將棄之
草莽謟佞讒邪昇之朝廷今疆埸日蹙隋軍壓境陛下如不改弦易張臣見麋

鹿復遊於姑蘇臺矣書奏後主大怒即日命斬之

史臣曰蕭濟陸瓊俱以才學顯著顧野王博極羣典傅縡聰警特達並一代之英靈矣然縡不能循道進退遂寘極網悲夫

陳書卷三十

陳書卷三十一

唐　散　騎　常　侍　姚　思　廉　撰

列傳第二十五

蕭摩訶子世廉　任忠　樊毅弟猛　魯廣達

蕭摩訶字元胤蘭陵人也祖靚梁右將軍父諒梁始興郡丞摩訶隨父之郡年數歲而父卒其姑夫蔡路養時在南康乃收養之稍長果毅有勇力侯景之亂高祖赴援京師路養起兵拒高祖摩訶時年十三單騎出戰軍中莫有當者及路養敗摩訶歸于侯安都安都遇之甚厚自此常隸安都征討及任約徐嗣徽引齊兵爲寇高祖遣安都北拒齊軍於鍾山龍尾及北郊壇安都謂摩訶曰卿驍勇有名千聞不如一見摩訶對曰今日令公見矣及戰安都墜馬被圍摩訶獨騎大呼直衝齊軍齊軍披靡因稍解去安都乃免天嘉初除本縣令以平留異歐陽紇之功累遷巴山太守太建五年衆軍北伐摩訶隨都督吳明徹濟江攻秦郡時齊遣大將尉破胡等率衆十萬來援其前隊有蒼頭犀角大力之號

皆身長八尺膂力絶倫其鋒甚鋭又有西域胡妙於弓矢弦無虚發衆軍尤憚之及將戰明徹謂摩訶曰若殪此胡則彼軍奪氣君有關張之名可斬顏良矣摩訶曰願示其形狀當爲公取之明徹乃召降人有識胡者云胡著絳衣樺皮裝弓兩端骨弭明徹遣人覘伺知胡在陣乃自酌酒以飲摩訶摩訶飲訖馳馬衝齊軍胡挺身出陣前十餘步彀弓未發摩訶遥擲銑鋧正中其額應手而仆齊軍大力十餘人出戰摩訶又斬之於是齊軍退走以功授明毅將軍員外散騎常侍封廉平縣伯邑五百戸尋進爵爲侯轉太僕卿餘如故七年又隨明徹進圍宿預擊走齊將王康德以功除晉熙太守九年明徹進軍呂梁與齊人大戰摩訶率七騎先入手奪齊軍大旗齊衆大潰以功授持節武毅將軍譙州刺史及周武帝滅齊遣其將宇文忻率衆爭呂梁戰於龍晦時忻有精騎數千摩訶領十二騎深入周軍縱横奮擊斬馘甚衆及周遣大將軍王軌來赴結長圍連鏁於呂梁下流斷大軍還路摩訶謂明徹曰聞王軌始鏁下流其兩頭築城今尚未立公若見遣擊之彼必不敢相拒水路未斷賊勢不堅彼城若立則吾

屬且爲虜矣明徹乃奮髯曰搴旗陷陣將軍事也長算遠略老夫事也摩訶失色而退一旬之間周兵益至摩訶又請於明徹曰今求戰不得進退無路若潛軍突圍未足爲恥願公引步卒乘馬轝徐行摩訶領鐵騎數千驅馳前後必當使公安達京邑明徹曰弟之此計乃良圖也然老夫受脤專征不能戰勝攻取今被圍逼蹙慚寘無地且步軍既多吾爲總督必須身居其後相率兼行弟馬軍宜須在前不可遲緩摩訶因率馬軍夜發先是周軍長圍既合又於要路下伏數重摩訶選精騎八十率先衝突自後衆騎繼焉比旦達淮南高宗詔徵還授右衛將軍十一年周兵寇壽陽摩訶與樊毅等衆軍赴援無功而還十四年高宗崩始興王叔陵於殿內手刃後主傷而不死叔陵奔東府城時衆心猶預莫有討賊者東宮舍人司馬申啓後主馳召摩訶入見受勅乃率馬步數百先趣東府城西門屯軍叔陵惶遽自城南門而出摩訶勒兵追斬之以功授散騎常侍車騎大將軍封綏遠郡公邑三千戶叔陵素所蓄聚金帛累巨萬後主悉以賜之尋改授侍中驃騎大將軍加左光祿大夫舊制三公黃閤聽事置鴟尾

後主特賜摩訶開黃閤門施行馬聽事寢堂並置鴟尾仍以其女爲皇太子妃會隋總管賀若弼鎮廣陵窺覦江左後主委摩訶備禦之任授南徐州刺史餘並如故禎明三年正月元會徵摩訶還朝賀若弼乘虛濟江襲京口摩訶請兵逆戰後主不許及若弼進軍鍾山摩訶又請曰賀若弼懸軍深入聲援猶遠且其壘壍未堅人情惶懼出兵掩襲必大克之後主又不許及隋軍大至將出戰後主謂摩訶曰公可爲我一決摩訶曰從來行陣爲國爲身今日之事兼爲妻子後主多出金帛頒賞諸軍令中領軍魯廣達陳兵白土崗居衆軍之南偏鎮東大將軍任忠次之護軍將軍樊毅都官尚書孔範次之摩訶軍最居北衆軍南北亘二十里首尾進退各不相知賀若弼初謂未戰將輕騎登山觀望形勢及見衆軍因馳下置陣廣達首率所部進薄弼軍屢却俄而復振更分軍趣北突諸將孔範出戰兵交而走諸將支離陣猶未合騎卒潰散駐之弗止摩訶無所用力焉爲隋軍所執及京城陷賀若弼置後主於德教殿令兵衞守摩訶請弼曰今爲囚虜命在斯須願得一見舊主死無所恨弼哀而許之摩訶入見後

主俯伏號泣仍於舊廚取食而進之辭訣而出守衞者皆不能仰視其年入隋授開府儀同三司尋從漢王諒詣幷州同諒作逆伏誅時年七十三摩訶訥於語言恂恂長者至於臨戎對寇志氣奮發所向無前年未弱冠隨侯安都在京口性好射獵無日不畋遊及安都東征西伐戰勝攻取摩訶功實居多子世廉少警俊敢勇有父風性至孝及摩訶凶終服闋後追慕彌切其父時賓故脫有所言及世廉對之哀慟不自勝言者爲之歔欷終身不執刀斧時人嘉焉摩訶有騎士陳智深者勇力過人以平叔陵之功爲巴陵內史摩訶之戮也其妻子先已籍沒智深收摩訶屍手自殯斂哀感行路君子義之潁川陳禹亦隨摩訶征討聰敏有識量涉獵經史解風角兵書頗能屬文便騎射官至王府諮議

任忠字奉誠小名蠻奴汝陰人也少孤微不爲鄉黨所齒及長譎詭多計略膂力過人尤善騎射州里少年皆附之梁鄱陽王蕭範爲合州刺史聞其名引置左右侯景之亂忠率鄉黨數百人隨晉熙太守梅伯龍討景將王貴顯於壽春每戰却敵會土人胡通聚衆寇抄範命忠與主帥梅思立幷軍討平之仍隨範

世子嗣率衆入援會京城陷旋戍晉熙侯景平授蕩寇將軍王琳立蕭莊署忠爲巴陵太守琳敗還朝遷明毅將軍安湘太守仍隨侯瑱進討巴湘累遷豫寧太守衡陽內史華皎之舉兵也忠預其謀及皎平高宗以忠先有密啓於朝廷釋而不問太建初隨章昭達討歐陽紇於廣州以功授直閤將軍遷武毅將軍廬陵內史秩滿入爲右軍將軍五年衆軍北伐忠將兵出西道擊走齊歷陽王高景安於大峴逐北至東關仍克其東西二城進軍蘄譙並拔之徑襲合肥入其郛進克霍州以功授員外散騎常侍封安復縣侯邑五百戶呂梁之喪師也忠全軍而還尋詔忠都督壽陽新蔡霍州緣淮衆軍進號寧遠將軍霍州刺史入爲左衞將軍十一年加北討前軍事進號平北將軍率衆步騎趣秦郡十二年還使持節散騎常侍都督南豫州諸軍事平南將軍南豫州刺史增邑并前一千五百戶仍率步騎趣歷陽周遣王延貴率衆爲援忠大破之生擒延貴後主嗣位進號鎮南將軍給鼓吹一部入爲領軍將軍加侍中改封梁信都郡公邑三千戶出爲吳興內史加秩中二千石及隋兵濟江忠自吳興入赴屯軍朱

雀門後主召蕭摩訶以下於內殿定議忠執議曰兵家稱客主異勢客貴速戰主貴持重宜且益兵堅守宮城遣水軍分向南豫州及京口道斷寇糧運待春水長上江周羅睺等衆軍必沿流赴援此良計矣衆議不同因遂出戰及敗忠馳入臺見後主言敗狀啓云陛下唯當具舟檝就上流衆軍臣以死奉衞後主信之勅忠出部分忠辭云臣處分訖卽當奉迎後主令宮人裝束以待忠久望不至隋將韓擒虎自新林進軍忠乃率數騎往石子崗降之仍引擒虎軍共入南掖門臺城陷其年入長安隋授開府儀同三司卒時年七十七子幼武官至儀同三司時有沈客卿者吳興武康人性便佞忍酷爲中書舍人每立異端唯以刻削百姓爲事由是自進有施文慶者吳興烏程人起自微賤有吏用後主拔爲主書遷中書舍人俄擢爲湘州刺史未及之官會隋軍來伐四方州鎮相繼以聞文慶客卿俱掌機密外有表啓皆由其呈奏文慶心悅湘州重鎮冀欲早行遂與客卿共爲表裏抑而不言後主弗之知遂以無備至乎敗國二人之罪也隋軍既入並戮之前闕

樊毅字智烈南陽湖陽人也祖方興梁散騎常侍仁威將軍司州刺史魚復縣侯父文熾梁散騎常侍信武將軍益州刺史新蔡縣侯毅累葉將門少習武善射侯景之亂毅率部曲隨叔父文皎援臺文皎於青溪戰歿毅將宗族子弟赴江陵仍隸王僧辯討河東王蕭譽以功除假節威戎將軍右中郎將代兄俊爲梁興太守領三州遊軍隨宜豐侯蕭循討陸納於湘州軍次巴陵營頓未立納潛軍夜至薄營大譟營中將士皆驚擾毅獨與左右數十人當營門力戰斬十餘級擊鼓申命衆乃定焉以功授持節通直散騎常侍貞威將軍封夷道縣伯食邑三百戶尋除天門太守進爵爲侯增邑幷前一千戶及西魏圍江陵毅率兵赴援江陵陷爲岳陽王所執久之遁歸高祖受禪毅與弟猛舉兵應王琳琳敗奔齊太尉侯瑱遣使招毅毅率子弟部曲還朝天嘉二年授通直散騎常侍仍隨侯瑱進討巴湘累遷武州刺史太建初轉豐州刺史封高昌縣侯邑一千戶入爲左衛將軍五年衆軍北伐毅率衆攻廣陵楚子城拔之擊走齊軍於潁口齊援滄陵又破之七年進克潼州下邳高柵等六城及呂梁喪師詔以毅爲

大都督進號平北將軍率衆渡淮對清口築城與周人相抗霖雨城壞毅全軍自拔尋還中領軍十一年周將梁士彥將兵圍壽陽詔以毅爲都督北討前軍事率水軍入焦湖尋授鎮西將軍都督荆郢巴武四州水陸諸軍事十二年進督沔漢諸軍事以公事免十三年徵授中護軍尋還護軍將軍荆州刺史後主即位進號征西將軍改封逍遥郡公邑三千戶餘並如故入爲侍中護軍將軍及隋兵濟江毅謂僕射袁憲曰京口采石俱是要所各須銳卒數千金翅二百都下江中上下防捍如其不然大事去矣諸將咸從其議會施文慶等寢隋兵消息毅計不行京城陷隨例入關頃之卒

猛字智武毅之弟也幼倜儻有幹略既壯便弓馬膽氣過人青溪之戰猛自旦訖暮與虜短兵接殺傷甚衆臺城陷隨兄毅西上京累戰功爲威戎將軍梁安南侯蕭方矩爲湘州刺史以猛爲司馬會武陵王蕭紀舉兵自漢江東下方矩遣猛率湘郢之卒隨都督陸法和進軍以拒之時紀巳下樓船戰艦據巴江爭峽口相持久之不能決法和揣紀師老卒惰因令猛率驍勇三千輕舸百餘乘

衝流直上出其不意鼓譟薄之紀衆倉卒驚駭不及整列皆棄艦登岸赴水死者以千數時紀心膂數百人猶在左右猛將部曲三千餘人蒙楯橫戈直登紀舟瞋目大呼紀侍衞皆披靡相枕藉不敢動猛手擒紀父子三人斬於䑽中盡收其船艦器械以功授游騎將軍封安山縣伯邑一千戶仍進軍撫定梁益蜀境悉平軍還遷持節散騎常侍輕車將軍司州刺史進爵爲侯增邑幷前二千戶永定元年周文育等敗於沌口爲王琳所獲琳乘勝將略南中諸郡遣猛與李孝欽等將兵攻豫章進逼周迪軍敗爲迪所執尋遁歸王琳王琳敗還朝天嘉二年授通直散騎常侍永陽太守遷安成王府司馬光大元年授壯武將軍廬陵內史太建初遷武毅將軍始興平南府長史領長沙內史尋隸章昭達西討江陵潛軍入峽焚周軍船艦以功封富川縣侯邑五百戶歷散騎常侍遷使持節都督荆信二州諸軍事宣遠將軍荆州刺史入爲左衞將軍後主卽位增邑幷前一千戶餘並如故至德四年授使持節都督南豫州諸軍事忠武將軍南豫州刺史隋將韓擒虎之濟江也猛在京師第六子巡攝行州事擒虎進軍

攻陷之巡及家口並見執時猛與左衞將軍蔣元遜領青龍八十艘爲水軍於白下遊弈以禦隋六合兵後主知猛妻子在隋軍懼其有異志欲使任忠代之又重傷其意乃止禎明三年入于隋

魯廣達字遍覽吳州刺史悉達之弟也少慷慨志立功名虛心愛士賓客或自遠而至時江表將帥各領部曲動以千數而魯氏尤多釋褐梁邵陵王國右常侍遷平南當陽公府中兵參軍侯景之亂與兄悉達聚衆保新蔡梁元帝承制授假節壯武將軍晉州刺史王僧辯之討侯景也廣達出境候接資奉軍儲僧辯謂沈炯曰魯晉州亦是王師東道主人仍率衆隨僧辯景平加員外散騎常侍餘如故高祖受禪授征遠將軍東海太守尋徙爲桂陽太守固辭不拜入爲員外散騎常侍除假節信武將軍北新蔡太守隨吳明徹討周迪於臨川每戰功居最仍代兄悉達爲吳州刺史封中宿縣侯邑五百戶光祿大夫元年授通直散騎常侍都督南豫州諸軍事南豫州刺史華皎稱兵上流詔司空淳于量率衆軍進討軍至夏口皎舟師彊盛莫敢進者廣達首率驍勇直衝賊軍戰艦

既交廣達憤怒大呼登艦樓獎勵士卒風急艦轉樓搖動廣達足跌墮水沉溺久之因救獲免皎平授持節智武將軍都督巴州諸軍事巴州刺史太建初與儀同章昭達入峽口拓定安蜀等諸州鎭時周氏將圖江左大造舟艦於蜀幷運糧青泥廣達與錢道戢等將兵掩襲縱火焚之以功增封幷前二千戶仍還本鎭廣達爲政簡要推誠任下吏民便之及秩滿皆詣闕表請於是詔留二年五年衆軍北伐略淮南舊地廣達與齊軍會於大峴大破之斬其敷城主張元範虜獲不可勝數進克北徐州乃授都督北徐州諸軍事徐州刺史尋加散騎常侍入爲右衛將軍八年出爲北兗州刺史還晉州刺史十年授使持節都督合霍二州諸軍事進號仁威將軍合州刺史十一年周將梁士彥將兵圍壽春詔遣中領軍樊毅左衛將軍任忠等分部趣陽平秦郡廣達率衆入淮爲掎角以擊之周軍攻陷豫霍二州南北兗晉等各自拔諸將並無功盡失淮南之地廣達因免官以侯還第十二年與豫州刺史樊毅率衆北討克郭默城尋授使持節平西將軍都督郢州以上十州諸軍事率舟師四萬頓江夏周安州總管

元景將兵寇江外廣達命偏師擊走之後主卽位入爲安左將軍尋授平南將軍南豫州刺史至德二年授安南將軍徵拜侍中又爲安左將軍改封綏越郡公封邑如前尋爲中領軍及賀若弼進軍鍾山廣達率衆於白土崗南置陣與弼旗鼓相對廣達躬擐甲冑手執桴鼓率勵敢死冒刃而前隋軍退走廣達逐北至營殺傷甚衆如是者數四焉及弼攻敗諸將乘勝至宮城燒北掖門廣達猶督餘兵苦戰不息斬獲數十百人會日暮乃解甲面臺再拜慟哭謂衆曰我身不能救國負罪深矣士卒皆涕泣歔欷於是乃就執禎明三年依例入隋廣達愴本朝淪覆遘疾不治尋以憤慨卒時年五十九尚書令江總撫柩慟哭乃命筆題其棺頭爲詩曰黃泉雖抱恨白日自流名悲君感義死不作負恩生總又製廣達墓銘其略曰災流淮海險失金湯時屯運極代革天亡爪牙背義介冑無良獨標忠勇率禦有方誠貫皎日氣勵嚴霜懷恩感報撫事何忘初隋將韓擒虎之濟江也廣達長子世眞在新蔡乃與其弟世雄及所部奔擒虎擒虎遣使致書招廣達廣達時屯兵京師乃自劾廷尉請罪後主謂之曰世眞雖異

路中大夫公國之重臣吾所恃賴豈得自同嫌疑之閒乎加賜黃金即日還營
廣達有隊主楊孝辯時從廣達在軍中力戰陷陣其子亦隨孝辯揮刃殺隋兵
十餘人力窮父子俱死
史臣曰蕭摩訶氣冠三軍當時良將雖無智略亦一代匹夫之勇矣然口訥心
勁恂恂李廣之徒歟任忠雖勇決彊斷而心懷反覆誣紿君上自蹕其惡鄙矣
至於魯廣達全忠守道殉義忘身蓋亦陳代之良臣也

陳書卷三十一

陳書卷三十一考證

蕭摩訶傳其姑夫蔡路養時在南康○姑南史作姊

陳書卷三十一考證

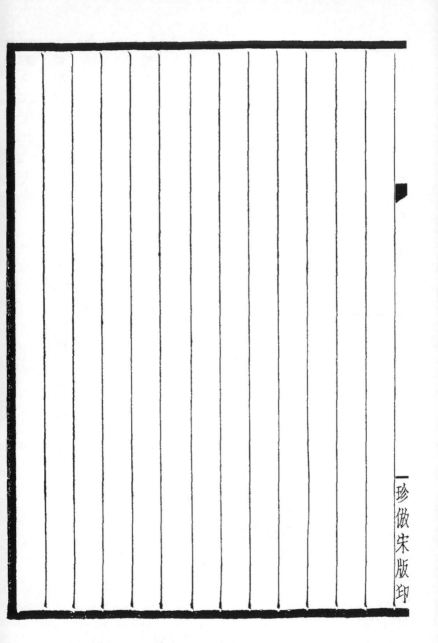

陳書卷三十二

唐　散　騎　常　侍　姚　思　廉　撰

列傳第二十六

孝行

殷不害弟不佞　謝貞　司馬暠　張昭

孔子曰夫聖人之德何以加於孝乎孝者百行之本人倫之至極也凡在性靈孰不由此若乃奉生盡養送終盡哀或泣血三年絕漿七日思蓼莪之慕切追顧復之恩深或德感乾坤誠貫幽顯在於歷代蓋有人矣陳承梁室喪亂風漓化薄及迹隱閭閻無聞視聽今之採綴以備闕云

殷不害字長卿陳郡長平人也祖任齊豫章王行參軍父高明梁尚書中兵郎不害性至孝居父憂過禮由是少知名家世儉約居甚貧窶有弟五人皆幼弱不害事老母養小弟勤劇無所不至士大夫以篤行稱之年十七仕梁廷尉平不害長於政事兼飾以儒術名法有輕重不便者輒上書言之多見納用大同

五年遷鎮西府記室參軍尋以本官兼東宮通事舍人是時朝廷政事多委東宮不害與舍人庾肩吾直日奏事梁武帝嘗謂肩吾曰卿是文學之士吏事非卿所長何不使殷不害來邪其見知如此簡文又以不害善事親賜其母蔡氏錦裙襦氈席被褥單複畢備七年除東宮步兵校尉太清初遷平北府諮議參軍舍人如故侯景之亂不害從簡文入臺及臺城陷簡文在中書省景帶甲將兵入朝陛見過謁簡文景兵士皆羌胡雜種衝突左右甚不遜侍衛者莫不驚恐辟易唯不害與中庶子徐摛侍側不動及簡文爲景所幽遣人請不害與居處景許之不害供侍益謹簡文夜夢吞一塊土意甚不悅以告不害不害曰昔晉文公出奔野人遺之塊卒反晉國陛下此夢事符是乎簡文曰若天有徵冀斯言不妄梁元帝立以不害爲中書郎兼廷尉卿因將家屬西上江陵之陷也不害先於別所督戰失母所在于時甚寒冰雪交下老弱凍死者填滿溝塹不害行哭道路遠近尋求無所不至遇見死人溝水中卽投身而下扶捧閱視舉體凍濕水漿不入口號泣不輟聲如是者七日始得母屍不害憑屍而哭每舉

音輒氣絶行路無不爲之流涕卽於江陵權殯與王裒庾信俱入長安自是蔬食布衣枯槁骨立見者莫不哀之太建七年自周還朝其年詔除司農卿尋遷光祿大夫八年加明威將軍晉陵太守在郡感疾詔以光祿大夫徵還養疾後主卽位加給事中初不害之還也周留其長子僧首因居關中禎明三年京城陷僧首來迎不害道病卒時年八十五

不佞字季卿不害弟也少立名節居父喪以至孝稱好讀書尤長吏術仕梁起家爲尚書中兵郎甚有能稱梁元帝承制授戎昭將軍武陵王諮議參軍承聖初遷武康令時兵荒饑饉百姓流移不佞巡撫招集繈負而至者以千數會江陵陷而母卒道路隔絶久不得奔赴四載之中晝夜號泣居處飲食常爲居喪之禮高祖受禪起爲戎昭將軍除婁令至是第四兄不齊始之江陵迎母喪柩歸葬不佞居處之節如始聞問若此者又三年身自負土手植松柏每歲時伏臘必三日不食世祖卽位除尚書左民郎不就後爲始興王諮議參軍兼尚書右丞遷東宮通事舍人及世祖崩廢帝嗣位高宗爲太傅錄尚書輔政甚爲朝

望所歸不佞素以名節自立又受委東宮乃與僕射到仲舉中書舍人劉師知尙書右丞王暹等謀矯詔出高宗衆人猶豫未敢先發不佞乃馳詣相府面宣勑令相王還第及事發仲舉等皆伏誅高宗雅重不佞特赦之免其官而已高宗卽位以爲軍師始興王諮議參軍加招遠將軍尋除大匠卿未拜加員外散騎常侍又兼尙書右丞俄遷通直散騎常侍右丞如故太建五年卒時年五十六詔贈祕書監第三兄不疑次不占次不齊並早亡不佞最小事第二寡嫂張氏甚謹所得祿俸不入私室長子梵童官至尙書金部郎

謝貞字元正陳郡陽夏人晉太傅安九世孫也祖綏梁著作佐郎太子舍人父藺正員外郎兼散騎常侍貞幼聰敏有至性祖母阮氏先苦風眩每發便一二日不能飲食貞時年七歲祖母不食貞亦不食往往如是親族莫不奇之母王氏授貞論語孝經讀訖便誦八歲嘗爲春日閑居五言詩從舅尙書王筠奇其有佳致謂所親曰此兒方可大成至如風定花猶落乃追步惠連矣由是名輩知之年十三略通五經大旨尤善左氏傳工草隸蟲篆十四丁父艱號頓於地

絕而復蘇者數矣初父闔居母阮氏憂不食泣血而卒家人賓客懼貞復然從父洽族兄暠乃共往華嚴寺請長爪禪師為貞說法仍謂貞曰孝子既無兄弟極須自愛若憂毀滅性誰養母邪自後少進饘粥太清之亂親屬散亡貞於江陵陷沒暠逃難番禺貞母出家於宣明寺及高祖受禪暠還鄉里供養貞母將二十年太建五年貞乃還朝除智武府外兵參軍事俄遷尚書駕部郎中尋遷侍郎及始興王叔陵為揚州刺史引祠部侍郎阮卓為記室辟貞為主簿貞不得已乃行尋遷府錄事參軍領丹陽丞貞度叔陵將有異志因與卓自疎於王每有宴遊輒辭以疾未嘗參預叔陵雅欽重之弗之罪也俄而高宗崩叔陵肆逆府僚多相連逮唯貞與卓獨不坐後主仍詔貞入掌中宮管記遷南平王友加招遠將軍掌記室事府長史汝南周確新除都官尚書請貞為讓表後主覽而奇之嘗因宴席問確曰卿表自製邪確對曰臣表謝貞所作後主因敕舍人施文慶曰謝貞在王處未有祿秩可賜米百石至德三年以母憂去職頃之敕起還府仍加招遠將軍掌記室貞累啟固辭敕報曰省啟具懷雖知哀煢在疚

而官侯得才禮有權奪可便力疾還府也貞哀毀羸瘠終不能之官舍時尚書右丞徐祚尚書左丞沈客卿俱來候貞見其形體骨立祚等愴然歎息徐喻之曰弟年事已衰禮有恆制小宜引割自全貞因更感慟氣絕良久二人涕泣不能自勝憫默而出祚謂客卿曰信哉孝門有孝子客卿曰謝公家傳至孝士大夫誰不仰止此恐不能起如何吏部尚書吳興姚察與貞友善及貞病篤察往省之問以後事貞曰孤子釁禍所集將隨灰壤族子凱等粗自成立已有疏付之此固不足仰塵厚德卽日迷喘時不可移便爲永訣弱兒年甫六歲名靖字依仁情累所不能忘敢以爲託耳是夜卒敕賻米一百斛布三十匹後主問察曰謝貞有何親屬察因啓曰貞有一子年六歲卽有敕長給衣糧初貞之病亟也遺疏告族子凱曰吾少罹酷罰十四傾外蔭十六鍾太清之禍流離絕國二十餘載號天踏地遂同有感得還侍奉守先人墳墓於吾之分足矣不悟朝廷採拾空薄累致清階縱其殞絕無所酬報今在憂棘晷漏將盡斂手而歸何所多念氣絕之後若直棄之草野依僧家屍陁林法是吾所願正恐過爲獨異耳

可用薄板周身載以露車覆以葦茨坎山而埋之又吾終鮮兄弟無他子孫靖年幼少未閑人事但可三月施小牀設香水盡卿兄弟相厚之情即除之無益之事勿爲也初貞在周嘗侍趙王讀王即周武帝之愛弟也厚相禮遇王嘗聞左右說貞每獨處必晝夜涕泣因私使訪問知貞母年老遠在江南乃謂貞曰寡人若出居藩當遣侍讀還家供養後數年王果出因辭見面奏曰謝貞至孝而母老臣願放還帝奇王仁愛而遣之因隨聘使杜子暉還國所有集值兵亂多不存

司馬暠字文昇河內溫人也高祖晉侍中光祿勳柔之以南頓王孫紹齊文獻王攸之後父子產梁尚書水部侍郎岳陽太守即梁武帝之外兄也暠幼聰警有至性年十二丁內艱孺慕過禮水漿不入口殆經一旬每至號慟必致悶絕內外親戚皆懼其不勝喪父子產每曉喻之逼進饘粥然毀瘠骨立服闋以姻戚子弟預入問訊梁武帝見暠羸瘦歎息良久謂其父子產曰昨見羅兒面顏顦顇使人惻然便是不墜家風爲有子矣羅兒即暠小字也釋褐太學博士累

還正員郎丁父艱哀毀逾甚廬于墓側一日之內唯進薄麥粥一升墓在新林連接山阜舊多猛獸暠結廬數載豺狼絕迹常有兩鳩棲宿廬所馴狎異常新林至今猶傳之承聖中除太子庶子江陵陷隨例入關而梁室屠戮太子瘞殯失所暠以宮臣乃抗表周朝求還江陵改葬辭甚酸切周朝優詔答曰昔主父從戮孔車有長者之風彭越就誅欒布得陪臣之禮庶子鄉國已改猶懷送往之情始驗忠貞方知臣道卽勑荊州以禮安厝太建八年自周還朝高宗特降殊禮賞錫有加除宜都王諮議參軍事徙安德宮長秋卿通直散騎常侍太中大夫司州大中正卒于官有集十卷子延義字希忠少沈敏好學江陵之陷隨父入關丁母憂喪過于禮及暠還都延義乃躬負靈櫬晝伏宵行冒履冰霜手足皆皸瘃及至都以中風冷遂致攣廢數年方愈稍遷鄱陽王錄事參軍沅陵王友司徒從事中郎

張昭字德明吳郡吳人也幼有孝性色養甚謹禮無違者父熯常患消渴嗜鮮魚昭乃身自結網捕魚以供朝夕弟乾字玄明聰敏博學亦有至性及父卒兄

弟並不衣綿帛不食鹽醋日唯食一升麥屑粥而已每一感慟必致嘔血鄰里
聞其哭聲皆爲之涕泣父服未終母陸氏又亡兄弟遂六年哀毀形容骨立親
友見者莫識焉家貧未得大葬遂布衣蔬食十有餘年杜門不出屏絶人事時
衡陽王伯信臨郡舉乾孝廉固辭不就兄弟並因毀成疾昭失一眼乾亦中冷
苦癖年並未五十終于家子胤俱絶
高宗世有太原王知玄者僑居于會稽剡縣居家以孝聞及丁父憂哀毀而卒
高宗嘉之詔改其所居清苦里爲孝家里
史臣曰人倫之德莫大於孝是以報本反始盡性窮神孝乎惟孝不可不勗矣
故記云塞乎天地感哉

陳書卷三十二

珍倣宋版印

陳書卷三十二考證

殷不害傳祖任齊豫章王行參軍○任南史作汪

陳書卷三十二考證

陳書卷三十三

唐 散 騎 常 侍 姚 思 廉 撰

列傳第二十七

儒林

沈文阿　沈洙　戚袞　鄭灼（張崖 陸詡 沈德威 賀德基）

全緩　張譏　顧越　沈不害　王元規

蓋今儒者本因古之六學以教之典籍斯則先聖所以明天道正人倫致治之成法也秦始皇焚書坑儒六學自此缺矣漢武帝立五經博士置弟子員設科射策勸以官祿其傳業者甚衆焉自兩漢登賢咸資經術魏晉浮蕩儒教淪歇公卿士庶罕通經業矣宋齊之間國學時復開置梁武帝開五館建國學總以五經教授經各置助教云武帝或紆鑾駕臨幸庠序釋奠先師躬親試胄申之讌語勞之束帛濟濟焉斯蓋一代之盛矣高祖創業開基承前代離亂衣冠殄盡寇賊未寧既日不暇給弗遑勸課世祖以降稍置學官雖博延生徒成業蓋

寡今之綵綴蓋亦梁之遺儒云
沈文阿字國衞吳興武康人也父峻以儒學聞於梁世授桂州刺史不行文阿性剛彊有膂力少習父業研精章句祖舅太史叔明舅王慧與並通經術而文阿頗傳之又博採先儒異同自爲義疏治三禮三傳察孝廉爲梁臨川王國侍郎累遷兼國子助教五經博士梁簡文在東宮引爲學士深相禮遇及撰長春義記多使文阿撮異聞以廣之及侯景寇逆簡文別遣文阿招募士卒入援京師城陷與張嵊共保吳興嵊敗文阿竄于山野景素聞其名求之甚急文阿窮迫不知所出登樹自縊遇有所親救之便自投而下折其左臂及景平高祖以文阿州里表爲原鄉令監江陰郡紹泰元年入爲國子博士尋領步兵校尉兼掌儀禮自泰清之亂臺閣故事無有存者文阿父峻梁武世嘗掌朝儀頗有遺藁於是斟酌裁撰禮度皆自之出及高祖受禪文阿輒棄官還武康高祖大怒發使往誅之時文阿宗人沈恪爲郡請使者寬其死卽面縛鎖頸致於高祖高祖視而笑曰腐儒復何爲者遂赦之高祖崩文阿與尙書左丞徐陵中書舍人

劉師知等議大行皇帝靈座俠御衣服之制語在師知傳及世祖即皇帝位尅日謁廟尚書右丞庾持奉詔遣博士議其禮文阿議曰民物推移質文殊軌聖賢因機而立教王公隨時以適宜夫千人無君不散則亂萬乘無主不危則亡當隆周之日公旦叔父呂召爪牙成王在喪禍幾覆國是以既葬便有公冠之儀始殯受麻冕之策斯蓋示天下以有主慮社稷之艱難逮乎末葉縱橫漢承其弊雖文景刑厝而七國連兵或踰月即尊或崩日稱詔此皆有爲而爲之非無心於禮制也今國諱之日雖抑哀於璽紱之重猶未序於君臣之儀古禮朝廟退坐正寢聽羣臣之政今皇帝拜廟還宜御太極殿以正南面之尊此即周康在朝一二臣衞者也其壤奠之節周禮以玉作贄公侯以珪子男執璧此瑞玉也奠贄既竟又復致享天子以璧王后用琮秦燒經典威儀散滅叔孫通定禮尤失前憲奠贄不珪致享無帛公王同璧鴻臚奏賀若此數事未聞於古後相沿襲至梁行之夫稱觴奉壽家國大慶四廂雅樂歌奏懽欣今君臣呑哀萬民抑割豈同於惟新之禮乎且周康賓稱奉珪無萬壽之獻此則前準明矣三

宿三吒上宗曰饗斯蓋祭儐受福寧謂賀酒邪愚以今坐正殿止行薦璧之儀無賀酒之禮謹撰謁廟還升正寢羣臣倍薦儀注如別詔可施行尋遷通直散騎常侍兼國子博士領羽林監仍令於東宮講孝經論語天嘉四年卒時年六十一詔贈廷尉卿文阿所撰儀禮八十餘卷經典大義十八卷並行於世諸儒多傳其學

沈洙字弘道吳興武康人也祖休稚梁餘杭令父山卿梁國子博士中散大夫洙少方雅好學不妄交遊治三禮春秋左氏傳精識彊記五經章句諸子史書問無不答解巾梁湘東王國左常侍轉中軍宣城王限內參軍板仁威臨賀王記室參軍遷尚書祠部郎中時年蓋二十餘大同中學者多涉獵文史不爲章句而洙獨積思經術吳郡朱异會稽賀琛甚嘉之及异琛於士林館講制旨義常使洙爲都講侯景之亂洙竄於臨安時世祖在焉親就習業及高祖入輔除國子博士與沈文阿同掌儀禮高祖受禪加員外散騎常侍歷揚州別駕從事史大匠卿有司奏前寧遠將軍建康令沈孝軌門生陳三兒牒稱主人翁靈柩

在周主人奉使關內因欲迎喪久而未返此月晦即是再周主人弟息見在此
者爲至月末除靈內外即吉爲待主人還情禮申竟以事諮左丞江德藻德藻
議王衞軍云久喪不葬唯主人不變其餘親各終月數而除此蓋引禮文論在
家內有事故未得葬者耳孝軌既在異域雖已迎喪還期無指諸弟若遂不除
永絕婚嫁此於人情或爲未允中原淪陷已後理有事例宜諮沈常侍詳議洙
議曰禮有變正又有從宜禮小記云久而不葬者唯主祭者不除其餘以麻終
月數者除喪則已注云其餘謂傍親如鄭所解衆子皆應不除王衞軍所引此
蓋禮之正也但魏氏東關之役既失亡屍柩葬禮無期議以爲禮無終身之喪
故制使除服晉氏喪亂或死於虜庭無由迎殯江左故復申明其制李胤之祖
王華之父並存亡不測其子制服依時釋縗此並變禮之宜也孝軌雖因奉使
便欲迎喪而戎狄難親還期未剋愚謂宜依東關故事在此國內者並應釋除
縗麻毀靈附祭若喪柩得還別行改葬之禮自天下寇亂西朝傾覆流播絕域
情禮莫申若此之徒諒非一二寧可喪期無數而弗除衰服朝廷自應爲之限

制以義斷恩通訪博識折之禮衷德藻依洙議奏可世祖即位遷通直散騎常侍侍東宮讀尋兼尚書左丞領揚州大中正遷光祿卿侍讀如故廢帝嗣位重爲通直散騎常侍兼尚書左丞遷戎昭將軍輕車衡陽王長史行府國事帶瑯邪彭城二郡丞梁代舊律測囚之法日一上起自晡鼓盡于二更及比部郎范泉删定律令以舊法測立時久非人所堪分其刻數日再上廷尉以爲新制過輕請集八座丞郎幷祭酒孔奐行事沈洙五舍人會尚書省詳議時高宗錄尚書集衆議之都官尚書周弘正曰未知獄所測人有幾人款幾人不款須前責取人名及數幷其罪目然後更集得廷尉監沈仲由列稱別制已後有壽羽兒一人坐殺壽慧劉磊渴等八人坐偷馬仗家口渡北依法測之限訖不款劉道朔坐犯七改偷依法測立首尾二日而款陳法滿坐被使封藏阿法受錢未及上而款弘正議曰凡小大之獄必應以情正言依準五聽驗其虛實豈可全恣考掠以判刑罪且測人時節本非古制近代已來方有此法起自晡鼓迄于二更豈是常人所能堪忍所以重械之下危墮之上無人不服誣枉者多朝晚二

時同等刻數進退而求於事爲衷若謂小促前期致實罪不伏如復時節延長則無愆妄款且人之所堪既有彊弱人之立意固亦多途至如貫高榜笞刺爇身無完膚戴就熏針並極困篤不移豈關時刻長短掠測優劣夫與殺不辜寧失不經罪疑惟輕功疑惟重斯則古之聖王垂此明法愚謂依范泉著制於事爲允舍人盛權議曰比部范泉新制尚書周弘正明議咸允虞書惟輕之旨殷頌敷正之言竊尋廷尉監沈仲由等列新制以後凡有獄十一人其所測者十人款者唯一愚謂染罪之囚獄官宜明加辯析窮考事理若罪有可疑自宜啓審分判幸無濫測若罪有實驗乃可啓審測立此則枉直有分刑宥斯理范泉今牒述漢律云死罪及除名罪證明白考掠已至而抵隱不服者處當列上杜預注云處當證驗明白之狀到其抵隱之意竊尋舊制深峻百中不款者一新制寬優十中不款者九參會兩文寬猛實異處當列上未見釐革愚謂宜付典法更詳處當列上之文洙議曰夜中測立緩急易欺兼用晝漏於事爲允但漏刻賒促今古不同漢書律歷何承天祖沖之暅之父子漏經並自關鼓至下鼓

自晡鼓至關鼓皆十三刻冬夏四時不異若其日有長短分在中時前後今用
梁末改漏下鼓之後分其短長夏至之日各十七刻冬至之日各十二刻伏承
命旨刻同勒令檢一日之刻乃同而四時之用不等廷尉今牒以時刻短促致
罪人不款愚意願去夜測之昧從晝漏之明斟酌今古之間參會二漏之義捨
秋冬之少刻從夏日之長晷不問寒暑並依今之夏至朝夕上測各十七刻比
之古漏則上多昔四刻即用今漏則冬至多五刻雖冬至之時數刻侵夜正是
少日於事非疑庶罪人不以漏短而為捍獄囚無以在夜而致誣求之鄙意竊
謂允合衆議以為宜依范泉前制高宗曰沈長史議得中宜更博議左丞宗元
饒議曰竊尋沈議非頓異范正是欲使四時均其刻數兼斟酌其佳以會優劇
即同牒請寫還刪定曹詳改前制高宗依事施行洙以太建元年卒時年五十
二

戚袞字公文吳郡鹽官人也祖顯齊給事中父霸梁臨賀王府中兵參軍袞少
聰慧遊學京都受三禮於國子助教劉文紹一二年中大義略備年十九梁武

帝勅策孔子正言幷周禮禮記義袞對高第仍除揚州祭酒從事史就國子博士宋懷方質儀禮義懷方北人自魏攜儀禮禮記疏祕惜不傳及將亡謂家人曰吾死後戚生若赴便以儀禮禮記義本付之若其不來卽宜隨屍而殯其爲儒者推許如此尋兼太學博士梁簡文在東宮召袞講論又嘗置宴集玄儒之士先命道學互相質難次令中庶子徐摛馳騁大義間以劇談摛辭辯縱橫難以答抗諸人懾氣皆失次序時袞說朝聘義摛與往復袞精采自若對答如流簡文深加歎賞尋除員外散騎侍郎又遷員外散騎常侍敬帝承制出爲江州長史仍隨沈泰鎮南豫州泰之奔齊也逼袞俱行後自鄴下遁還又隨程文季北伐呂梁軍敗袞沒于周久之得歸仍兼國子助教除中衞始興王府錄事參軍太建十三年卒時年六十三袞於梁代撰三禮義記值亂亡失禮記義四十卷行於世

鄭灼字茂昭東陽信安人也祖惠梁衡陽太守父季徽通直散騎侍郎建安令灼幼而聰敏勵志儒學少受業于皇侃梁中大通五年釋褐奉朝請累遷員外

散騎侍郎給事中安東臨川王府記室參軍轉平西邵陵王府記室簡文在東宮雅愛經術引灼爲西省義學士承聖中除通直散騎侍郎兼國子博士尋爲威戎將軍兼中書通事舍人高祖世祖之世歷安東臨川鎮北鄱陽二王府諮議參軍累遷中散大夫以本職兼國子博士未拜太建十三年卒時年六十八灼性精勤尤明三禮少時嘗夢與皇侃遇於途侃謂灼曰鄭郎開口侃因唾灼口中自後義理逾進灼家貧抄義疏以日繼夜筆毫盡每削用之灼常蔬食講授多苦心熱若瓜時輒偃臥以瓜鎮心起便誦讀其篤志如此時有晉陵張崖吳郡陸詡吳與沈德威會稽賀德基俱以禮學自命

張崖傳三禮於同郡劉文紹仕梁歷王府中記室天嘉元年爲尚書儀曹郎廣沈文阿儀注撰五禮出爲丹陽令王府諮議參軍御史中丞宗元饒表薦爲國子博士

陸詡少習崔靈恩三禮義宗梁世百濟國表求講禮博士詔令詡行還除給事中定陽令天嘉初侍始與王伯茂讀遷尚書祠部郎中

沈德威字懷遠少有操行梁太清末遁於天目山築室以居雖處亂離而篤學無倦遂治經業天嘉元年徵出都侍太子講禮傳尋授太學博士轉國子助教每自學還私室即講授道俗受業者數十百人率常如此遷太常丞兼五禮學士尋爲尚書儀曹郎後爲祠部郎俄丁母憂去職禎明三年入隋官至秦王府主簿年五十五卒

賀德基字承業世傳禮學祖文發父淹仕梁俱爲祠部郎並有名當世德基少遊學于京邑積年不歸衣資罄乏又恥服故弊盛冬止衣裌襦袴嘗於白馬寺前逢一婦人容服甚盛呼德基入寺門脫白綸巾以贈之仍謂德基曰君方爲重器不久貧寒故以此相遺耳德基問嫗姓名不答而去德基於禮記稱爲精明居以傳授累遷尚書祠部郎德基雖不至大官而三世儒學俱爲祠部時論美其不墜焉

全緩字弘立吳郡錢塘人也初受易于博士褚仲都篤志研翫得其精微梁太清初歷王國侍郎奉朝請俄轉國子助教兼司義郎專講詩易紹泰元年除尚

書水部郎太建中累遷南始興王府諮議參軍隨府詣湘州以疾卒時年七十
四緩治周易老莊時人言玄者咸推之
張譏字直言清河武城人也祖僧寶梁散騎侍郎太子洗馬父仲悅梁廬陵王
府錄事參軍尚書祠部郎中譏幼聰俊有思理年十四通孝經論語篤好玄言
受學于汝南周弘正每有新意爲先輩推服梁大同中召補國子正言生梁武
帝嘗於文德殿釋乾坤文言譏與陳郡袁憲等預焉勑令論議諸儒莫敢先出
譏乃整容而進諮審循環辭令溫雅梁武帝甚異之賜裙襦絹等仍云表卿稽
古之力譏幼喪母有錯綵經帕即母之遺製及有所識家人具以告之每歲時
輒對帕哽噎不能自勝及丁父憂居喪過禮服闋召補湘東王國左常侍轉田
曹參軍遷士林館學士簡文在東宮出士林館發孝經題譏論議往復甚見嗟
賞自是每有講集必遣使召譏及侯景寇逆於圍城之中猶侍哀太子於武德
後殿講老莊梁臺陷譏崎嶇避難卒不事景景平歷臨安令高祖受禪除太常
丞轉始興王府刑獄參軍天嘉中遷國子助教是時周弘正在國學發周易題

弘正第四弟弘直亦在講席譏與弘正論議弘正乃屈弘直危坐厲聲助其申
理譏乃正色謂弘直曰今日義集辯正名理雖知兄弟急難四公不得有助弘
直曰僕助君師何爲不可舉座以爲笑樂弘正嘗謂人曰吾每登座見張譏在
席使人懍然高宗世歷建安王府記室參軍兼東宮學士轉武陵王限內記室
學士如故後主在東宮集官僚置宴時造玉柄麈尾新成後主親執之曰當今
雖復多士如林至於堪捉此者獨張譏耳卽手授譏仍令於温文殿講莊老高
宗幸宮臨聽賜御所服衣一襲後主嗣位領南平王府諮議參軍東宮學士尋
還國子博士學士如故後主嘗幸鍾山開善寺召從臣坐於寺西南松林下勅
召譏豎義時索麈尾未至後主勅取松枝手以屬譏曰可代麈尾顧謂羣臣曰
此卽是張譏後事禎明三年入隋終於長安時年七十六譏性恬靜不求榮利
常慕閑逸所居宅營山池植花果講周易老莊而教授焉吳郡陸元朗朱孟博
一乘寺沙門法才法雲寺沙門慧休至真觀道士姚綏皆傳其業譏所撰周易
義三十卷尙書義十五卷毛詩義二十卷孝經義八卷論語義二十卷老子義

十一卷莊子內篇義十二卷外篇義二十卷雜篇義十卷玄部通義十二卷又撰遊玄桂林二十四卷後主嘗勑人就其家寫入祕閣子孝則官至始安王記室參軍

顧越字思南吳郡鹽官人也所居新坡黃岡世有鄉校由是顧氏多儒學焉越少孤以勤苦自立聰慧有口辯說毛氏詩傍通異義梁太子詹事周捨甚賞之解褐揚州議曹史兼太子左率丞越於義理精明尤善持論與會稽賀文發俱爲梁南平王偉所重引爲賓客尋補五經博士紹泰元年遷國子博士世祖即位除始興王諮議參軍侍東宮讀世祖以越篤老厚遇之除給事黃門侍郎又領國子博士侍讀如故廢帝嗣立除通直散騎常侍中書舍人華皎之構逆也越在東陽或譖之於高宗言其有異志詔下獄因坐免太建元年卒於家時年七十八時有東陽龔孟舒者亦治毛氏詩善談名理梁武世仕至尋陽郡丞元帝在江州遇之甚重躬師事焉承聖中兼中書舍人天嘉初除員外散騎常侍兼國子助教太中大夫太建中卒

沈不害字孝和吳興武康人也祖總齊尚書祠部郎父懿梁邵陵王參軍不害幼孤而修立好學十四召補國子生舉明經累遷梁太學博士轉廬陵王府刑獄參軍長沙王府諮議帶汝南令天嘉初除衡陽王府中記室參軍兼嘉德殿學士自梁季喪亂至是國學未立不害上書曰臣聞立人建國莫尚於尊儒成俗化民必崇於教學故東膠西序事隆乎三代環林璧水業盛於兩京自淳源既遠澆波已扇物之感人無窮人之逐欲無節是以設訓垂範啓導心靈譬彼染藍類諸琢玉然後人倫以睦卑高有序忠孝之理既明君臣之道攸固執禮自基魯公所以難侮歌樂已細鄭伯于是前亡干戚舞而有苗至泮宮成而淮夷服長想洙泗之風載懷淹稷之盛有國有家莫不尚已梁太清季年數鍾否剝戎狄外侵姦回內釁朝聞鼓鼙夕炤烽火洪儒碩學解散甚於坑夷五典九丘湮滅逾乎帷蓋成均自斯墜業瞽宗於是不修裒成之祠弗陳祼享釋菜之禮無稱俎豆頌聲寂寞遂踰一紀後生敦悅不見函丈之儀晚學鑽仰徒深倚席之歎陛下繼歷升統握鏡臨寓道洽寰中威加無外濁流已清重氛載廓含

生熙阜品庶咸亨宜其弘振禮樂建立庠序式稽古典紆迹儒宮選公卿門子皆入于學助教博士朝夕講肄使擔簦負笈鏘鏘接衽方領矩步濟濟成林如切如磋聞詩聞禮一年可以功倍三冬於是足用故能擢秀雄州揚庭觀國入仕登朝資優學以自輔莅官從政有經業以治身轄駕列庭青紫拾地古者王世子之貴猶與國子齒降及漢儲茲禮不墜暨乎兩晉斯事彌隆所以見師嚴而道尊者也皇太子天縱生知無待審喻猶宜晦迹俯同專經請業奠爵前師肅若舊典昔闕里之堂草萊自闢舊宅之內絲竹流音前聖遺烈深以炯戒況復江表無虞海外有截豈得不開闡大猷恢弘至道寧可使玄教儒風弗興聖世盛德大業遂蘊堯年臣末學小生詞無足算輕獻瞽言伏增悚惕詔答曰省表聞之自舊章弛廢微言將絕朕嗣膺寶業念在緝熙而兵革未息軍國草創常恐前王令典一朝泯滅卿才思優洽文理可求弘惜大體殷勤名教付外詳議依事施行又表改定樂章詔使製三朝樂歌八首合二十八曲行之樂府五年除瀨令入爲尚書儀曹郎還國子博士領羽林監敕治五禮掌策文謚議太

建中除仁武南康嗣王府長史行丹陽郡事轉員外散騎常侍光祿卿尋爲戎昭將軍明威武陵王長史行吳興郡事俄入爲通直散騎常侍兼尙書左丞十二年卒時年六十三不害治經術善屬文雖博綜墳典而家無卷軸每製文操筆立成曾無尋檢僕射汝南周弘正常稱之曰沈生可謂意聖人乎著治五禮儀一百卷文集十四卷子志道字崇基少知名解褐揚州主簿尋兼文林著士歷安東新蔡王記室參軍禎明三年入隋

王元規字正範太原晉陽人也祖道寶齊員外散騎常侍晉安郡守父瑋梁武陵王府中記室參軍元規八歲而孤兄弟三人隨母依舅氏往臨海郡時年十二郡土豪劉瑱者資財巨萬以女妻之元規母以其兄弟幼弱欲結彊援元規泣請曰因不失親古人所重豈得茍安異壤輒婚非類母感其言而止元規性孝事母甚謹晨昏未嘗離左右梁時山陰縣有暴水流漂居宅元規唯有一小船倉卒引其母妹幷孤姪入船元規自執檝棹而去留其男女三人閣於樹杪及水退獲全時人皆稱其至行元規少好學從吳興沈文阿受業十八通春秋

左氏孝經論語喪服梁中大通元年詔策春秋舉高第時名儒咸稱賞之起家湘東王國左常侍轉員外散騎侍郎簡文之在東宮引爲賓客每令講論甚見優禮除中軍宣城王府記室參軍及侯景寇亂攜家屬還會稽天嘉中除始興王府功曹參軍領國子助教轉鎮東鄱陽王府記室參軍領助教如故後主在東宮引爲學士親受禮記左傳喪服等義賞賜優厚還國子祭酒新安王伯固嘗因入宮適會元規將講乃啓請執經時論以爲榮俄除尚書祠部郎自梁代諸儒相傳爲左氏學者皆以賈逵服虔之義難駁杜預凡一百八十條元規引證通析無復疑滯每國家議吉凶大禮常參預焉丁母憂去職服闋除鄱陽王府中錄事參軍俄轉散騎侍郎遷南平王府限內參軍王爲江州元規隨府之鎮四方學徒不遠千里來請道者常數十百人禎明三年入隋爲秦王府東閣祭酒年七十四卒於廣陵元規著春秋發題辭及義記十一卷續經典大義十四卷孝經義記兩卷左傳音三卷禮記音兩卷子大業聰敏知名時有吳郡陸慶少好學遍知五經尤明春秋左氏傳節操甚高釋褐梁武陵王國右常侍歷

征西府墨曹行參軍除婁令值梁季喪亂乃覃心釋典經論靡不該究天嘉初

徵爲通直散騎侍郎不就永陽王爲吳郡太守聞其名欲與相見慶固辭以疾

時宗人陸榮爲郡五官掾慶嘗詣焉王乃微服往榮第穿壁以觀之王謂榮曰

觀陸慶風神凝峻殆不可測嚴君平鄭子真何以尚茲鄱陽晉安王俱以記室

徵並不就乃築室屏居以禪誦爲事由是傳經受業者蓋鮮焉

史臣曰夫砥身勵行必先經術樹國崇家率由茲道故王政因之而至治人倫

得之而攸序若沈文阿之徒各專經授業亦一代之鴻儒焉文阿加復草創禮

儀蓋叔孫通之流亞矣

陳書卷三十三

陳書卷三十三考證

沈洙傳祖休稚○稚南史作季

比之古漏則上多昔四刻○南史則字下有一字

張譏傳法雲寺沙門慧休○休南史作拔

顧越傳顧越字思南○思南史作允

王元規傳祖道寶○寶南史作實

元規唯有一小船倉卒引其母妹幷孤姪入船○孤南史作姑

陳書卷三十三考證

陳書卷三十四

唐 散騎常侍姚思廉撰

列傳第二十八

文學

杜之偉 顏晃 江德藻 庾持 許亨 褚玠

岑之敬 陸琰弟瑜 瑜從父兄玠 從父弟琛 何之元 徐伯陽

張正見 蔡凝 阮卓

易曰觀乎人文以化成天下孔子曰煥乎其有文章也自楚漢以降辭人世出洛汭江左其流彌暢莫不思侔造化明並日月大則憲章典謨裨贊王道小則文理清正申紓性靈至於經禮樂綜人倫通古今述美惡莫尚乎此後主嗣業雅尚文詞傍求學藝煥乎俱集每臣下表疏及獻上賦頌者躬自省覽其有辭工則神筆賞激加其爵位是以搢紳之徒咸知自勵矣若名位文學晃著者別以功迹論今綴杜之偉等學既兼文備于此篇云爾

杜之偉字子大吳郡錢塘人也家世儒學以三禮專門父規梁奉朝請與光祿
大夫濟陽江革都官尚書會稽孔休源友善之偉幼精敏有逸才七歲受尚書
稍習詩禮略通其學十五遍觀文史及儀禮故事時輩稱其早成僕射徐勉嘗
見其文重其有筆力中大同元年梁武帝幸同泰寺捨身勅勉撰定儀注勉以
臺閣先無此禮召之偉草具其儀乃啓補東宮學士與學士劉陟等鈔撰羣書
各爲題目所撰富教政道二篇皆之偉爲序及湘陰侯蕭昂爲江州刺史以之
偉掌記室昂卒廬陵王續代之又手教招引之偉固辭不應命乃送昂喪柩還
京仍侍臨成公讀尋除揚州議曹從事南康嗣王墨曹參軍兼太學限內博士
七年梁皇太子釋奠於國學時樂府無孔子顏子登歌詞尚書參議令之偉製
其文伶人傳習以爲故事轉補安前邵陵王田曹參軍又轉刑獄參軍之偉年
位甚卑特以彊識俊才頗有名當世吏部尚書張纘深知之以爲廊廟器也侯
景反之偉逃竄山澤及高祖爲丞相素聞其名召補記室參軍遷中書侍郎領
大著作高祖受禪除鴻臚卿餘並如故之偉啓求解著作曰臣以紹泰元年忝

中書侍郎掌國史于今四載臣本庸賤謬蒙盼識思報恩獎不敢廢官皇歷惟新驅馭軒昊記言記事未易其人著作之材更宜選衆御史中丞沈炯尚書左丞徐陵梁前兼大著作虞荔梁前黃門侍郎孔奐或清文贍筆或彊識稽古遷董之任允屬羣才臣無容遽變市朝再妨賢路堯朝皆讓誠不可追陳力就列庶幾知免優勅不許尋轉大匠卿遷太中大夫仍勅撰梁史永定二年卒時年五十二高祖甚悼惜之詔贈通直散騎常侍賻錢五萬布五十匹棺一具克日舉哀之偉爲文不尚浮華而温雅博贍所製多遺失存者十七卷

顏晃字元明琅邪臨沂人也少孤貧好學有辭采解褐梁邵陵王兼記室參軍時東宮學士庾信嘗使于府中王使晃接對信輕其尚少曰此府兼記室幾人晃答曰猶當少於宮中學士當時以爲善對侯景之亂西奔荊州承聖初除中書侍郎時杜龕爲吳興太守專好勇力其所部多輕險少年元帝患之乃使晃管其書翰仍勅龕曰卿年時尚少習讀未晚顏晃文學之士使相毗佐造次之間必宜諮稟及龕誅晃歸世祖世祖委以書記親遇甚篤除宣毅府中錄事兼

記室參軍永定二年高祖幸大莊嚴寺其夜甘露降晃獻甘露頌詞義該典高祖甚奇之天嘉初遷員外散騎常侍兼中書舍人掌詔誥三年卒時年五十三詔贈司農卿諡曰貞子幷賜墓地晃家世單門傍無戚援而介然修立爲當世所知其表奏詔誥下筆立成便得事理而雅有氣質有集二十卷

江德藻字德藻濟陽考城人也祖柔之齊尚書倉部郎中父革梁度支尚書光祿大夫德藻好學善屬文美風儀身長七尺四寸性至孝事親盡禮與異產昆弟居恩惠甚篤起家梁南中郎武陵王行參軍大司馬南平王蕭偉聞其才召爲東閣祭酒遷安西湘東王府外兵參軍尋除尚書比部郎以父憂去職服闋之後容貌毀瘠如居喪時除安西武陵王記室不就久之授廬陵王記室參軍除廷尉正尋出爲南兗州治中及高祖爲司空征北將軍引德藻爲府諮議轉中書侍郎遷雲麾臨海王長史陳臺建拜尚書吏部侍郎高祖受禪授祕書監兼尚書左丞尋以本官兼中書舍人天嘉四年兼散騎常侍與中書郎劉師知使齊著北征道理記三卷還拜太子中庶子領步兵校尉頃之還御史中丞坐

公事免尋拜振遠將軍通直散騎常侍自求宰縣出補新喻令政尚恩惠頗有異績六年卒於官時年五十七世祖甚悼惜之詔贈散騎常侍所著文筆十五卷子椿亦善屬文歷太子庶子尚書左丞

庾持字允德潁川鄢陵人祖佩玉宋長沙內史父沙彌梁長城令持少孤性至孝居父憂過禮篤志好學尤善書記以才藝聞解褐梁南平王國左常侍輕車河東王府行參軍兼尚書郎尋而爲眞出爲安吉令還鎮東邵陵王府限外記室兼建康令天監初世祖與持有舊及世祖爲吳興太守以持爲郡丞兼掌書翰自是常依文帝文帝剋張彪鎮會稽又令持監臨海郡以貪縱失民和爲山盜所劫幽縶十旬世祖遣劉澄討平之持乃獲免高祖受禪授安東臨川王府諮議參軍天嘉初遷尚書左丞以預長城之功封崇德縣子邑三百戶拜封之日請令史爲客受其餉遺世祖怒之因坐免尋爲宣惠始興王府諮議參軍除臨安令坐杖殺縣民免封還爲給事黃門侍郎除稜威將軍鹽官令光大元年還祕書監知國史事又爲少府卿領羽林監遷太中大夫領步兵校尉太建元

年卒時年六十二詔贈光祿大夫持善字書每屬辭好爲奇字文士亦以此譏
之有集十卷

許亨字亨道高陽新城人晉徵士詢之六世孫也曾祖珪歷給事中委桂陽太守高尚其志居永興之究山卽詢之所隱也祖勇慧齊太子家令冗從僕射父懋梁始平天門二郡守太子中庶子散騎常侍以學藝聞撰毛詩風雅比興義類十五卷述行記四卷亨少傳家業孤介有節行博通羣書多識前代舊事名輩皆推許之甚爲南陽劉之遴所重每相稱述解褐梁安東王行參軍兼太學博士尋除平西府記室參軍太清初爲征西中記室兼太常丞侯景之亂避地郢州會梁邵陵王自東道至引爲諮議參軍王僧辯之襲郢州也素聞其名召爲儀同從事中郎還太尉從事中郎與吳興沈烱對掌書記府朝政務一以委焉晉安王承制授給事黃門侍郎亨奉牋辭府僧辯答曰省告承有朝授良爲德舉卿操尚惇深文藝該洽學優而官自致青紫況久羈駿足將成頓轡匡輔虛闇期寄實深既欣遊處用忘勞屈而枳棘栖鵷常以增歎夕郎之選雖爲清

顯位以才升差自無愧且卿始云知命方騁康衢未有執戟之疲便深夜行之慨循復來翰殊用憮然古人相思千里命駕素心不昧寧限城闉存顧之深荒慚無已高祖受禪授中散大夫領羽林監遷太中大夫領大著作知梁史事初僧辯之誅也所司收僧辯及其子頠屍於方山同坎埋瘞至是無敢言者亨以故吏抗表請葬之乃與故義徐陵張種孔奐等相率以家財營葬凡七柩皆改窆焉光大初高宗入輔以亨貞正有古人之風甚相欽重常以師禮事之及到仲舉之謀出高宗也毛喜知其詐高宗問亨亨勸勿奉詔高宗卽位拜衞尉卿太建二年卒時年五十四初撰齊書并志五十卷遇亂失亡後撰梁史成者五十八卷梁太清之後所製文筆六卷子善心早知名官至尚書度支侍郎

褚玠字溫理河南陽翟人也曾祖炫宋昇明初與謝朏江斆劉俁入侍殿中謂之四友官至侍中吏部尚書謚貞子祖澐梁御史中丞父蒙太子舍人玠九歲而孤爲叔父驃騎從事中郎隨所養早有令譽先達多以才器許之及長美風儀善占對博學能屬文詞義典實不好豔靡起家王府法曹歷轉外兵記室天

嘉中兼通直散騎常侍聘齊還爲桂陽王友遷太子庶子中書侍郎太建中山
陰縣多豪猾前後令皆以贓汙免高宗患之謂中書舍人蔡景歷曰稽陰大邑
久無良宰卿文士之内試思其人景歷進曰褚玠廉儉有幹用未審堪其選不
高宗曰甚善卿言與朕意同乃除戎昭將軍山陰令縣民張次的王休達等與
諸猾吏賄賂通姦全丁大戸類多隱没玠乃鎖次的等具狀啓臺高宗手勅慰
勞并遣使助玠搜括所出軍民八百餘戸時舍人曹義達爲高宗所寵縣民陳
信家富於財諂事義達信父顯文恃勢横暴玠乃遣使執顯文鞭之一百於是
吏民股慄莫敢犯者信後因義達譖玠竟坐免官玠在任歲餘守祿俸而已去
官之日不堪自致因留縣境種蔬菜以自給或嗤玠以非百里之才玠荅曰吾
委輸課最不後列城除殘去暴姦吏局蹐若謂其不能自潤脂膏則如來命以
爲不達從政吾未服也時人以爲信然皇太子知玠無還裝手書賜粟米二百
斛於是還都太子愛玠文辭令入直殿省十年除電威將軍仁威淮南王長史
頃之以本官掌東宮管記十二年遷御史中丞卒於官時年五十二玠剛毅有

膽決兼善騎射嘗從司空侯安都於徐州出獵遇有猛虎玠引弓射之再發皆中口入腹俄而虎斃及爲御史中丞甚有直繩之稱自梁末喪亂朝章廢弛司憲因循守而勿革玠方欲改張大爲條例綱維略舉而編次未訖故不列于後焉及卒太子親製誌銘以表惟舊至德二年追贈祕書監所製章奏雜文二百餘篇皆切事理由是見重於時子亮有才學官至尙書殿中侍郎

岑之敬字思禮南陽棘陽人也父善紆梁世以經學聞官至吳寧令司義郎之敬年五歲讀孝經每燒香正坐親戚咸加歎異年十六策春秋左氏制旨孝經義擢爲高第御史奏曰皇朝多士例止明經若顏閔之流乃應高第梁武帝省其策曰何妨我復有顏閔邪因召入面試令之敬升講座勅中書舍人朱异執孝經唱士孝章武帝親自論難之敬剖釋縱橫應對如響左右莫不嗟服乃除童子奉車郎賞賜優厚十八預重雲殿法會時武帝親行香熟視之敬曰未幾見兮突而弁兮卽日除太學限內博士尋爲壽光學士司義郎又除武陵王安西府刑獄參軍事太清元年表請試吏除南沙令侯景之亂之敬率所部赴援

京師至郡境聞臺城陷乃與衆辭訣歸鄉里承聖二年除晉安王宣惠府中記室參軍是時蕭勃據嶺表勅之敬宣旨慰喻會江陵陷仍留廣州太建初還朝授東宮義省學士太子素聞其名尤降賞接累遷鄱陽王中衞府記室鎮北府中錄事參軍南臺治書侍御史征南府諮議參軍之敬始以經業進而博涉文史雅有詞筆不爲醇儒性謙謹未嘗以才學矜物接引後進恂恂如也每忌日營齋必躬自洒掃涕泣終日士君子以篤行稱之十一年卒時年六十一太子嗟惜賻贈甚厚有集十卷行於世子德潤有父風官至中軍吳興王記室

陸琰字温玉吏部尚書瓊之從父弟也父令公梁中軍宣城王記室參軍琰幼孤好學有志操州舉秀才解褐宣惠始興王行參軍累遷法曹外兵參軍直嘉德殿學士世祖聽覽餘暇頗留心史籍以琰博學善占誦引置左右嘗使製刀銘琰援筆即成無所點竄世祖嗟賞久之賜衣一襲俄兼通直散騎常侍副琅邪王厚聘齊及至鄴下而厚病卒琰自爲使主時年二十餘風神韶亮占對閑敏齊士大夫甚傾心焉還爲雲麾新安王主簿遷安成王長史寧遠府記室參

軍太建初爲武陵王明威府功曹史兼東宮管記丁母憂去官五年卒時年三十四太子甚傷悼之手令舉哀加其賻贈又自製誌銘至德二年追贈司農卿琰寡嗜慾鮮矜競遊心經籍晏如也其所製文筆多不存本後主求其遺文撰成二卷有弟瑜

瑜字幹玉少篤學美詞藻州舉秀才解褐驃騎安成王行參軍轉軍師晉安王外兵參軍東宮學士兄琰時爲管記並以才學娛侍左右時人比之二應太建二年太子釋奠于太學宮臣並賦詩命瑜爲序文甚贍麗遷尙書祠部郎中丁母憂服闋爲桂陽王明威將軍功曹史兼東宮管記累遷永陽王文學太子洗馬中舍人瑜幼長讀書晝夜不廢聰敏彊記一覽無遺嘗受莊老於汝南周弘正學成實論於僧滔法師並通大旨時皇太子好學欲博覽羣書以子集繁多命瑜鈔撰未就而卒時年四十四太子爲之流涕手令舉哀官給喪事幷親製文遺使弔祭仍與詹事江總書曰管記陸瑜奄然殂化悲傷悼惜此情何已吾生平愛好卿等所悉自以學涉儒雅不逮古人欽賢慕士是情尤篤梁室亂離

天下糜沸書史殘缺禮樂崩淪晚生後學匪無牆面卓爾出羣斯人而已吾識
覽雖局未曾以言議假人至於片善小才特用嗟賞況復洪識奇士此故忘言
之地論其博綜子史諳究儒墨經耳無遺觸目成誦一褒一貶一激一揚語玄
析理披文摘句未嘗不聞者心伏聽者解頤會意相得自以為布衣之賞吾監
撫之暇事隙之辰頗用譚笑娛情琴樽間作雅篇豔什迭互鋒起每清風朗月
美景良辰對羣山之參差望巨波之滉瀁或翫新花時觀落葉既聽春鳥又聆
秋鴈未嘗不促膝舉觴連情發藻且代琢磨間以嘲謔俱怡耳目並留情致自
謂百年為速朝露可傷豈謂玉折蘭摧遽從短運為悲為恨當復何言遺迹餘
文觸目增泫絕絃投筆恆有酸梗以卿同志聊復敘懷涕之無從言不寫意其
見重如此至德二年追贈光祿卿有集十卷瑜從父兄玠從父弟琛
玠字潤玉梁大匠卿晏之子弘雅有識度好學能屬文舉秀才對策高第吏部
尚書袁樞薦之於世祖超授衡陽王文學直天保殿學士太建初還長沙王友
領記室後主在東宮聞其名徵為管記仍除中舍人管記如故甚見親待尋以

疾失明將還鄉里太子解衣贈玠爲之流涕八年卒時年三十七有令舉哀并
加賵贈至德二年追贈少府卿有集十卷
琛字潔玉宣毅臨川王長史丘公之子少警俊事後母以孝聞世祖爲會稽太
守琛年十八上善政頌甚有詞采由此知名舉秀才起家爲衡陽王主簿兼東
宮管記歷豫章王文學領記室司徒主簿直宣明殿學士尋遷尚書三公侍郎
兼通直散騎常侍聘齊還爲司徒左西掾又掌東宮管記太子愛琛才辯深禮
遇之後主嗣位遷給事黃門侍郎中書舍人參掌機密琛性頗疎坐漏洩禁中
語詔賜死時年四十二

何之元廬江灊人也祖僧達齊南臺治書侍御史父法勝以行業聞之元幼好
學有才思居喪過禮爲梁司空袁昂所重天監末昂表薦之因得召見解褐梁
太尉臨川王揚州議曹從事史尋轉主簿及昂爲丹陽尹辟爲丹陽五官掾總
戶曹事尋除信義令之元宗人敬容者勢位隆重頻相顧訪之元終不造焉或
問其故之元曰昔楚人得寵於觀起有馬者皆亡夫德薄任隆必近覆敗吾恐

不獲其利而招其禍識者以是稱之會安西武陵王爲益州刺史以之元爲安西刑獄參軍侯景之亂武陵王以太尉承制授南梁州長史北巴西太守武陵王自成都舉兵東下之元與蜀中民庶抗表請無行王以爲沮衆囚之元于艦中及武陵兵敗之元從邵陵太守劉恭之郡俄而江陵陷劉恭卒王琳召爲記室參軍梁敬帝冊琳爲司空之元除司空府諮議參軍領記室王琳之立蕭莊也署爲中書侍郎會齊文宣帝薨令之元赴弔還至壽春而王琳敗齊主以爲揚州別駕所治卽壽春也及衆軍北伐得淮南地湘州刺史始與王叔陵遺功曹史柳咸賫書召之元之元始與朝廷有隙及書至大惶恐讀書至孔璋無罪左車見用之元仰而歎曰辭旨若此豈欺我哉遂隨咸至湘州太建八年除中衛府功曹參軍事尋還諮議參軍及叔陵誅之元乃屛絕人事銳精著述以爲梁氏肇自武皇終于敬帝其與亡之運盛衰之跡足以垂鑒戒定褒貶究其始終起齊永元元年迄于王琳遇獲七十五年行事草創爲三十卷號曰梁典其序曰記事之史其流不一編年之作無若春秋則魯史之書非帝皇之籍也案

三皇之簡爲三墳五帝之策爲五典此典義所由生也至乃尚書述唐帝爲堯典虞帝爲舜典斯又經文明據是以典之爲義久矣哉若夫馬史班漢述帝稱紀自茲厥後因相祖習及陳壽所撰名之曰志總其三國分路揚鑣唯何法盛晉書變帝紀爲帝典既云師古在理爲優故今之所作稱爲梁典梁有天下自中大同以前區寓寧晏太清以後寇盜交侵首尾而言未爲盡美故開此一書分爲六意以高祖創基因乎齊末尋宗討本起自永元今以前如干卷爲追述高祖生自布衣長於弊俗知風教之臧否識民黎之情僞爰逮君臨弘斯政術四紀之內實云殷阜今以如干卷爲太平世不常夷時無恆治非自我後仍屬橫流今以如干卷爲敘亂洎高祖晏駕之年太宗幽辱之歲謳歌獄訟向西陝不向東都不庭之民流逸之士征伐禮樂歸世祖不歸太宗撥亂反正厥庸斯在治定功成其勳有屬今以如干卷爲世祖至於四海困窮五德升替則敬皇紹立仍以禪陳今以如干卷爲敬帝驃騎王琳崇立後嗣雖不達天命然是其忠節今以如干卷爲後嗣主至在太宗雖加美謚而大寶之號世所不遵蓋以

拘於賊景故也承聖紀歷自接太清神筆詔書非宜輒改詳之後論蓋有理焉夫事有始終人有業行本末之閒頗宜詮敘案臧榮緒稱史無裁斷猶起居注耳由此而言實資詳悉又編年而舉其歲次者蓋取分明而易尋也若夫獫狁孔熾鯁我中原始自一君終爲二主事有相涉言成混漫今以未分之前爲北魏既分之後高氏所輔爲東魏宇文所挾爲西魏所以相分別也重以蓋彰殊體繁省異文其閒損益頗有凡例禎明三年京城陷乃移居常州之晉陵縣隋開皇十三年卒于家

徐伯陽字隱忍東海人也祖度之齊南徐州議曹從事史父僧權梁東宮通事舍人領祕書以善書知名伯陽敏而好學善色養進止有節年十五以文筆稱學春秋左氏家有史書所讀者近三千餘卷試策高第尚書板補梁河東王國右常侍東宮學士臨川嗣王府墨曹參軍大同中出爲侯官令甚得民和侯景之亂伯陽浮海南至廣州依於蕭勃勃平還朝仍將家屬之吳郡天嘉二年詔侍晉安王讀尋除司空侯安都府記室參軍事安都素聞其名見之降席爲禮

甘露降樂遊苑詔賜安都令伯陽爲謝表世祖覽而奇之太建初中記室李爽記室張正見左民郎賀徹學士阮卓黃門郎蕭詮三公郎王由禮處士馬樞記室祖孫登北部賀循長史劉刪等爲文會之友後有蔡凝劉助陳暄孔範亦預焉皆一時之士也遊宴賦詩勒成卷軸伯陽爲其集序盛傳於世及新安王爲南徐州刺史除鎮北新安王府中記室參軍兼南徐州別駕帶東海郡丞鄱陽王爲江州刺史伯陽嘗奉使造焉王率府僚與伯陽登匡嶺置宴酒酣命筆賦劇韻二十伯陽與祖孫登前成王賜以奴婢雜物及新安王還京除臨海嗣王府限外諮議參軍十一年春皇太子幸太學詔新安王於辟雍發論語題仍命伯陽爲辟雍頌甚見嘉賞除鎮右新安王府諮議參軍事十三年聞姊喪發疾而卒時年六十六

張正見字見賾清河東武城人也祖蓋之魏散騎常侍勃海長樂二郡太守父修禮魏散騎侍郎歸梁仍拜本職遷懷方太守正見幼好學有清才梁簡文在東宮正見年十三獻頌簡文深贊賞之簡文雅尚學業每自升座說經正見嘗

預講筵請決疑義吐納和順進退詳雅四座咸屬目焉太清初射策高第除邵
陵王國左常侍梁元帝立拜通直散騎侍郎還彭澤令屬梁季喪亂避地於匡
俗山時焦僧度擁衆自保遣使請交正見懼之遜辭延納然以禮法自持僧度
亦雅相敬憚高祖受禪詔正見還都除鎮東鄱陽王府墨曹行參軍兼衡陽王
府長史歷宜都王限外記室撰史著士帶尋陽郡丞累遷尚書度支郎通直散
騎侍郎著士如故太建中卒時年四十九有集十四卷其五言詩尤善大行於
世

蔡凝字子居濟陽考城人也祖撙梁吏部尚書金紫光祿大夫父彥高梁給事
黃門侍郎凝幼聰晤美容止既長博涉經傳有文辭尤工草隸天嘉四年釋褐
受祕書郎轉廬陵王文學光大元年除太子洗馬司徒主簿太建元年遷太子
中舍人以名公子選尚信義公主拜駙馬都尉中書侍郎還晉陵太守及將之
郡更令左右緝治中書廨宇謂賓友曰庶來者無勞不亦可乎尋授寧遠將軍
尚書吏部侍郎凝年位未高而才地爲時所重常端坐西齋自非素貴名流罕

所交接趣時者多譏焉高祖常謂凝曰我欲用義興主壻錢肅爲黃門郎卿意何如凝正色對曰帝鄉舊戚恩由聖旨則無所復問若格以僉議黃散之職故須人門兼美惟陛下裁之高宗默然而止肅聞而有憾令義興主日譖之於高宗尋免官遷交阯頃之追還後主嗣位授晉安王諮議參軍轉給事黃門侍郎後主嘗置酒會羣臣歡甚將移醼於弘範宮衆人咸從唯凝與袁憲不行後主曰卿何爲者凝對曰長樂尊嚴非酒後所過臣不敢奉詔衆人失色後主曰卿醉矣卽令引出他日後主謂吏部尚書蔡徵曰蔡凝負地矜才無所用也尋遷信威晉熙王府長史鬱鬱不得志乃喟然歎曰天道有廢興夫子云樂天知命斯理庶幾可達因製小室賦以見志甚有辭理陳亡入隋道病卒時年四十七子君知頗知名

阮卓陳留尉氏人祖詮梁散騎侍郎父問道梁寧遠岳陽王府記室參軍卓幼而聰敏篤志經籍善談論尤工五言詩性至孝其父隨岳陽王出鎭江州遇疾而卒卓時年十五自都奔赴水漿不入口者累日屬侯景之亂道路阻絕卓冒

履險艱載喪柩還都在路遇賊卓形容毀瘁號哭自陳賊哀而不殺之仍護送
出境及渡彭蠡湖中流忽遇疾風船幾沒者數四卓仰天悲號俄而風息人皆
以爲孝感之至焉世祖即位除輕車鄱陽王府外兵參軍天康元年轉雲麾新
安王府記室參軍仍隨府轉翌右記室帶撰史著士還鄱陽王中衛府錄事轉
晉安王府記室著士如故及平歐陽紇交阯夷獠往往相聚爲寇抄卓奉使招
慰交阯通日南象郡多金翠珠貝珍怪之產前後使者皆致之唯卓挺身而還
衣裝無他時論咸服其廉還衡陽王府中錄事參軍入爲尚書祠部郎還始興
王中衛府記室參軍叔陵之誅也後主謂朝臣曰阮卓素不同逆宜加旌異至
德元年入爲德教殿學士尋兼通直散騎常侍副王話聘隋隋主夙聞卓名乃
遣河東薛道衡琅邪顏之推等與卓談讌賦詩賜遺加禮還除招遠將軍南海
王府諮議參軍以目疾不之官退居里舍改構亭宇修山池卉木招致賓友以
文酒自娛禎明三年入于隋行至江州追感其父所終因遘疾而卒時年五十
九時有武威陰鏗字子堅梁左衞將軍子春之子幼聰慧五歲能誦詩賦日千

言及長博涉史傳尤善五言詩爲當時所重釋褐梁湘東王法曹參軍天寒鏗嘗與賓友宴飲見行觴者因回酒炙以授之衆坐皆笑鏗曰吾儕終日酣飲而執爵者不知其味非人情也及侯景之亂鏗嘗爲賊所擒或救之獲免鏗問其故乃前所行觴者天嘉中爲始興王府中錄事參軍世祖嘗讌羣臣賦詩徐陵言之於世祖卽日召鏗預讌使賦新成安樂宮鏗援筆便就世祖甚歎賞之累遷招遠將軍晉陵太守員外散騎常侍頃之卒有集三卷行於世

史臣曰夫文學者蓋人倫之所基歟是以君子異乎衆庶昔仲尼之論四科始乎德行終於文學斯則聖人亦所貴也至於杜之偉之徒值於休運各展才用之偉尤著美焉

陳書卷三十四

陳書卷三十四考證

江德藻傳〇藻一本作操

何之元傳之元從邵陵太守劉恭之郡〇恭南史作綦

徐伯陽傳學士阮卓〇阮一本作元南史同然以下文觀之阮卓自有傳當以此爲是

張正見傳祖蓋之〇蓋南史作善

陳書卷三十四考證

陳書卷三十五

唐　散　騎　常　侍　姚　思　廉　撰

列傳第二十九

熊曇朗　周迪　留異　陳寶應

熊曇朗，豫章南昌人也。世爲郡著姓。曇朗跅弛不羈，有膂力，容貌甚偉。侯景之亂，稍聚少年，據豐城縣爲柵，桀黠劫盜多附之。梁元帝以爲巴山太守。荊州陷，曇朗兵力稍彊，劫掠隣縣，縛賣居民，山谷之中，最爲巨患。及侯瑱鎮豫章，曇朗外示服從，陰欲圖瑱。侯方兒之反瑱也，曇朗爲之謀主。瑱敗，曇朗獲瑱馬仗子女甚多。及蕭勃踰嶺，歐陽頠爲前軍，曇朗紿頠共往巴山襲黄法𣰰，又報法𣰰期共破頠，約曰：「事捷，與我馬仗。」及出軍，與頠掎角而進，又紿頠曰：「余孝頃欲相掩襲，須分留奇兵，甲仗既少，恐不能濟。」頠乃送甲三百領助之。及至城下，將戰，曇朗僞北，法𣰰乘之，頠失援，狼狽退衄，曇朗取其馬仗而歸。時巴山陳定亦擁兵立寨，曇朗僞以女妻定子，又謂定曰：「周迪、余孝頃並不願此婚，必須以彊兵

來迎定乃遣精甲三百并土豪二十人往迎既至曇朗執之收其馬仗並論價
責贖紹泰二年曇朗以南川豪帥隨例除游騎將軍尋爲持節飆猛將軍桂州
刺史資領豐城令歷宜新豫章二郡太守王琳遣李孝欽等隨余孝頃於臨川
攻周迪曇朗率所領赴援其年以功除持節通直散騎常侍寧遠將軍封永化
縣侯邑一千戶給鼓吹一部又以抗禦王琳之功授平西將軍開府儀同三司
餘並如故及周文育攻余孝勱於豫章曇朗出軍會之文育失利曇朗乃害文
育以應王琳事見文育傳於是盡執文育所部諸將據新淦縣帶江爲城王琳
東下世祖徵南川兵江州刺史周迪高州刺史黃法𣰰欲沿流應赴曇朗乃據
城列艦斷遏迪等與法𣰰因帥南中兵築城圍之絕其與琳信使及王琳敗走
曇朗黨援離心迪攻陷其城虜其男女萬餘口曇朗走入村中村民斬之傳首
京師懸于朱雀觀於是盡收其黨族無少長皆棄市

周迪臨川南城人也少居山谷有膂力能挽彊弩以弋獵爲事侯景之亂迪宗
人周續起兵於臨川梁始興王蕭毅以郡讓續迪召募鄉人從之每戰必勇冠

衆軍續所部渠帥皆郡中豪族稍驕橫續頗禁之渠帥等並怨望乃相率殺續推迪爲主迪乃據有臨川之地築城于工塘梁元帝授迪持節通直散騎常侍壯武將軍高州刺史封臨汝縣侯邑五百戶紹泰二年除臨川內史尋授使持節散騎常侍信威將軍衡州刺史領臨川內史周文育之討蕭勃也迪按甲保境以觀成敗文育使長史陸山才說迪迪乃大出糧餉以資文育勃平以功加振遠將軍遷江州刺史高祖受禪王琳東下迪欲自據南川乃總召所部八郡守宰結盟聲言入赴朝廷恐其爲變因厚慰撫之琳至湓城新吳洞主余孝頃舉兵應琳琳以爲南川諸郡可傳檄而定乃遣其將李孝欽樊猛等南徵糧餉猛等與余孝頃相合衆且二萬來趨工塘連八城以逼迪迪使周敷率衆頓臨川故郡截斷江口因出與戰大敗之屠其八城生擒李孝欽樊猛余孝頃送于京師收其軍實器械山積幷虜其人馬迪並自納之永定二年以功加平南將軍開府儀同三司增邑一千五百戶給鼓吹一部世祖嗣位進號安南將軍熊曇朗之反也迪與周敷黃法𣰰等率兵共圍曇朗屠之盡有其衆王琳敗後世

祖徵迪出鎮湓城又徵其子入朝迪趑趄顧望並不至豫章太守周敷本屬於
迪至是與黃法𣰰率其所部詣闕世祖錄其破熊曇朗之功並加官賞迪聞之
甚不平乃陰與留異相結及王師討異迪疑懼不自安乃使其弟方興率兵襲
周敷敷與戰破之又別使兵襲華皎於湓城事覺盡爲皎所擒三年春世祖乃
下詔赦南川士民爲迪所詿誤者使江州刺史吳明徹都督衆軍與高州刺史
黃法𣰰豫章太守周敷討迪於是尚書下符曰告臨川郡士庶昔西京爲盛信
越背誕東都中興萌寵違戾是以鷹鸇競逐葅醢極誅自古有之其來尚矣逆
賊周迪本出輿臺有梁喪亂暴掠山谷我高祖躬率百越師次九川濯其泥沙
假以毛羽裁解豚佩仍剖虎符卵翼之恩方斯莫喻皇運肇基頗布誠款國步
艱阻竟微効力龍節繡衣藉王爵而御下熊旗組甲因地險而陵上日者王琳
始貳蕭勃未夷西結三湘南通五嶺衡廣勘定既安反側江郢紛梗復生攜背
擁據一郡茍且百心志貌常違言迹不副特以新吳未靜地遠兵彊互相兼并
成其形勢收獲器械俘虜士民並曰私財曾無獻捷時遣一介終持兩端朝廷

光大舍弘引納崇遇遂乃位等三槐任均四嶽富貴隆赫超絕功臣加以出師逾嶺遠相響援按甲斷江翻然猜拒故司空愍公敦以宗盟情同骨肉城池連接勢猶脣齒彭亡之禍坐觀難作階此釁故結其黨與于時北寇侵軼西賊憑陵屝屨糇糧悉以資寇爵號軍容一遵僞黨及王師凱振大定區中天綱恢弘棄之度外璽書綸誥撫慰綢繆冠蓋縉紳敦授重疊至於熊曇朗勦滅豐城克定蓋由儀同法氍之元功安西周敷之効力司勳有典懋賞斯舊惡直醜正自爲仇讎悖禮姦謀因此滋甚徵出湓城歷年不就求遣侍子累載未朝外誘逋亡招集不逞中詗京輦規冀非常擅斂征賦罕歸九府擁遏二賈害及四民潛結賊異共爲表裏同惡相求密加應援謂我六軍薄伐三越未寧屠破述城虜縛妻息分襲湓鎮稱兵蠡邦拘逼酋豪攻圍城邑幸國有備應時殲殄假節通直散騎常侍仁武將軍尋陽太守懷仁縣伯華皎明威將軍廬陵太守益陽縣子陸子隆並破賊徒剋全郡境持節散騎常侍安西將軍定州刺史領豫章太守西豐縣侯周敷躬扞溝壘身當矢石率茲義勇以寡摧衆斬馘萬計俘虜千

羣迪方收餘燼還固墉堞使持節安南將軍開府儀同三司高州刺史新建縣
侯法氍雄績早宣忠誠夙著未奉王命前率義旅既援敷等又全子隆裹糧擐
甲仍躡飛走批熊之旅驅馳越電振武之衆叱咤移山以此追奔理無遺類雖
復朽株將拔非待尋斧落葉就殞無勞烈風但去草絶根在於未蔓撲火止燎
貴乎速滅分命將帥實資英果今遣鎮南儀同司馬湘東公相劉廣德兼平西
司馬孫曉北新蔡太守魯廣達持節安南將軍吳州刺史彭澤縣侯魯悉達甲
士萬人步出興口又遣前吳興太守胡櫟樹功將軍前宣城太守錢法成天門
義陽二郡太守樊毅雲麾將軍合州刺史南固縣侯焦僧度嚴武將軍建州刺
史辰縣子張智達持節都督江吳二州諸軍事安南將軍江州刺史安吳縣侯
吳明徹樓艦馬步直指臨川前安成內史劉士京巴山太守蔡僧貴南康內史
劉峰廬陵太守陸子隆安成內史闕慎並受儀同法氍節度同會故郡又命尋
陽太守華皎光烈將軍巴州刺史潘純陁平西將軍郢州刺史欣樂縣侯章昭
達並率貔豹逕造賊城使持節散騎常侍鎮南將軍開府儀同三司湘州刺史

湘東郡公度分遣偏裨相繼上道戈船蔽水彀騎彌山又詔鎮南將軍開府儀同三司歐陽頠率其子弟交州刺史盛新除太子右率邃衡州刺史侯曉等以勁越之兵踰嶺北邁千里同期百道俱集如脫稽誅更淹旬晦司空大都督安都已平賊異凱歸非久飲至禮畢乘勝長驅勦撲凶醜如燎毛髮已有明詔罪唯迪身黎民何辜一皆原宥其有因機立功賞如別格執迷不改刑茲罔赦吳明徹至臨川令衆軍作連城攻迪相拒不能剋世祖乃遣高宗總督討之迪衆潰妻子悉擒乃脫身踰嶺之晉安依于寶應寶應以兵資迪留異又遣第二子忠臣隨之明年秋復越東興嶺東興南城永成縣民皆迪故人復共應之世祖遣都督章昭達征迪迪又散于山谷初侯景之亂也百姓皆棄本業羣聚為盜唯迪所部獨不侵擾並分給田疇督其耕作民下肆業各有贏儲政教嚴明徵斂必至餘部乏絕者皆仰以取給迪性質朴不事威儀冬則短身布袍夏則紫紗袜腹居常徒跣雖外列兵衞內有女伎挼繩破篾傍若無人然輕財好施凡所周贍毫釐必鈞訥於言語而襟懷信實臨川人皆德之至是並共藏匿雖加

誅戮無肯言者昭達仍度嶺頓于建安與陳寶應相抗迪復收合出東興時宣
城太守錢肅鎮東興以城降迪吳州刺史陳詳率師攻迪詳兵大敗虔化侯陳
訬陳留太守張遂並戰死於是迪衆復振世祖遣都督程靈洗擊破之迪又與
十餘人竄于山穴中日月轉久相隨者亦稍苦之復遣人潛出臨川郡市魚鮭
足痛舍於邑子邑子告臨川太守駱牙牙執之令取迪自効因使腹心勇士隨
入山中誘迪出獵伏兵於道傍斬之傳首京都梟于朱雀觀三日

留異東陽長山人也世爲郡著姓異善自居處言語醞藉爲鄉里雄豪多聚惡
少陵侮貧賤守宰皆患之梁代爲蟹浦戍主歷晉安安固二縣令侯景之亂還
鄉里召募士卒東陽郡丞與異有隙引兵誅之及其妻子太守沈巡援臺讓郡
於異異使兄子超監知郡事率兵隨巡出都及京城陷異隨臨城公蕭大連大
連板爲司馬委以軍事異性殘暴無遠略督責大連軍主及以左右私樹威福
衆並患之會景將軍宋子仙濟浙江異奔還鄉里尋以其衆降于子仙是時大
連亦趣東陽之信安嶺欲之鄱陽異乃爲子仙鄉導令執大連侯景署異爲東

陽太守收其妻子爲質景行臺劉神茂建義拒景異外同神茂而密契於景及神茂敗績爲景所誅異獨獲免侯景平後王僧辯使異慰勞東陽仍糾合鄉閭保據巖阻其徒甚盛州郡憚焉元帝以爲信安令荆州陷王僧辯以異爲東陽太守世祖平定會稽異雖轉輸糧饋而擁擅一郡威福在己紹泰二年以應接之功除持節通直散騎常侍信武將軍縉州刺史領東陽太守封永興縣侯邑五百戶其年遷散騎常侍信威將軍增邑三百戶餘並如故又以世祖長女豐安公主配異第三子貞臣永定二年徵異爲使持節散騎常侍都督南徐州諸軍事平北將軍南徐州刺史異遷延不就世祖卽位改授都督縉州諸軍事安南將軍縉州刺史領東陽太守異頻遣其長史王澌爲使入朝澌每言朝廷虛弱異信之雖外示臣節恆懷兩端與王琳自鄱陽信安嶺潛通信使王琳又遣使往東陽署守宰及琳敗世祖遣左衞將軍沈恪代異爲郡實以兵襲之異出下淮抗禦恪與戰敗績退還錢塘異乃表啓遜謝是時衆軍方事湘郢乃降詔書慰喻且羈縻之異亦知朝廷終討於己乃使兵戍下淮及建德以備江路湘

州平世祖乃下詔曰昔四罪難弘大孀之所無赦九黎亂德少昊之所必誅自
古皇王不貪征伐苟爲時蠹事非獲已逆賊留異數應亡滅繕甲完聚由來積
年進謝羣龍自躍於千里退懷首鼠恆持於百心中歲密契番禺既弘天網賜
以名爵敦以國姻儻望懷音猶能革面王琳竊據中流翻相應接別引南川之
嶺路專爲東道之主人結附凶渠唯欣禍亂既祆氛盪定氣沮心孤類傷鳥之
驚弦等窮獸之謀觸雖復遣家入質子陽之態轉遒侍子還朝隗囂之心方熾
朕志相成養不計瑕慝披襟解帶敦喻殷勤蜂目彌彰梟聲無改遂置軍江口
嚴戍下淮顯然反叛非可容匿且縉邦膏腴稽南殷曠永割王賦長壅國民竹
箭良材絕望京輦萑蒲小盜共肆貪殘念彼餘甿兼其慨息西戎屈膝自款重
關秦國依風並輸侵地三邊已乂四表咸寧唯此微妖所宜清殄可遣使持節
都督南徐州諸軍事征北將軍司空南徐州刺史桂陽郡開國公安都指往擒
戮罪止異身餘無所問異本謂官軍自錢塘江而上安都乃由會稽諸暨步道
襲之異聞兵至大恐棄郡奔于桃支嶺於嶺口立柵自固明年春安都大破其

柵異與第二子忠臣奔于陳寶應於是虜其餘黨男女數千人天嘉五年陳寶應平幷擒異送都斬于建康市子姪及同黨無少長皆伏誅唯第三子貞臣以尚主獲免

陳寶應晉安侯官人也世爲閩中四姓父羽有材幹爲郡雄豪寶應性反覆多變詐梁代晉安數反累殺郡將羽初並扇惑合成其事後復爲官軍鄉導破之由是一郡兵權皆自己出侯景之亂晉安太守賓化侯蕭雲以郡讓羽羽年老但治郡事令寶應典兵是時東境饑饉會稽尤甚死者十七八平民男女並皆自賣而晉安獨豐沃寶應自海道寇臨安永嘉及會稽餘姚諸暨又載米粟與之貿易多致玉帛子女其有能致舟乘者亦並奔歸之由是大致貲產士衆彊盛侯景平元帝因以羽爲晉安太守高祖輔政羽請歸老求傳郡于寶應高祖許之紹泰元年授壯武將軍晉安太守尋加員外散騎常侍二年封侯官縣侯邑五百戶時東西嶺道寇賊擁隔寶應自海道趨于會稽貢獻高祖受禪授持節散騎常侍信武將軍閩州刺史領會稽太守世祖嗣位進號宣毅將軍又加

其父光祿大夫仍命宗正錄其本系編爲宗室并遣使條其子女無大小並加
封爵寶應娶留異女爲妻侯安都之討異也寶應遣助之又資周迪兵糧出寇
臨川及都督章昭達於東興南城破迪世祖因命昭達都督衆軍由建安南道
渡嶺又命益州刺史領信義太守余孝頃都督會稽東陽臨海永嘉諸軍自東
道會之以討寶應并詔宗正絕其屬籍於是尚書下符曰告晉安士庶昔隴西
旅拒漢不稽誅遼東叛渙魏申宏略若夫無諸漢之策勳有扈夏之同姓至於
納吳濞之子致橫海之師違姒啓之命有甘誓之討況迺族不繫於宗盟名無
紀於庸器而顯成三叛釁深四罪者乎案閩寇陳寶應父子卉服支孽本迷愛
敬梁季喪亂閩隅阻絕父既豪俠扇動蠻陬椎髻箕坐自爲渠帥無聞訓義所
資姦謟爰肆蜂豺俄而解印炎行方謝網漏吞舟日月居諸棄之度外自東南
王氣實表聖基斗牛聚星允符王迹梯山航海雖若款誠擅割瓌珍竟微職貢
朝廷遵養含弘寵靈隆赫起家臨郡兼晝繡之榮裂地置州假藩麾之盛即封
戶牖仍邑櫟陽乘華轂者十人保弊廬而萬石又以盛漢君臨推恩婁敬隆周

朝會迺長滕侯由是紫泥青紙遠賁恩澤鄉亭龜組頒及嬰孩自谷還喬孰復
爲擬而苞藏鴆毒敢行狠戾連結留異表裏周迪盟歃婚姻自爲脣齒屈彊山
谷推移歲時及我毂騎防山定秦望之西部戈船下瀨克匯澤之南川遂敢舉
斧並助凶孽莫不應弦摧衂盡殪醜徒每以罪在酋渠憫茲驅逼所收俘馘並
勒矜放仍遣中使爰降詔書天網恢弘猶許改思異既走險迪又逃刑誑侮王
人爲之川藪遂使袁熙請席遠歎頭行馬援覿蛙猶安井底至如過絶九賦剽
掠四民閩境資財盡室封奪凡厥蒼頭皆略黔首聱賊相扇叶契連蹤乃復踰
超瀛溟寇擾浹口侵軼嶺嶠掩襲述城縛掠吏民焚燒官寺此而可縱孰不可
容今遣沙州刺史俞文冏明威將軍程文季假節宣猛將軍成州刺史甘他假
節雲旗將軍譚瑱假節宣猛將軍前監臨海郡陳思慶前軍將軍徐智遠明毅
將軍宜黃縣開國侯慧紀開遠將軍新除晉安太守趙彖持節通直散騎常侍
壯武將軍定州刺史康樂縣開國侯林馮假節信威將軍都督東討諸軍事益
州刺史余孝頃率羽林二萬蒙衝蓋海乘跨滄波掃蕩巢窟此皆明恥教戰濡

須鞠旅累從楊僕亟走孫恩斬蛟中流命馮夷而鳴鼓龜鼉爲駕轉方壺而建
旗義安太守張紹賓忠誠款到累使求軍南康內史裴忌新除輕車將軍劉峯
東衡州刺史錢道戢並即遣人仗與紹賓同行故司空歐陽公昔有表奏請宣
薄伐遙途意合若伏波之論兵長逝遺誠同子顏之勿赦征南薨謝上策無忘
周南餘恨嗣子弗忝廣州刺史歐陽紇克符家聲聿遵廣略舟師步卒二萬分
趨水扼長鯨陸掣封豨董率衡廣之師會我六軍潼州刺史李睹明州刺史戴
晃新州刺史區白獸壯武將軍修行師陳留太守張遂前安成內史闕愼前廬
陵太守陸子隆前豫章太守任蠻奴巴山太守黃法慈戎昭將軍湘東公世子
徐敬成吳州刺史魯廣達前吳州刺史遂與縣開國侯詳使持節都督征討諸
軍事散騎常侍護軍將軍昭達率緹騎五千組甲二萬直渡邵武仍頓晉安按
轡揚旌夷山堙谷指期掎角以制飛走前宣威太守錢肅臨川太守駱牙太子
左衛率孫詡尋陽太守莫景隆豫章太守劉廣德並隨機鎮遏絡驛在路使持
節散騎常侍鎮南將軍開府儀同三司江州刺史新建縣開國侯法氍戒嚴中

流以爲後殿斧鉞所臨罪唯元惡及留異父子其黨主帥雖有請泥函谷相背

淮陰若能翻然改圖因機立効非止肆眚仍加賞擢其建晉士民久被驅迫者

大軍明加撫慰各安樂業流寓失鄉即還本土其餘立功立事已具賞格若執

迷不改同惡趦趄斧鉞一臨罔知所赦昭達既剋周迪踰東興嶺頓于建安余

孝頃又自臨海道襲于晉安寶應據建安之湖際逆拒王師水陸爲柵昭達深

溝高壘不與戰但命軍士伐木爲簰俄而水盛乘流放之突其水柵仍水步薄

之寶應衆潰身奔山草閒窘而就執并其子弟二十人送都斬于建康市

史臣曰梁末之災沴羣凶競起郡邑巖穴之長村屯鄔壁之豪資剽掠以致彊

恣陵侮而爲大高祖應期撥亂戡定安輯熊曇朗周迪留異陳寶應雖身逢興

運猶志在亂常曇朗姦慝翻覆夷滅斯爲幸矣寶應及異世祖或敦以婚姻或

處其類族豈有不能威制蓋以德懷也遂乃背恩負義各立異圖地匪淮南有

爲帝之志勢非庸蜀啓自王之心嗚呼既其迷暗所致五宗屠勦宜哉

陳書卷三十五

陳書卷三十五考證

熊曇朗傳懸於朱雀觀○觀南史作航

陳書卷三十五考證

陳書卷三十六

唐　散　騎　常　侍　姚　思　廉　撰

列傳第三十

始興王叔陵　　新安王伯固

始興王叔陵字子嵩高宗之第二子也梁承聖中高宗在江陵爲直閤將軍而叔陵生焉江陵陷高宗遷關右叔陵留于穰城高宗之還也以後主及叔陵爲質天嘉三年隨後主還朝封康樂侯邑五百戶叔陵少機辯狥聲名彊梁無所推屈光大元年除中書侍郎二年出爲持節都督江州諸軍事南中郎將江州刺史太建元年封始興郡王奉昭烈王祀進授使持節都督江郢晉三州諸軍事軍師將軍刺史如故叔陵時年十六政自己出僚佐莫預焉性嚴刻部下懾憚諸公子姪及罷縣令長皆逼令事己豫章內史錢法成詣府進謁即配其子季卿將領馬仗季卿慚恥不時至叔陵大怒侵辱法成法成憤怨自縊而死州縣非其部內亦徵攝案治之朝貴及下吏有乖忤者輒誣奏其罪陷以重辟尋

進號雲麾將軍加散騎常侍三年加侍中四年遷都督湘衡桂武四州諸軍事平南將軍湘州刺史侍中使持節如故諸州鎮聞其至皆震恐股慄叔陵日益暴橫征伐夷獠所得皆入己絲毫不以賞賜徵求役使無有紀極夜常不臥燒燭達曉呼召賓客說民閒細事戲謔無所不爲性不飲酒唯多置餚胾晝夜食噉而已自旦至中方始寢寐其曹局文案非呼不得輒自呈答罪者皆繫獄動數年不省視瀟湘以南皆逼爲左右廛里殆無遺者其中脫有逃竄輒殺其妻子州縣無敢上言高宗弗之知也尋進號鎮南將軍給鼓吹一部還中衛將軍九年除使持節都督揚徐東揚南豫四州諸軍事揚州刺史侍中將軍鼓吹如故十年至都加扶給油幢車叔陵治在東府事務多關涉省閤執事之司承意順旨即諷上進用之微致違忤必抵以大罪重者至殊死道路籍籍皆言其有非常志叔陵修飾虛名每入朝常於車中馬上執卷讀書高聲長誦陽陽自若歸坐齋中或自執斧斤爲沐猴百戲又好遊冢墓閒遇有瑩表主名可知者輒令左右發掘取其石誌古器并骸骨肘脛持爲翫弄藏之庫中府內民閒少妻

處女微有色貌者並即逼納十一年丁所生母彭氏憂去職頃之起爲中衞將軍使持節都督刺史如故晉世王公貴人多葬梅嶺及彭卒叔陵啓求於梅嶺葬之乃發故太傅謝安舊墓棄去安柩以葬其母初喪之日僞爲哀毁自稱刺血寫涅槃經未及十日乃令庖廚擊鮮日進甘膳又私召左右妻女與之姦合所作尤不軌浸淫上聞高宗譴責御史中丞王政以不舉奏免政官又黜其典籤親事仍加鞭棰高宗素愛叔陵不繩之以法但責讓而已服闋又爲侍中中軍大將軍及高宗不豫太子諸王並入侍疾高宗崩于宣福殿翌日旦後主哀頓俯伏叔陵以剉藥刀斫後主中項太后馳來救焉叔陵又斫太后數下後主乳媪吳氏時在太后側自後掣其肘後主因得起叔陵仍持後主衣後主自奮得免長沙王叔堅手搤叔陵奪去其刀仍牽就柱以其褶袖縛之時吳媪已扶後主避賊叔堅求後主所在將受命焉叔陵因奮袖得脫突走出雲龍門馳車還東府呼其甲士散金銀以賞賜外召諸王將帥莫有應者唯新安王伯固聞而赴之叔陵聚兵僅千人初欲據城保守俄而右衞將軍蕭摩訶將兵至府西

門叔陵事急惶恐乃遣記室韋諒送其鼓吹與摩訶仍謂之曰如其事捷必以公爲台鼎摩訶紿報之曰須王心膂節將自來方敢從命叔陵卽遣戴溫譚騏驎二人詣摩訶所摩訶執以送臺斬於閣道下叔陵自知不濟遂入內沉其妃張氏及寵妾七人于井中叔陵有部下兵先在新林於是率人馬數百自小航渡欲趨新林以舟艦入北行至白楊路爲臺軍所邀伯固見兵至旋避入巷叔陵馳騎拔刀追之伯固復還叔陵部下多棄甲潰散摩訶馬客陳智深迎刺叔陵僵斃于地閹豎王飛禽抽刀斫之十數下馬客陳仲華就斬其首送于臺自寅至巳乃定尚書八座奏曰逆賊故侍中中軍大將軍始興王叔陵幼而狠戾長肆貪虐出撫湘南及鎮九水兩藩甿庶掃地無遺蜂目豺聲狎近輕薄不孝不仁阻兵安忍無禮無義唯戮是聞及居偏憂婬樂自恣產子就館日月相接晝伏夜遊恆習姦詭抄掠居民歷發丘墓謝太傅晉朝佐命草創江左斲棺露骸事驚聽視自大行皇帝寢疾翌日未瘳叔陵以貴介之地參侍醫藥外無戚容內懷逆弒大漸之後聖躬號擗遂因匍匐手犯乘輿皇太后奉臨又加鋒刃

珍倣宋版印

窮凶極逆曠古未儔賴長沙王叔堅誠孝懇至英果奮發手加挫拉身蔽聖躬叔陵仍奔東城招集兇黨餘毒方熾自害妻孥雖應時梟懸猶未攄憤怨臣等參議請依宋代故事流尸中江汙瀦其室幷毀其所生彭氏墳廟還謝氏之塋制曰凶逆梟獍反噬宮闈賴宗廟之靈時從殄滅撫情語事酸憤兼懷朝議有章宜從所奏也叔陵諸子即日並賜死前衡陽內史彭暠諮議參軍兼記室鄭信中錄事參軍兼記室韋諒典籤俞公喜並伏誅暠叔陵舅也初隨高宗在關中頗有勤効因藉叔陵將領歷陽衡陽二郡信以便書記有寵謀謨皆預焉諒京兆人粲侍中護軍將軍粲之子也以學業爲叔陵所引陳智深以誅叔陵之功爲巴陵內史封游安縣子陳仲華爲下雋太守封新夷縣子王飛禽除伏波將軍賜金各有差

新安王伯固字牢之世祖之第五子也生而龜胸目通精揚白形狀眇小而俊辯善言論天嘉六年立爲新安郡王邑二千戶廢帝嗣立爲使持節都督南琅邪彭城東海三郡諸軍事雲麾將軍彭城琅邪二郡太守尋入爲丹陽尹將軍

如故太建元年進號智武將軍尹如故秩滿進號翊右將軍尋授使持節都督
吳興諸軍事平東將軍吳興太守四年入爲侍中翊前將軍遷安前將軍中領
軍七年出爲使持節散騎常侍都督南徐南豫南北兗四州諸軍事鎮北將軍
南徐州刺史伯固性嗜酒而不好積聚所得祿俸用度無節酣醉已後多所乞
丐於諸王之中最爲貧窶高宗每矜之特加賞賜伯固雅性輕率好行鞭捶在
州不知政事日出田獵或乘眠轝至於草閒輒呼民下從遊動至旬日所捕麞
鹿多使生致高宗頗知之遣使責讓者數矣十年入朝又爲侍中鎮右將軍尋
除護軍將軍其年爲國子祭酒領左驍騎將軍侍中鎮右並如故伯固頗知玄
理而墮業無所通至於擿句問難往往有奇意爲政嚴苛國學有惰遊不修習
者重加檟楚生徒懼焉由是學業頗進十二年領宗正卿十三年爲使持節都
督揚南徐東陽南豫四州諸軍事揚州刺史侍中將軍如故後主初在東宮與
伯固甚相親狎伯固又善嘲謔高宗每宴集多引之叔陵在江州心害其寵陰
求瘕瑕將中之以法及叔陵入朝伯固懼罪諂求其意乃共訕毀朝賢歷詆文

武雖耆年高位皆面折之無所畏忌伯固性好射雉叔陵又好開發冢墓出遊野外必與偕行於是情好大叶遂謀不軌伯固侍禁中每有密語必報叔陵及叔陵出奔東府遣使告之伯固單騎馳赴助叔陵指揮知事不捷便欲遁走會四門已閉不得出因同趨白楊道臺馬客至爲亂兵所殺屍於東昌館門時年二十八詔曰伯固同茲悖逆殞身途路今依外議意猶弗忍可特許以庶人禮葬又詔曰伯固隨同巨逆自絕于天俾無遺育抑有恆典但童孺靡識兼預葭莩寘之甸人良以惻憫及伯固所生王氏可並特宥爲庶人國除

史臣曰孔子稱富與貴是人之所欲非其道得之不處也上自帝王至於黎獻莫不嫡庶有差長幼攸序叔陵險躁奔競遂行悖逆轘磔形骸未臻其罪汙瀦居處不足彰過悲哉

陳書卷三十六

陳書卷三十六考證

始興王叔陵傳叔陵有部下兵先在新林○林南史作安然觀下文云自有航渡欲趨新林自以此爲是

陳書卷三十六考證

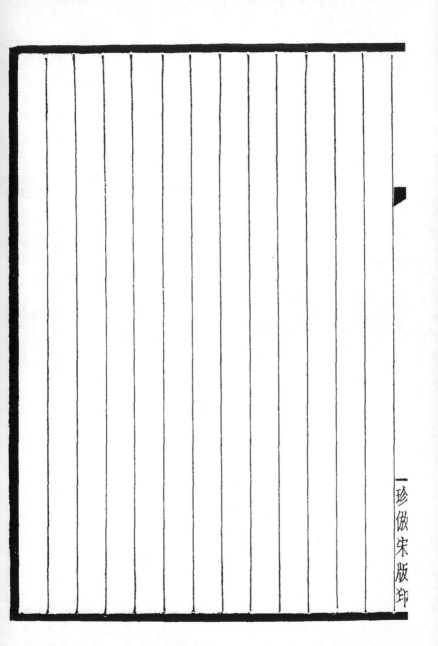

編修臣人龍謹言按梁史官姚察在陳嘗撰梁陳事未成而陳亡隋文帝問陳事於察察以所論載者每一篇成輒奏之察子思廉復繼其業唐貞觀中與梁書同上其書世罕傳頗多脫誤至宋嘉祐時始詔求藏書與秘府本參校鏤板行世故宋臣曾鞏目錄序謂此書成之難傳之又難其疑者不敢損益特各疏於篇末蓋其慎也今古本既不可見國子監所存舊板舛訛殊甚而鞏等篇末所疏疑義亦無一存者用是知此書已非復嘉祐之舊屢經改刻其爲脫漏者不少矣臣等奉

敕校刊別無他書可據惟就南史中參其異同辨其譌謬不敢率漏亦不敢臆斷以志敬慎之義云 臣謹識

原任詹事臣陳浩洗馬臣陸宗楷編修臣孫人龍貢生臣曾尚渭王積光

等奉

敕恭校刊

西元二〇二四年三月一日重製一版

陳書（附考證）（唐姚思廉撰）

平裝一冊基本定價柒佰伍拾元正
（郵運匯費另加）

發行人　張敏君

發行處　中華書局

臺北市內湖區舊宗路二段一八一巷八號五樓（5FL., No. 8, Lane 181, JIOU-TZUNG Rd., Sec 2, NEI HU, TAIPEI, 11494, TAIWAN）

客服電話：886-2-8797-8900

公司傳真：886-2-8797-8909

匯款帳戶：華南商業銀行西湖分行
179100026931

印　刷：維中科技有限公司
海瑞印刷品有限公司

No. N1046

國家圖書館出版品預行編目(CIP)資料

陳書/(唐)姚思廉撰. -- 重製一版. -- 臺北市 :
中華書局, 2024.03
面 ; 公分
ISBN 978-626-7349-17-5(平裝)

1.CST: 南朝史

623.5401 113002657